함께 성장하는
수업 디자인

함께 성장하는 수업 디자인

온라인 수업, 수행평가, 서평, 프로젝트를 아우르는
실전 수업 전략

초판 1쇄 2021년 8월 20일

지은이 신승미, 김영선, 김말희

펴낸이 김한청
기획편집 원경은 차언조 양희우 유자영 김병수
마케팅 최지애 설채린 권희
디자인 이성아
경영전략 최원준

펴낸곳 도서출판 다른
출판등록 2004년 9월 2일 제2013-000194호
주소 서울시 마포구 동교로27길 3-12 N빌딩 2층
전화 02-3143-6478 **팩스** 02-3143-6479 **이메일** khc15968@hanmail.net
블로그 blog.naver.com/darun_pub **페이스북** /darunpublishers

ISBN 979-11-5633-416-3 03370

함께 성장하는 수업 디자인

온라인 수업, 수행평가, 서평,
프로젝트를 아우르는 실전 수업 전략

신승미, 김영선, 김말희 지음

다른

머리말

함께 성장하는 수업 디자인! 여기서 '함께'는 여러 의미를 함의한다. 교사와 교사, 교사와 학생, 학생과 학생 모두가 이 '함께'에 담겨 있다. '수업 디자인'은 수업 시간에 학생들이 마음을 열고 자신만의 생각을 키움으로써 학교에서 배운 내용을 삶에 적용할 수 있게 하는 수업의 흐름을 계획하는 것이다. 즉 이 책은 수업을 둘러싼 모든 구성원이 함께 소통하고 공유하며 성장할 수 있는 수업 디자인에 대한 이야기다.

수업 디자인의 하나로 중요하게 다룬 것은 몇 년째 큰 성과를 내고 있는 〈문학수첩〉 활동이다. 각 학년에 따른 〈문학수첩〉 활동 내용과 방식, 좀 더 효과적인 활동을 위한 교사들의 고민과 실천, 이에 따라 수정 보완을 거듭해 온 〈문학수첩〉의 발전 과정, 이 활동의 마지막을 장식하는 '서평 쓰기'의 놀라운 성과, 그리고 이 활동의 발전을 위해 노력해 온 교사들의 수업 철학에 대해서 이야기한다. 또한 수행평가, 서평 쓰기,

프로젝트 및 온라인 수업을 아우르는 '수업 활동지'를 소개함으로써 이 책을 읽는 교사들이 실전에 활용할 수 있도록 했다.

〈문학수첩〉 활동은 먼저 시나 수필, 소설을 읽고 감상하는 것으로 시작한다. 이 책의 1장에서는 시 낭송 및 감상법을 비롯해 시 자료집 목록 작성, 수행평가와 연계한 시 감상 말하기 발표, 시 자료집을 활용한 다양한 수업 방식에 대해 이야기한다. 중학교 3년 동안 이런 수업을 받은 학생들이 어떤 과정 속에서 시와 친해지게 됐는지, 고등학교 학습에는 어떤 도움이 되었는지 등을 다양한 사례 속에서 확인할 수 있을 것이다.

2장에서는 〈문학수첩〉을 통해 시, 수필, 소설, 자서전, 시조, 평론 등 문학의 여러 장르를 중학교 3년 동안 순차적으로 창작해 나가는 과정을 소개한다. 학년별 성취 기준에 따라 〈문학수첩〉의 내용을 어떻게 구성하고 체계화했는지, 똑같은 소재의 시도 학년에 따라, 개인의 역량과 특성에 따라 어떻게 다르게 쓸 수 있는지 확인할 수 있다.

3장에는 좀 더 깊은 독서의 세계로 이끌기 위한 서평 쓰기 수업 사례를 담았다. 그동안 독서감상문밖에 써 보지 않은 학생들에게 서평의 개념을 이해시키고 쓰는 법까지 가르치려니 교사 입장에서도 많은 시행착오를 겪었다. 서평 양식도 수차례 수정, 보완해야 했다. 그 변화와 발전의 역사를 고스란히 책 속에 담아냈다. 학생들이 서평을 썼던 책의 목록과 각 책에 따른 '생각거리'도 함께 실었으니 서평 쓰기 지도에 도움이 되기를 바란다.

4장에는 1차시 분량의 수업 디자인과 설명문 쓰기를 위한 프로젝트

형 수업 디자인의 사례를 담았다. 교과서 밖의 영화나 미술 작품, 대중 가요, 최신 시사 등의 자료를 준비해 수업에 대한 흥미도를 높이고, 그러한 자료를 이전에 배운 내용과 연계해 새로운 깨달음으로 이끌고, 그 깨달음과 함께 자신의 삶을 성찰하게 하는 것이 4장에서 제시한 수업 디자인의 목표다.

5장에는 코로나19 시국에 따른 온라인 수업의 경험담을 담았다. '비대면 수업'이라는 뜬금없는 과제 앞에서 대부분의 교사들은 좌충우돌할 수밖에 없었다. 하지만 디지털과는 최대한 담을 쌓고 살아온 50대 교사도 겨우 반년 만에 온라인 수업의 달인이 되었다. 이제는 온라인 패널 토의, 구글 설문지를 활용한 보고서 쓰기, 구글 슬라이드와 패들렛을 이용한 여러 수업 활동을 자유자재로 진행하게 되었다. 여전히 온라인 수업에 부담을 느끼는 교사라면 5장부터 펼쳐 보기를 권한다.

6장에서는 우리 문학의 뿌리지만 학생들에게 외면당하기 일쑤인 한문을 친근하고 흥미로운 교과목으로 끌어올린 수업 사례를 소개했다. 정약용의 《하피첩》, 박지원의 《열하일기》 같은 고전에 숨어 있는 흥미로운 이야기로 학생들의 호기심을 한껏 끌어올리고 모둠 활동을 통해 작품 속 문장에 대해 토론 및 토의하게 한다. 이 과정에서 교사는 관현악단의 지휘자와 같이 학생들의 다양한 생각을 끌어내고 연결지으며 최종적인 결론에 도달하게 한다. 그 결론이 무엇인지는 수업이 끝날 때까지 교사 자신도 알 수 없다. 토론 및 토의는 사실 모든 교과목에서 지향해야 할 수업 방식이다. 이를 통해 사고력과 창의력, 이해력을 키울 수 있고 이는 결국 모든 학습 능력의 기초가 되기 때문이다.

지난 10여 년간 이러한 수업 디자인을 함께했던 선생님들의 열정이 가슴에 고스란히 남아 있다. 전근을 가서도 새로운 동료들과 함께 이 수업 디자인을 공유하고 이야기할 수 있어 오늘의 나는 매일의 수업이 여전히 행복하다. 졸업한 제자들이 중학교 3년간의 국어 수업이 고등학교나 대학수학능력 시험에서 언어 능력을 향상시키는 데 큰 도움이 되었다는 말을 간간이 전하기도 한다. 이러한 기쁨과 보람이 이 책을 내는 데 용기를 더해 주었다.

차 례

시 해설에 정답은 없다고 굳이 강조할 필요가 없다.

여기저기서 시 제목이 과장스럽다는 둥

적절하다는 둥 서로 질세라 의견을 내놓는다.

그럴 때는 딱 미래의 시 평론가들이다.

1장

3년 동안

300여 편의 시를

읽는 아이들

01 얘들아, 시 읽자!

길

윤동주

잃어버렸습니다
무얼 어디다 잃었는지 몰라
두 손이 주머니를 더듬어
(　　)에 나아갑니다.

돌과 돌과 돌이 끝없이 연달아
(　　)은 돌담을 끼고 갑니다.

(중략)

(　　)은 아침에서 저녁으로
저녁에서 아침으로 통했습니다.

(하략)

"(   )은 아침에서 저녁으로 / 저녁에서 아침으로 통했습니다."에서 괄호에 들어갈 시어는 무엇일까요?

　학생들에게 나눠 주는 시 자료집에 위와 같이 (   )를 쳐서 알맞은 시어를 넣게 하면 아이들은 다양하고 기상천외한 상상력을 발휘해 시어를 지어 낸다. 낯선 시가 그만큼 아이들에게 놀라운 상상력과 창의력을 키워 준다는 증거다.

　'얘들아, 시 읽자!'는 학생들에게 매 학기마다 나눠 주는 시 자료집 제목이다. A4 용지 7, 8장에 담긴 낯선 시를 학기 초에 나눠 주면 학생들은 국어 수업을 앞두고 다 함께 낭독을 한다. 수업 준비 종이 울리면 (예전에 내가 근무하던 학교에서는 수업 시작 일 분 전에 '수업 준비 종'을 쳤다.) 국어 부장이 앞에 나가서 "얘들아, 시 읽자! 오늘은 1번 〈방문객〉을 읽을 차례야. 시작할게."라고 말한다. 그러면 반 아이들은 모두 시 자료집을 꺼내 한 목소리로 시를 읽는다. 8년째 새로운 좋은 시들을 찾아 시 자료집을 만들며 지내 온 세월 동안 아이들과 함께 나도 아름다운 운율과 은유, 이미지에 젖어드는 기쁨을 누렸다.

　수업 직전의 시간을 활용한 시 읽기 수업 방법을 알려 주신 선생님이 있었다. 2011년 겨울방학 때 한국협동학습연구회의 연수 강사로 활동하던 국어 선생님이었다. 그분은 한 학기에 15편 정도의 시를 학생들에게 나눠 주고 일주일에 한 편씩 국어 수업 직전마다 선생님이 들어올 때까지 낭독을 시킨다고 했다. 여기에서 아이디어를 얻은 나는 곧바로 〈얘들아, 시 읽자!〉라는 시 자료집을 만들어 새 학기부터 시 읽기 수업을 진행했다. 이렇게 일 년을 보낸 후 새로 전근 온 선생님과 이 수업에 대해 의견을 나누게 됐는데, 그 선생님도 참 좋은 활동이라며 자신이 맡은 학년에서도 진행해 보고 싶다고 했다.

이후 시간이 지나면서 모든 학년에서 〈애들아, 시 읽자!〉 활동을 하게 되었고 지금은 국어과의 특색 활동으로 자리 잡았다. 그 사이 이 활동은 단지 '읽기'에 그치지 않고 점점 발전하게 되었다. 문학 수업에 〈애들아, 시 읽자!〉를 끌어들임으로써 시 자료집이 수업의 지평을 깊고 넓게 하는 보조 자료 역할까지 하게 되었다.

이 활동은 2019학년도부터 눈에 띄게 달라졌다.

학기 말 수업 평가에서 놀랍게도 이런 의견을 내놓는 학생들이 있었다. 시 자료집의 시들을 좀 더 깊이 있게 감상할 수 있는 시간이 있었으면 좋겠다는 것이었다. 특히 3학년(이 책에서 특별한 언급이 없는 한 모든 학년은 2020학년도의 중학교 학년을 말한다.) 학생들 중에는 선생님이 매 시간마다 시의 의미를 해석해 주었으면 좋겠다고 '건의'를 하기도 했다. 학년이 올라갈수록 읽은 시는 쌓여 갔지만 그 시들을 제대로 이해하지 못한 채 또 다른 시를 읽는 것이 부담스럽다는 분위기였다.

국어 교사들의 고민은 시작되었다. 학생들의 의견대로 수업 시간에 시간을 조금씩 할애해 시를 해석해 주자는 선생님도 있었고, 그러다 보면 시를 스스로 감상하는 힘이 길러지지 않을 거라고 걱정하는 선생님도 있었다.

오랜 고민 끝에 마침내 교사들의 의견을 하나로 모을 수 있었다. 일주일에 국어 수업이 네 시간이라면 1, 2, 3차시에는 시를 읽고 4차시에는 그 시에 대해 깊이 감상하는 시간을 갖는 것이었다. 시 감상법으로는 그간 읽은 시들 중 가장 마음에 드는 시를 한 편씩 골라 인상 깊은 구절을 필사하고 자신이 왜 이 시를 골랐는지, 왜 이 구절을 필사했는지 등을 돌이켜보며 '감상평'을 쓰게 했다. 그리고 각자의 감상평을 발표하며 서로 공유하는 것으로 활동을 마무리했다.

이 방법은 교사가 시에 대해 해석해 주는 내용을 학생들이 주입식으로 받아들이는 게 아니라 스스로 자유롭게 시를 감상할 수 있는 힘을 기를 수 있어 우리가 원하는 시 읽기 활동의 본질과도 연결되었다. 나아가 이 활동을 수업에 도입하고 한 학년 정도는 수행평가에 반영하자는 의견도 나왔다. 학생들은 '수행평가'와 관련 있는 활동이라면 훨씬 더 몰입하고 적극적으로 하려고 한다. 더욱이 이는 학생들의 수업 중 활동을 꾸준히 관찰하며 변화와 성장을 이끄는 수행평가 본연의 취지에도 들어맞는 것이었다.

〈애들아, 시 읽자!〉 활동이 이렇게 발전하게 된 것은 교사들이 적극적으로 '수업 나눔'을 해 준 덕분이다. 교사들이 본인만의 창의적인 수업 활동을 공유하면 그 활동에 대해 서로 의견을 나누며 더욱 발전시킬 수 있는 기회가 된다. '자주 모이고 의미 있는 소통을 하는 것!' 수업 방식을 발전시키는 데 이 이상의 것은 없다는 것을 일깨워 준 소중한 경험이었다.

애들아, 시 읽자!
2020년 2-1학기에 함께 읽을 시

차례

02 낭송으로 키우는
시 감상의 잔근육

종례를 한 시간 앞둔 6교시 국어 시간.

수업을 하러 교실로 향하는 복도 사이로 학생들이 시 읽는 목소리가 낭랑하게 울려 퍼진다. 도종환의 〈종례 시간〉이다. 곧장 집으로 가지 말고 강아지풀과 나무와 놀다 가라는 내용을 읽으며 아이들의 목소리가 더 높아진다. 학교가 끝난 뒤 학원을 가지 않아도, 숙제를 하지 않아도 된다는 면죄부라도 받은 듯하다. 교실 앞문을 열고 들어서자 아이들의 맑은 눈빛과 목소리로 교실 한가득 청아한 기운이 감돈다.

시 자료집 제작을 마치고 나면 '시 감상'이 본격적으로 수업 속으로 들어온다. 선생님이 수업에 들어오기 전에 국어부장 두세 명의 진행 아래 다 함께 한 편의 시를 서너 번 반복해서 읽는다. 중학교 국어 시간은 보통 일주일에 네 시간이니 3학년까지 마치고 나면 학기당 50여 편, 총 300여 편의 시를 읽게 된다.

시 읽기를 모든 아이들이 좋아할 리는 없다. 모두가 열심히 읽을 리도 없다. 시의 속뜻을 선생님이 명쾌하게 설명해 주지도 않으니 그저 염불하듯 아무 생각 없이 외기도 한다. 시험 성적에 매달리는 학생들은 선생님이 짧게라도 시 해설을 해 주기를 바라고, 반면에 어떤 학생들은 이 귀찮은 낭송을 왜 하느냐고 궁시렁대기도 한다.

그렇긴 해도 다 함께 시를 낭송하는 순간만큼은 한 목소리를 내며 시 속으로 빠져든다. 지금 읊고 있는 시가 어렵다거나 모호하다는 생각은 뒷전이다. 약속을 하지 않았는데도 한 숨 쉬어서 읽어야 할 구절을 아이들은 본능적으로 알고 있다. 또 모르면 어떤가? 돌림노래처럼 읽다 보면 어두운 내용의 시도 괜히 재미있어진다. 자신들이 내는 소리를 귀로 들으며 다 같이 하나의 소리를 만들어 가는 것은 흡사 합창을 하는 것과 같다. 때로는 오랜 옛날 서당에 모여 앉은 아이들이 다 같이 한문을 외는 장면도 겹쳐진다.

청아한 소리의 바다 속으로 빠져들면서 수선스러웠던 교실 분위기도 어느새 맑고 고요해진다. 함께하는 시 낭송은 차분한 수업 분위기를 만드는 데도 큰 역할을 한다. 이 활동을 시행하기 전에는 수업 시작종이 울리고 선생님이 교단 위에 설 때까지도 어수선하게 돌아다니는 학생들이 많았다. 심지어 교실에 미처 들어오지 못한 학생도 있었다. 학생들을 모두 자리에 앉히고 차분히 수업을 진행하기까지 아까운 시간을 허비해야 할 때도 많았다. 그런데 이 활동을 하며 신기한 장면을 목격했다. 같은 반 친구인 국어부장이 시를 읽으라고 큰소리를 치면 말썽꾸러기들도 자리에 앉아 시 자료집을 꺼내 읽는 것이다. 물론 어느 반이든 교실 밖을 하이에나처럼 서성이는 아이들은 으레 있게 마련이다. 그러나 대부분의 아이들은 얌전히 국어부장의 말을 따른다.

시 낭송으로 수업 분위기가 다져지는 것은 단지 일차적인 효과일 뿐 정말 놀라운 효과는 따로 있었다.

간혹 나는 수업에 들어가자마자 질문을 던진다.

"오늘 시를 읽고 무슨 생각이 들었니?"

"오늘 읽은 시에 대한 느낌은 어때?"

그런 질문에 대부분의 아이들은 놀랍게도 시에서 이야기하고자 하는 의미를 비슷하게 파악한다.

"다 큰 자식을 넓은 세상으로 내보내며 걱정하는 부모의 마음이 느껴져요."

"사랑하는 사람과 원치 않는 이별을 하고 그 사람에게 편지를 쓴 것 같아요."

안도현의 〈열심히 산다는 것〉이라는 시에 대해 이렇게 말하는 아이도 있었다.

"이 정도로는 열심히 살았다고 하기가 어려울 것 같아요. 제목이 혹시 반어법으로 쓰인 거 아닐까요?"

그 소리를 듣더니 저쪽에서 다른 녀석이 손을 들어 말했다.

"운전기사, 할머니, '나' 모두 자기 역할에 충실했으니 그 역할이 아무리 사소해 보이더라도 열심히 산 것은 맞다고 생각해요."

시 해설에는 정답이 없다는 말을 굳이 강조할 필요가 없다. 여기저기서 시 제목이 과장스럽다는 둥 적절하다는 둥 서로 질세라 의견을 내놓는다. 그럴 때는 딱 미래의 시 평론가들이다. 그 순간 목소리를 내는 몇몇 아이들보다 더 많은 아이들은 친구들의 의견을 조용히 경청하며 각자의 생각을 키워 나간다.

3년 동안 300여 편의 시를 읽으며 아이들은 이처럼 각자 다른 층위로 시 감상의 '잔근육'을 키워 간다. 그 옆에서 나는 아이들의 이야기에 귀를 열어 두지만 시의 의미를 해석해 주는 일은 결코⑰ 없다. 해석해 주는 순간 아이들의 시 감상 능력은 그 해석의 내용 속에 갇혀 버리기 때문이다. 선생님의 시 해석을 들은 아이들은 그 시를 이해하게 됐다고 여겨 더 이상 그 시에 대해 궁금해하지 않는다.

03 필사하기와 다섯 줄 감상문 쓰기

시 낭송 활동을 몇 년째 이어 가면서 시를 좀 더 깊이 감상할 수 있는 방법에 대해 고민하게 되었다. 그 방법으로 생각해 낸 게 시 '필사하기'와 '다섯 줄 감상문 쓰기'다. 일주일의 네 교시를 차지하는 국어 시간 중 세 교시에는 시를 낭송하고, 네 번째 교시에는 그 주에 읽은 세 편의 시 중 한 편을 골라 마음에 드는 구절을 따라 쓰고 자신의 생각과 의견을 다섯 줄 정도로 적어 보는 것이다.

이 방법을 시행한 뒤로 네 번째 교시 국어 시간에 교실로 향할 때면 낭송 소리 대신 연필 소리가 사각사각 들려온다. 교실로 들어선 나는 서너 명 정도 지명해서 필사한 시에 대해 발표를 시킨다. 이렇게 한 학기 동안 진행한 시 감상 활동에 대해 1학기의 경우 5월과 학기 말에 교사가 피드백을 하고 수행평가에 반영하기도 한다.

필사하기와 감상문 쓰기 활동을 시키면 학생들은 처음에 단 한 줄의 감상문도 쓰기 어려워한다. 필사만 하고 나서 끙끙대는 아이들이 많다.

필사한 부분이 왜 마음에 드는지, 어떤 부분이 인상적이었는지 써 보라고 하면 '재미있다', '독특하다', '마음이 따뜻해진다'와 같이 단순한 한 마디를 간신히 적어 낼 뿐이다.

이럴 때 나는 좀 더 구체적으로 생각을 펼쳐 갈 수 있도록 이끌어 준다.

우선은 필사한 부분이 왜 마음에 드는지 자신의 삶과 연관 지어서 생각해 보라고 한다. 혹시 지금껏 살아오면서 시 속의 내용과 비슷한 순간을 경험한 적이 있는지, 시의 분위기와 비슷한 느낌에 빠져 본 적이 있는지, 어떤 상황에서 그런 느낌을 받았는지 등을 떠올려 보고 그것을 글로 표현하게 한다. 아울러 시 속의 화자가 지금 어떤 상황에 처해 있는지, 그 상황에서 화자는 어떤 마음 상태인지 상상해 보게 한다.

더 나아가 중요하다고 생각되는 핵심 시어를 찾아보고 그 시어가 함축하고 있는 의미는 무엇인지, 시인이 궁극적으로 말하고자 하는 내용은 무엇인지 생각해 보라고 한다. 시에서 어떤 표현법을 사용했는지 찾아보는 것도 좋다고 한다. 이를 위해 시에서 가장 아름다운 구절은 어느 부분인지, 그 아름다움을 표현하기 위해 시인은 어떤 표현법을 사용했는지 찾아보게 한다. 운율이 나타났다면 그 운율은 어떤 효과를 나타내는지 생각해 보라고 권하기도 한다.

이런 과정 속에서 학생들은 차츰 다섯 줄 감상문 쓰기에 익숙해진다. 감상문을 쓰고 나면 그 내용을 친구들과 공유하는 시간을 갖는다. 어느 학급에나 시를 꽤 깊이 있게 감상하고 시의 주제를 비교적 정확히 파악하는 친구가 있게 마련이다. 그렇다고 그런 친구의 감상문을 '정답'이라고 할 수는 없다. 다양한 친구들의 의견을 들으며 학생들은 문학을 감상하는 데는 다양한 시각이 존재하며 그 어떤 감상도 '정답'이 될 수 없다는 것을 깨닫게 된다. 그럼으로써 자신의 감상을 좀 더 깊고 넓게 확장해 갈 수 있는 자신감도 얻게 된다. 이를 통해 학생들의 시 감상 수준은 한층 높아질 수밖에 없다.

시 감상을 공유하는 것은 온라인 수업에서 하는 것이 더 효과적일 수 있다. '공개 댓글'로 올린 친구들의 의견을 보면서 아이들은 막막했던 시 해설의 단서를 얻고 자기만의 언어로 또 다른 공개 댓글을 올리게 된다. 그러다 보면 1학년 때는 한두 줄 정도였던 감상글이 3학년이 되면 대여섯 줄로 늘어나게 된다. 3학년 학생들이 '구글 클래스룸'이라는 온라인 수업 사이트 게시판에 공개 댓글로 올린 다음의 시 감상문을 보자.

댓글 1) 문정희의 〈비망록〉이라는 시에서 시인은 과거 자신의 가치들을 잊지 않고, 현재의 가치가 과거의 가치와 다르다는 이유로 생애를 허둥거리며 아파한다. 시인이 원하는 삶인 과거의 가치를 잊지 않으며 사는 것에 대해 다시 한 번 생각해 보게 되었고, 항상 처음의 가치를 잊지 말아야 한다는 것을 깨달았다.

댓글 2) '비망록'은 잊지 않으려고 쓰는 글을 뜻하는데 문정희 시인은 자신이 누군가를 사랑했다는 것을, 고요함을 즐기기를 원했던 것을 잊지 않으려고 이 시를 썼다는 생각이 들었다. 또한 누군가를 사랑해서 가슴에 그 사람이 별처럼 박혀 있고, 별이 돌이 되어 아프다는 표현이 따뜻하면서도 쓸쓸

했다.

이 댓글 감상문은 온라인 수업 시간에 문정희의 〈비망록〉, 박목월의 〈나그네〉, 박두진의 〈청산도〉 가운데 한 편을 골라 인상 깊은 구절과 감상을 공개 댓글로 올리라는 과제에 대한 답변이다. 문정희의 〈비망록〉을 읽고 어떤 학생은 처음에 중요하게 여겼던 가치를 잊지 않으리라고 자신의 삶에 시의 의미를 가져왔고, 또 다른 학생은 시를 읽고 느낀 자신의 정서를 따뜻하고 쓸쓸하다고 진솔하게 표현했다. 온라인 수업에 참여하는 학생들은 짧은 시간 안에 세 편의 시에 대한 친구들의 다양한 감상을 듣거나 읽는다. 시 감상의 '내공'이 쌓이지 않을 수 없다.

댓글 3) 시간은 흘러가고 물결같이 스쳐 가는 수많은 사람들 속에서 계속 '너' 한 사람만을 바라본다는 것이 대단하기도 하고, 화자는 자신이 철이 없다 하지만 그 속뜻은 반대인 것 같다.

댓글 4) 이 시를 현대 사회의 모습에 비춰 보았을 때는 지구온난화로 인한 자연 파괴, 현재 코로나19로 인해 혼란스러운 사회의 모습 등 다양한 곳에 반영할 수 있다는 점에서 다른 시보다 더 가깝게 느껴졌으며, 한편으로는 시적 화자가 노래하던 이상적인 것이 현실의 세계와는 동떨어진 것 같아서 안타깝게 느껴졌다.

댓글 3, 4는 박두진의 〈청산도〉에 대한 감상이다. 〈청산도〉는 조국의 독립에 대한 염원이 담긴 일제 강점기 시절의 시라고 알려져 있다. 하지만 그러한 시대적 배경을 몰라도, 박두진이 어떤 시인인지 몰라도 시 감상은 충분히 할 수 있다. 댓글에서도 확인할 수 있듯이 아이들은 먼 과거의 시를 자신의 상황과 연결하기도 하고, 심지어 눈앞의 사회적 상황에 끌어들여 생각하기도 한다. 자신만의 추측과 상상을 담아도 아무 상관이 없는 시 감상의 '안전지대'에서 아이들은 다양한 생각을 쏟아내며 시 감상의 깊이가 점점 깊어지게 된다.

04 〈애들아, 시 읽자!〉
목록 선정은 어떻게 할까?

"세상은 넓고 시로 말할 수 있는 것들은 무한하다."

나는 위 말을 모토로 교과서 밖으로 용감하게 뛰쳐나가 좀 더 다양한 시들을 만나기를 권한다. 그 방법으로 가장 편리한 것은 바로 〈애들아, 시 읽자!〉와 같은 시 자료집을 활용하는 것이다. 신중하게 선정한 시 자료집의 시들은 결코 어려운 시가 아니다. 오히려 시 감상의 즐거움을 일깨워 주며 자연스럽게 삶에 대한 성찰의 기회까지 안겨 준다.

또한 시 자료집은 다양한 방법으로 수업에 활용할 수 있다. 이를테면 광고 카피 만들기, 서평 쓰기, 자서전 쓰기 수업을 진행하며 시의 한 구절이나 운율, 공감 가는 내용 등을 빌려와 쓰게 할 수 있다. 시의 화자와 소설 속 인물의 삶을 비교해 보고 자신이 지향하는 삶의 가치를 써 보는 수업에 활용할 수도 있다.

그렇다면 시 자료집 목록은 어떤 기준에 따라 선정하면 좋을까? 중

학생들을 위한 3년간의 시 감상 목록을 선정할 때 나는 다음의 몇 가지 원칙을 따른다.

첫째, 중학교 국어 교과서의 문학 단원 '성취 기준'에 맞는 시를 선정한다.

1학년을 위한 시 자료집 목록은 "비유와 상징의 표현 효과를 바탕으로 작품을 수용하고 생산한다."[9국05-02](이하 2015년 개정 교육과정 '성취 기준 코드'를 대괄호로 묶어 표시했다)라는 시 단원의 핵심 성취 기준에 따라 비유와 상징이 잘 나타나 있는 시들을 선정한다.

2학년 목록은 "자신의 가치 있는 경험을 개성적인 발상과 표현으로 형상화한다."[9국05-09]라는 시 단원 성취 기준과, "자신의 삶에서 발견한 가치 있는 경험을 반어, 역설, 운율, 풍자의 효과에 대한 이해를 바탕으로 창의적이고 개성적인 방식으로 주변 사람과 소통할 수 있다."라는 '평가 기준'에 따라 반어와 역설, 운율과 풍자가 잘 드러난 시를 선정한다.

3학년 1학기 목록은 "문학은 심미적 체험을 바탕으로 한 다양한 소통 활동임을 알고 문학 활동을 한다."[9국05-01]라는 문학 단원 성취 기준에 따라 작가의 미적 체험이 담겨 있는 시를 선정한다. 3학년 2학기 목록은 "근거의 차이에 따른 다양한 해설을 비교하며 작품을 감상한다."[9국05-07]라는 성취 기준에 따라 작가, 독자, 사회, 작품을 중심으로 시를 좀 더 분명하게 읽고 스스로 해석해 볼 수 있는 시를 선정한다.

그리고 모든 학년의 시 목록은 교과서에 있는 시들을 중심에 놓고 이를 보완할 수 있는 다양한 시기와 작가의 시들로 채워 넣는다.

둘째, 학생들이 학교에서 보내는 1년간의 시간과 계절의 흐름을 시에 담는다.

1학기 초에는 새 학기, 봄, 출발 등과 관련된 시들을 접할 수 있도록 목록을 채운다. 여름, 가을, 겨울, 새해를 맞이할 때도 각 시기에 어울리는 시를 읽을 수 있도록 한다. 예를 들면 4월에는 도종환의 〈꽃을 보려면〉이나 김수영의 〈파밭 가에서〉, 5월에는 박성우의 〈아직은 연두〉, 11월에는 안도현의 〈가을 엽서〉와 같은 시를 목록에 넣는다.

시간과 계절의 흐름이 녹아 있는 시를 읽으며 아이들은 성장해 가는 자신의 모습과 주변의 자연을 돌아보게 되고 쉼과 사색의 시간을 갖게 된다.

셋째, 청소년들의 삶과 관련된 시, 역사적인 의미를 지닌 시 등을 선정한다.

사춘기 시절에 흔히 겪는 친구들과의 우정이나 갈등, 첫사랑 이야기가 담긴 시, 미래의 꿈과 고민을 함께 나눌 수 있는 시를 선정한다. 또 청소년들이 자주 드나드는 패스트푸드점이나 놀이 공간을 비롯한 대중 문화, 자본주의, 물질 문명에 대해 생각할 수 있는 시, 주변의 사건 사고에 대한 토론을 이끌어 낼 수 있는 시도 좋다.

이러한 시는 "인간의 성장을 다룬 작품을 읽으며 삶을 성찰하는 태도를 지닌다."[9국05-10]라는 성취 기준과도 연결되며, 아이들은 이러한 시를 읽으며 자신을 돌아보는 자아 성찰의 기회를 가질 수 있고, 세상을 바라보는 시선을 한층 더 넓힐 수 있다.

넷째, 최근 발표된 시들을 많이 포함시킨다.

교과서에 실린 시들은 비교적 과거의 시들이라 요즘 청소년들의 정서로는 이해하기 어려운 경우가 많으며, 수업 시간이나 보충 교재를 통해 접하는 시 해설은 천편일률적인 내용이 대부분이다. 반면에 최근의 시들은 비교적 친근하게 다가갈 수 있는 내용이 많고, 어디에서도 그 해설을 찾아보기 어려운 경우가 많다. 규정된 해설이 없는 만큼 아이들은 생각의 지배를 받지 않고 자유롭게 시의 운율과 아름다움에 젖어들 수 있다.

다만 최근의 시는 1, 2학년 시 목록에 주로 싣고, 3학년 시 목록에는 일제 강점기 시대의 시나 시조들도 더러 포함시킨다. 이는 "과거의 삶이 반영된 작품을 오늘날의 삶에 비추어 감상한다."[9국05-06] 또는 "작품이 창작된 사회·문화적 배경을 바탕으로 작품을 이해한다."[9국05-05]라는 성취 기준과도 연결된다. 이러한 시들은 교과서의 관련 단원과 아울러 시험에 출제하기도 하고, 〈문학수첩〉(이에 대해서는 다음 장에서 자세히 이야기한다)과 연계해 수행평가로 이어지기도 한다.

다섯째, 같은 소재로 각각 다른 주제를 노래한 시들을 담는다.

〈자화상〉이라는 시는 윤동주와 서정주의 시만 있는 게 아니다. 박두진과 오세영도 똑같은 제목의 시를 썼고, 제목은 다르더라도 '자화상'을 노래한 시들은 무수하다. 물론 소재는 같더라도 그 내용과 주제는 각기 다르다. 한 시대를 살아간 시인들이 각기 어떤 자화상을 그려 냈는지, 그리고 각 시대에 따른 자화상은 어떤 특징이 있는지 비교해 보는 재미도 있을 것이다. 또 이러한 시를 통해 청소년들은 자신의 자화상을 그려 보며 다양한 관점과 시각으로 삶을 돌아보는 기회를 갖게 될 것이다.

여섯째, 선정한 시들은 각 학년이나 학기에 따라 난이도를 구분해 배분한다.

물론 1학년이 읽어야 할 시, 2학년이 읽어야 할 시가 따로 있는 것이 아니다. 다만 성장기에 있는 청소년들인 만큼 1학년 시 목록에는 동시 같은 분위기의 시, 짧은 시, 운율이 살아 있는 쉬운 시를 주로 싣고, 2학년 목록에는 가족이나 친구 관계, 사회 문제 등을 좀 더 진지하게 고민해 볼 수 있는 시를 많이 싣는다. 3학년 목록에는 고등학교 과정에서 읽어야 하는 시나 다소 어려운 시, 시조 등을 수록한다.

이렇게 다양한 원칙에 따라 엄선한 시 읽기 자료집은 1년간의 수업 '양식(糧食)'으로서 국어 수업 장면에 수시로 등장한다. 또한 학생들의 이해도나 반응 등에 따라 수록 시를 해마다 조금씩 변경하고 보완한다.

05 수업 시간에 시 자료집 활용하기

국어 수업의 모든 순간에는 시 자료집이 불시에 등장한다. 모든 국어 수업은 시 자료집과 연결해 진행할 수 있다고 해도 과언이 아니다.

단원 시작 부분에 시 자료집을 활용할 수 있는 예를 살펴보자.

3학년 국어 교과서에 '문학의 가치'를 배우는 단원이 있다. "문학 작품은 인간의 삶에 어떤 가치가 있을까?"라는 질문에 대한 답을 탐구하는 단원이다. 교과서에서는 문학의 가치를 다음의 3가지로 규정하고 있다. 문학 작품을 읽으면서 세상에 대해 미처 몰랐던 사실을 새롭게 알게 된다는 '인식적 가치', 문학 작품을 읽고 자신의 삶에 대한 새로운 깨달음을 얻을 수 있다는 '윤리적 가치', 모든 문학 작품은 그 작품만의 고유한 아름다움을 느낄 수 있다는 '미적 가치'가 그것이다.

이 단원을 수업할 때 예전에는 우선 이론 설명을 한 다음 작품을 읽고 작품 속에서 문학의 3가지 가치를 찾는 활동을 했다. 그런데 이 단원에 시 자료집을 끌어들이면 어떻게 될까? 나는 '필사하기와 다섯 줄 감상문 쓰기' 시간에 학생들에게 마음에 드는 시를 골라 필사한 다음 그 시를 고른 이유를 문학의 가치와 연결해 감상문을 쓰도록 했다. 감상문을 읽어 보니 학생들은 주로 시어가 아름답다는 이유로, 또는 자신의 경험을 떠올리게 하거나 새로운 사실을 일깨워 준다는 이유로, 또는 삶을 성찰하게 해 준다는 이유로 시를 선택하고 있었다. 이 '이유'들이 바로 다름 아닌 '문학의 가치'다. 이렇게 본격적인 교과서 수업에서 굳이 이론적으로 문학의 가치를 설명해 주지 않아도 학생들은 시 감상 활동을 통해 저절로 문학의 가치를 체험하게 된다. 시 자료집을 활용함으로써 '문학의 가치' 단원 수업을 아주 수월하게 진행할 수 있게 된 것이다.

수업 시간에 배운 내용과 관련해 더 다양한 내용을 접하고 생각을 확장하는 데 시 자료집을 활용할 수도 있다. 2학년 국어 교과서 문학 단원 중에는 '창의적 발상'에 대해 배우는 단원이 있다. 시 속에서 운율과 역설, 반어를 학습하는 단원이다. 나는 우선 학생들에게 일상에서 접하던 노래 속에서 운율과 반어가 사용된 예를 찾아보라고 하고, 교과서에 나오는 김소월의 〈먼 후일〉을 모둠별로 감상하면서 운율과 반어가 시에서 어떤 역할을 하는지 학습하게 했다. 아울러 교과서 밖 작품인 윤제림의 〈강가에서〉를 학습하며 운율과 반어의 개념을 다지게 했다.

물론 이것으로 수업을 마무리해도 좋다. 하지만 여기서 좀 더 나아가 시 자료집의 시들 속에서 반어와 운율을 찾아보는 활동을 한다면 학생들은 낯선 시를 읽을 때 반어와 운율의 개념을 자연스럽게 익힐 수 있다. 반어와 운율을 학습하기에 좋은 대표적인 시로는 조병화의 〈해마다 봄이 오면〉, 도종환의 〈라일락 꽃〉, 김동환의 〈산 너머 남촌에는〉, 김소월의 〈진달래꽃〉 등이 있다.

교과서에 실린 시만 해도 벅찬데 어떻게 교과서 밖의 시들까지 공부한단 말인가? 이런 의문이 들 수도 있다. 하지만 시 자료집을 통해 늘상 새로운 시를 접해 온 학생들은 새로운 시를 만나도 그리 부담스러워하지 않는다. 오히려 시 단원 수업에서 시 자료집을 활용하는 걸 당연하게 받아들이는 분위기다.

그래서 나중에는 소설 수업에서도 활용해 보았다. 채만식의 〈이상한 선생님〉이라는 단편소설을 예로 들어 보자. 이 작품은 일제 강점기와 해방 직후를 배경으로 한 풍자적이고 비판적인 내용의 소설이다. 소설 단원을 마치는 마지막 시간, 소설 속 인물의 삶의 태도에 대해 생각해 보는 시간에 시 자료집을 펼쳐 들었다. 같은 일제 강점기를 살았으면서도 '이상한 선생님'과 상반된 삶을 살았던 윤동주 시인의 〈서시〉를 읽으며 시 속 화자와 소설 속 인물의 삶의 태도를 비교해 보았다. 아울러 정호승의 〈내가 사랑하는 사람〉과 도종환의 〈담쟁이〉 등을 소설의 주제와 연결해 생각해 보는 시간을 가졌다.

이외에도 시 자료집은 서평을 쓸 때 비유적인 표현을 인용하는 데 활용할 수도 있고, 자서전을 쓸 때 좋아하는 시 구절이나 자신이 지향하는 삶의 태도를 잘 나타내는 구절을 인용하는 방법으로 활용할 수 있다.

06 수행평가와 연결되는 '시 감상 말하기 발표'

시 자료집 활용의 대미는 학기 말에 하는 '시 감상 말하기 발표'다. 그간에도 수업 시간에 간간이 시 감상을 발표하긴 했지만, 학기 말의 발표는 수행평가와도 연결되기 때문에 학생들이 매우 진지하고 열성적으로 임한다. 이 기회를 통해 시에 대한 자신의 취향을 깨닫기도 하고, 한 편의 시에 대해 깊이 있게 탐구하며 마치 문학도가 된 듯한 경험을 하기도 한다.

시 감상 말하기 발표는 한 학기 동안 읽은 시들 중에서 가장 마음에 드는 시를 한 편 선택하는 데서 출발한다. 시를 선택하고 나면 그 시와 관련된 자신의 경험을 이야기할 소품을 준비한다. 외할머니와 관련된 시라면 외할머니가 쓰던 오래된 물건을 준비하고, 바다와 관련된 시라면 바다에 놀러 갔다가 주워 온 조개껍데기를 갖고 올 수도 있다. 숲이나 들녘에 대한 시라면 숲에서 얻은 나뭇잎이나 돌멩이를 갖고 오기도 한다. 그러다 보니 시 감상 발표 첫날의 교실은 어수선하기 그지없다. 학생들이 저마다 갖고 온 소품을 보여 주며 그 물건과 관련된 경험을 끝도 없이 이야기한다.

소품 외에도 발표할 때 배경으로 쓸 음악과 그림 또는 사진을 찾아야 한다. 물론 시의 내용이나 분위기와 어울리는 것을 찾는 게 좋다. 교실에 있는 빔 프로젝터로 그림이나 사진을 띄우고 배경 음악을 틀면 발표할 준비가 끝나는 것이다. 예전에는 음악 파일을 따로 준비해 왔지만, 이제는 교실에서 바로 유튜브 등을 통해 음악을 튼다. 미처 준비하지 못한 아이들은 발표 시작을 코앞에 두고 '잔잔한 음악'과 같은 검색어로 음악을 찾기도 한다. 배경 이미지의 경우, 만약 바다와 관련된 시라면 바다 여행을 갔을 때 자신이 직접 찍은 사진을 사용하는 것도 좋다. 만일 인터넷에서 찾은 이미지라면 그 출처를 밝히는 것도 잊지 말아야 한다.

추가적으로, 발표를 보충해 줄 내용을 프레젠테이션으로 준비해도 좋다. 시에 대한 설명이나 해설, 시인의 정보 등을 사진과 글에 담아 청중에게 보여 주며 발표를 하는 것이다. 물론 이는 부수적인 선택 사항이니 굳이 필요하지 않다면 생략해도 된다.

발표에서 항상 강조하는 것은 시에 대한 자신의 감상과 해석은 '자유'라는 것이다. 다만 시인의 의도와 시 전체 주제에서 지나치게 벗어나지만 않는다면 말이다. 지나치게 벗어난 감상과 해석은 자칫 무지와 착각, 불성실에 따른 결과일 수 있기 때문이다.

문학 작품에 대한 이해의 차이는 무지, 착각, 불성실에 의한 것이 아니라면 반드시 나쁘거나 염려할 일이 아니다. 그것은 이 세계에서 동일한 텍스트, 사물, 사태가 관찰자에 따라 달리 이해될 수 있다는 현실적 이치를 경험하게 하고, 나 자신의 해석 또한 그러한 상대성 속에 있다는 겸허한 깨달음을 연습하게 해 준다.

– 김흥규 외, 《교사 인문학》, 세종서적, 2017, 95쪽

만일 감상과 해석 내용에 제한을 둔다면 학생들은 참고서의 내용을 그대로 가져와 발표하게 될 것이고, 참고서의 굴레에 묶인 청소년들은 세상을 바라보는 다양한 시각을 이해하지 못하고 자기 머릿속의 지식만이 올바르다는 독선에 빠질 수 있다.

시 감상 발표는 먼저 시를 낭송한 다음 시와 관련된 자신의 경험과 자신만의 시 해석을 발표하는 것이 좋다. 한 학급 30명의 학생들이 한 학기 동안 읽은 50여 편의 시 가운데 각기 한 편씩을 골라 발표하는데, 의외로 똑같은 시를 선택하는 학생이 별로 없다. 학생들의 취향이 그만큼 다양하다는 뜻이다. 시 감상 수행평가를 하는 동안 학생들은 20여 편의 시에 대한 다양한 해석을 듣고 깊이 있는 탐구를 할 수 있다.

그날은 2학년 6반의 시 감상 수행평가 첫날이었다. 한 여학생이 언뜻 보기에도 세월의 흔적이 묻어나는 사진 한 장을 들고 발표하러 나왔다. 그 사진은 자신의 어머니가 고등학교 시절에 찍은 사진이라고 간단히 소개하며 여학생은 수줍은 미소를 지었다. 그리고 낭송한 시는 문정

희의 〈찬밥〉이었다. 그런데 몇 줄 낭송하는가 싶더니 여학생이 갑자기 울음을 터뜨렸다. 특별히 가정 불화가 있지도 않으며 평소에 방글방글 잘 웃던 여학생이 말이다! 게다가 시를 낭송하는 동안 교실 여기저기에 서도 훌쩍거리는 소리가 들리는 것이었다. 그리고 신기하게도 그 순간 내 가슴도 먹먹해지고 있었다.

〈찬밥〉은 가족들에게는 늘 따뜻한 밥을 해 먹이고 당신은 찬밥을 먹던 어머니를 추억하고, 나도 어느 날 혼자 아픈 몸을 이끌고 찬밥을 먹으며 어머니를 그리는 내용의 시다. 교복 입은 어머니의 사진을 소개한 후 잔잔한 음악을 배경으로 〈찬밥〉을 읊던 순간, 그 여학생은 한 소녀가 어머니가 되기까지의 20여 년 세월을 교실로 소환하고, 어머니에 대한 다양한 기억을 반 친구들 모두의 가슴에 불러일으킨 것이다. 어머니의 삶에 대한 수천 마디의 설명보다 시 몇 줄의 힘은 그만큼 강했다. 시는 우리 곁에 늘상 함께하지만 그 소중함을 느끼지 못했던 존재에 대해 새삼 돌아보는 기회를 준다. 그리고 굳게 닫혀 있던 우리의 감정에 틈새를 벌리고 아이들을 울게도 웃게도 만든다. 오랫동안 중고등학교에서 시를 가르쳐 왔지만 시를 읽고 눈물을 터뜨린 학생은 나도 처음이었기에 그 수업은 한동안 내게 잔잔한 감동으로 남았다.

학기 말의 시 감상 발표는 시와 관련된 다양한 경험을 이야기하는 친구들의 삶과 가치관을 공유할 수 있는 기회가 된다. 아이들은 똑같은 시에 대한 다양한 의견을 들으며 '인간의 다양성'이라는 평범한 진리를 깨닫는다. 시 내용과 관련해 진로에 대한 고민을 털어놓는 발표를 들으며 친구들과 함께 자신의 미래를 고민해 보는 시간을 갖기도 한다.

　물론 시 감상 발표에 대해 큰 부담을 느끼는 학생들도 있다. 비교적 긴 시간 동안 앞에 나가 모두의 시선을 한몸에 받으며 아주 사적인 경험과 정서를 발표해야 하니 말이다. 그러나 인생을 살면서 언제 우리가 이런 경험을 해 보겠는가? 많은 사람 앞에 홀로 서서 잔잔한 배경 음악을 깔고 자신이 좋아하는 시를 낭송하는 것. 그리고 시 내용과 관련된 친구들의 경험을 진지하게 들어 보는 것. 처음에는 큰 부담을 느꼈던 아이들도 정작 발표를 하고 나면 자신이 '큰일'을 해냈다는 자부심으로 미소를 지으며 연단을 내려가는 경우도 많이 있다.

　학생들이 학기 말에 '수업 평가'를 할 때 가장 많이 하는 이야기 중 하나는 국어 수업에서 시 감상이 아주 중요한 역할을 한다는 것이다. 시를 낭송하는 것에서 그치지 않고 필사하고 감상글을 적고 발표하다 보면 시 구절이 오랫동안 기억에 남고 자기도 모르게 그 의미를 깊이 생각해 보게 된다고 한다.

07 시는 감기약? 낯선 시를 두려워하지 않는 아이들

3년째 꾸준히 시 읽기 활동을 하고 있는 3학년 학생들에게 질문을 던졌다.

"그래서 시는 나에게, 우리에게 무엇일까?"

시는 등대, 길, 음악, 위로, 인생의 진로를 고민하게 해 주는 것, 슬픔을 보듬는 것, 나 자신을 성찰하게 하는 것, 못 보던 것을 보게 해 주는 것, 현실을 반영하는 것, 문제 의식을 갖게 하는 것 등 다채로운 대답이 쏟아져 나왔다. 3년 동안 읽은 시는 어떤 아이들에게는 인생의 나침반 같은 것이었고, 어떤 아이들에게는 치유를 해 주는 것, 또 다른 아이들에게는 성찰의 기회를 주고 문제 의식을 일깨워 주는 것이었다. 조금씩 다르게 표현했지만 아이들은 시가 사실은 그 모든 것이라는 것을 이미 알고 있었다.

여러 대답 가운데 시를 '감기약'이라고 표현한 남학생에게 물어보았다.

"왜 시가 감기약이라고 생각하니?"

"감기에 걸렸을 때 감기약이 독하면 감기도 낫지만 약간 몽롱해서 기분이 좋았는데요. 좋은 음악과 문학도 기분을 좋게 해요."

그 대답에 아이들과 나는 동시에 왁자하게 웃음을 터뜨렸다. 역시 아이들의 생각은 예측 불가다. 시를 감상하며 기분 좋은 몽롱함에 취하는 것 같다고 표현하다니 나보다 한 수 위다.

3년간 꾸준히 시 읽기 활동을 하고 졸업한 학생들에게 그 활동에 대한 소감을 물어보았다. 그러자 한 녀석이 대답하길, 중학교 때는 잘 느끼지 못했는데 고등학교에 가 보니 국어 시간이나 언어영역 시험에 시가 나오면 모든 시가 왠지 낯익게 느껴진다는 것이었다. 그래서 새로운 시를 마주해도 두려움이나 거부감이 들지 않고, 아무리 낯선 시도 자기 나름대로 이해가 되더라는 것이다.

시 낭송은 고등학생이 되어서야 비로소 진가를 알게 되었다. 중학교에서는 교과서에서 배운 시만 시험에 나오고 배우는 시의 수도 적다 보니 시 감상의 중요성을 깨닫지 못했다. 하지만 고등학교에서는 시험 범위가 중학교에 비해서 상당히 넓고 시험 범위가 아닌 부분에서도 문제가 출제되며 수능에서는 문학에서의 시의 범위가 매우 넓어지기에 중학생 때부터 시를 많이 읽는 경험은 매우 중요하다.

특히 낭송을 하면 시를 자연스럽게 처음부터 끝까지 차분히 읽을 수 있게 된다. 나는 이 경험을 통해 많은 시를 읽으며 시에 대한 전반적인 지식을 쌓았다. 시를 낭송하며 시의 어조, 배경 등을 파악하며 전체적인 분위기를 파악할 수 있는 능력도 길러졌다고 생각한다. 이를 바탕으로 내가 생각한 시의 의도와 작가의 의도를 일치시킬 수 있었다.

– 중학교 3년간 시 읽기 활동을 한 졸업생

문학에서 학생들이 가장 어려워하는 영역이 시다. 수업 시간에 배우지 않은 시가 언어영역 시험에 나왔다 하면 일단 두려움이 앞선다. 배우지 않은 시는 이해하기 힘들다는 선입견 때문이다. 성인들 역시 이런 선입견에 빠져 있다. 학창 시절 참고서에 밑줄 치며 시 해설을 외우는 것만으로 시를 접한 성인들은 시는 낯설고 어려운 것이라는 생각 때문에 서점에 가서도 시집에는 선뜻 손이 가지 않는다.

하지만 성실히 시 읽기 활동을 한 학생들은 달랐다. 시가 더 이상 어렵지 않고 친근하다고 했다. 아무리 낯선 시도 시 전체의 분위기와 작가의 의도를 어느 정도 파악할 수 있다고 했다. 이것이 3년 동안 300여 편의 시를 읽은 효과다.

08 시 읽기를 함께한
교사들의 뒷이야기

임○○ 선생님의 이야기

학생들이 매일 시를 읽고 감상을 이야기하며 문학적 감수성을 키운다?

국어 교사라면 한 번쯤 시도해 보고 싶은 학습법이지만 교과 내에서 공감과 합의가 있어야 가능한 부분이라 선뜻 실행하기가 쉽지 않다. 그런데 ○○중학교에 부임해 보니 그 학습법이 이미 자리 잡혀 있어서 처음에는 매우 놀랍고 신선하게 느껴졌다.

시 읽기 활동을 위해 국어 교사들은 매 학기마다 학년별 수준에 맞는 시를 선정한다. 이때 다른 출판사 교과서에 실린 시들을 포함해 다양한 시를 수록하기 위해 수많은 시들을 검토하고 엄선한다. 그리고 수업 첫 시간에 이루어지는 시 읽기 및 감상 방법 안내에 대해 구체적으로 협의한다. 시를 어떻게 읽어야 하는지, 시에서 무엇을 소개할 것인지 등에 대해 학생들에게 안내할 내용을 공유한다.

학생들의 성실한 참여를 유도하기 위해 수행평가를 실시하는 경우라면 인상 깊은 구절이나 감상글을 쓰는 방법에 대해 구체적으로 설명한다. 2020학년도에 실시했던 '시 감상하기' 수행평가의 형식(인상 깊은 구절 및 감상 발표)을 좀 바꿔 보면 좋겠다는 의견이 나와 올해도 변화를 주기로 했다.

원격 수업에서도 시 낭송과 감상은 가능하다. 구글 설문지, 실시간 채팅을 활용하면 오히려 전체 학생들의 감상을 짧은 시간 내에 들어 볼 수 있어서 더 효과적이었다. 특히 실시간 화상 수업에서는 시 내용이나 주제와 관련지어 창의적이고 다양한 대답이 나올 수 있는 질문을 제시했을 때, 학생들의 상황이나 정서도 쉽게 파악할 수 있고 학생들 간에도 서로를 이해할 수 있는 시간이 되어 대면 수업 못지않은 효과를 기대할 수 있었다.

이○○ 선생님의 이야기

수업 종이 울리고 약 5분 사이에 그날의 시를 함께 낭송하고 음미해 보는 시 낭송 수업. 일주일에 세 편씩(네 번째 시간에는 감상글 쓰기), 1년이면 약 100편, 3년이면 무려 300여 편의 시를 읽고 감상하는 것은 아이들에게 '시'라는 문학 장르를 익숙하고 친근하게 느끼도록 하는 데 큰 역할을 했다고 생각한다. 일상의 가벼운 경험을 바탕으로 웃음과 감동을 주는 시부터 시대적 아픔과 고뇌를 담고 있는 무겁고 역사적인 시까지, 또 시조부터 산문시까지 다양한 형식을 아우르며 시를 이토록 풍부하게 감상해 볼 수 있다는 것은 참으로 행운이 아닐 수 없다.

300여 편의 시를 읽었다는 것으로 모든 시를 아우르지는 못할지라도 적어도 처음 보는 시 앞에서 당황하지 않고 오히려 호기심 있게 다가설 수 있지 않을까? 부임 첫해 2학년 학생들이 고등학교 1학년 수준의 시를 무난하게 읽고 소화하는 것을 보고 깜짝 놀랐던 기억이 있다.

시 읽기 수업이 처음부터 이렇게 체계적이었던 것은 아니다. 부임 첫해 2월 국어과 협의를 할 때 이야기를 들어 보니, 학생들과 국어 시간마다 시를 읽고 수업을 시작하는 게 의미 있겠다 싶어 시 읽기 수업을 시작했으나 매우 열성적으로 하는 아이들이 있는 반면 대충 낭송만 하며 시간을 때우는 아이들도 많다고 했다. 1년간의 프로젝트가 결실을 얻지 못하는 느낌이라 아쉽다는 것이었다.

의논 끝에 시 낭송 활동을 과감히 수행평가의 일부로 넣기로 했다. 이를 위해 일주일 4차시 내내 낭송만 하던 것을 3차시까지는 낭송으로 하고, 4차시에는 앞에 읽은 세 편의 시 가운데 가장 의미 있게 다가온 시의 인상 깊은 구절을 필사하고, 그에 대한 감상을 대여섯 줄로 정리하도록 하여 시 낭송 학습지를 새롭게 구성했다.

또한 2학년 2학기에는 이것을 말하기 수행평가로 실시해 보는 것도 의미 있겠다는 의견이 나와 '시 발표하기'로 조금 더 덩치를 키워 보았다. 이 활동을 통해 아이들은 친구들 앞에서 시를 낭송하는 색다른 경험을 해 볼 수 있었고, 남들 앞에서 자신감 있게 말하는 능력을 키울 수 있었으며, 무엇보다 시를 한 편 음미하고 자신의 삶에 적용하여 제 것으로 소화하는 능력을 키울 수 있었다. 청중이 된 아이들은 발표자들의 내용을 들으며 감상평을 썼는데, 친구들의 발표에 고개를 끄덕이고 눈물을 흘리는 등 깊이 공감하고 마음으로 소통하는 모습을 보이기도 했다. 중학교 3년간 여섯 학기 중 한 번 정도는 지속적으로 '시 발표 수행평가'를 해 보는 것도 좋겠다는 생각이다.

학생들은 자기만의 빛깔과 향기가

담긴 〈문학수첩〉을 꾸민다.

새 학년이 될 때마다 이번에 만나는 아이들은

그들만의 어떤 우주를 보여 줄까 하는 기대감에 부푼다.

2장

나, 우리,
세상을 만나는
〈문학수첩〉

01 나만의 빛깔과 향기를 담은 〈문학수첩〉

어느 학년 수업을 하든, 어느 출판사의 교과서로 수업을 하든 문학 단원에서는 늘 〈문학수첩〉과 함께 수업을 한다. 〈문학수첩〉 활동 역시 2011년 겨울방학 한국협동학습연구회 연수에서 한 선생님의 강의를 듣고 큰 감명을 받아 시작하게 된 것이다. 당시 그 선생님은 A4 절반 크기에 10면 정도로 구성된 일종의 문집을 보여 주며 자신의 학생들은 그 〈문학수첩〉에 시, 소설, 수필 등을 쓴다고 했다.

그러고 보니 애써 창작한 글을 평범한 노트가 아니라 이왕이면 〈문학수첩〉에 담아 둔다면 꽤 그럴싸해 보이겠다는 생각이 들었다. 학생들에게 글을 쓰는 재미와 열정을 더욱 불러일으킬 수도 있을 것 같았다. 뿐만 아니라 학창 시절의 보물로 간직해 두었다가 훗날 꺼내서 펼쳐 보는 감동도 클 것이었다.

나는 연수에서 받은 〈문학수첩〉 양식을 참고해 곧바로 우리 학교만의 〈문학수첩〉 양식 만들기에 들어갔다. 그 양식을 토대로 학생들은 각자 자기만의 빛깔과 향기가 담긴 〈문학수첩〉을 꾸민다. 새 학년이 될 때마다 이번에 만나는 아이들은 어떤 빛깔과 향기를 보여 줄까 하는 기대감이 내 가슴을 채운다.

2012학년도부터 시작했으니 〈문학수첩〉 활동을 한 지도 벌써 10년째다(학교를 옮기고 나서는 '문학수첩' 대신 '문학우리', '문학친구'라는 이름으로 바꿔 진행하고 있다). 학생들은 각자의 작품과 소감을 친구들과 공유하며 키득거리고 수줍어하고 때로는 토론의 장을 벌이기도 한다. 그렇게 성장해 가는 학생들의 모습을 지켜보는 뿌듯함으로 7~8차시에 달하는 수업을 하게 된다.

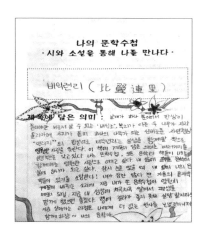

2학년 학생들이 꾸민 〈문학수첩〉 표지

02 우리 학교 국어과 교육과정의 밑바탕을 이룬 〈문학수첩〉

"〈문학수첩〉이 뭐예요?"

"아이들이 시와 수필, 소설을 쓰는 거예요!"

"그래요? 그건 국어 과목에서 흔히 하는 건데?"

맞는 말이다. 〈문학수첩〉 활동은 국어 시간에 하는 일반적인 문학 창작 활동과 별반 다르지 않다. 다만 '문학수첩'이라는 이름으로 자기만의 소책자를 만들어 그곳에 글을 쓰고 친구들과 돌려 읽으며 소감을 나눈다는 점이 다를 뿐이다. 하지만 이 프로젝트 활동을 통해 아이들은 자신이 전문 작가가 된 것 같아 글쓰기에 더 열정을 쏟아붓게 된다고 종종 말한다. 형식도 내용도 다 같이 중요하다는 것을 절실히 깨닫게 해 주는 대목이다.

2012학년도에 참 열심히 고민하고 실천하는 국어 선생님이 우리 학교로 전근 왔다. 나와 연배도 비슷하고 말도 잘 통해서 수업에 대한 이야기를 많이 주고받았다. 당시 동 교과 모임 붐이 일어났던 시기라 우리의 이야기는 특별히 더 깊고 진지했다. 그때 내가 〈문학수첩〉에 대해 소개했고 그것이 시발점이 되어 전 학년에서 〈문학수첩〉 활동을 하게 되었다.

이 책에서 소개하는 〈문학수첩〉 내용은 주로 2017년에서 2020년까지의 성과물이다. 기억을 떠올려 보면 2017년 이전의 〈문학수첩〉은 성취 기준에 대해서는 생각도 못 한 그저 시 창작, 소설 창작을 하는 정도였다.

학년별로 〈문학수첩〉을 제작하게 되면서 당연한 결과로 학년별 성취 기준에 맞게 〈문학수첩〉을 체계화하게 되었다. 또한 2015년 교육과정 이후에는 국어 교과의 핵심 역량을 키울 수 있고 성장 중심의 교육과정을 반영한 〈문학수첩〉으로 발전했다. 예를 들면 1학년은 '비유와 상징'과 '표현의 즐거움'이라는 주제를 묶어서 '시(비유와 상징)와 수필 쓰기(표현)'를 하고, 2학년은 '창의적인 발상'과 '개성 있는 표현'을 묶어서 '시(역설과 반어, 풍자)와 소설 쓰기'를 하고, 3학년은 '문학과 삶', '문학의 가치(비평문 쓰기)'를 엮어서 '시(고전 시조 창작)와 비평문, 자서전 쓰기' 활동을 하는 것이다.

점점 심화되는 수준에 따라 융합적 글쓰기 활동을 하면서 학생들이 문학을 향유하는 시간을 충분히 누릴 수 있게 하니 교사로서도 매우 만족스러웠다. 아이들은 서로 작품을 공유하면서 작가로서의 설렘과 뿌듯함을 느끼는 한편, 자기 자신과 친구들에 대해 새로운 점을 발견하기도 한다.

전 학년이 〈문학수첩〉 활동을 하면서 국어 교사들은 이 활동에 대한 피드백을 더욱 활발히 하게 되었고, 우리 학교 국어과 교육과정을 만들어 가는 탄탄한 밑바탕을 마련할 수 있었다. 더 나아가 말하기의 학년별 체계화, 서평 쓰기의 체계화, 토의·토론하기의 체계화 등에도 눈길을 주게 주었다.

우리 학교 학생들은 '문학수첩'이라는 용어에 익숙해졌고, 해마다 조금씩 변하는 활동에도 올해는 어떤 〈문학수첩〉 활동을 하며 친구들의 작품을 읽게 될까 기대감을 품는다. 〈문학수첩〉 활동은 주제가 있는 수업, 국어 수업다운 수업, 삶을 반영한 수업 등을 모두 반영하고 있다. 〈문학수첩〉 활동을 해 본 교사들은 한결같이 정말 좋은 수업이었고, 〈문학수첩〉 활동 자체가 우리 삶을 치유하는 과정이었다고 말한다.

03 한 달 과정의 문학 프로젝트, 〈문학수첩〉 활동

〈문학수첩〉 활동의 목적은 문학을 주체적으로 감상하고 실제 창작 활동을 하면서 문학 향유 능력을 기르기 위한 것이다. 이를 위해서는 문학과 관련한 단원을 2개 정도 엮어서 문학 감상 수업을 충분히 한 후에 창작 활동에 들어가야 한다. 다양한 작품 감상을 통해 창작에 대한 욕구와 자신감이 어느 정도 생겼을 때 〈문학수첩〉 활동을 하는 것이다. 적어도 2주 이상의 '문학 수업'을 한 뒤 2주 정도 '창작 활동'을 하며, 그런 다음 친구들과 함께 '창작품 공유'의 시간을 갖는 것이 좋다. 즉, 〈문학수첩〉 활동은 문학 감상 수업부터 창작하기, 창작품 공유하기까지를 아우르는 '문학 프로젝트' 활동이다.

❶ 문학 감상 수업

우선은 교과서 속 문학 작품뿐만 아니라 교과서 밖의 다양한 작품을 감상하도록 한다. 예를 들면 〈애들아, 시 읽자!〉와 같은 시 자료집에서 각

〈문학수첩〉 활동 과정

1~4차시	교과서 안의 '시와 수필' 또는 소설 감상
5~6차시	교과서 밖의 작품 감상
	〈문학수첩〉 창작 활동
7차시	시 자료집, 시집 감상 및 분석
8차시	창작시 개요 작성
9차시	시 쓰기
10차시	창작시 낭송 및 공유하기
11차시	수필집 읽기 및 감상글 쓰기
12차시	수필 개요 짜기 / 수필 쓰기
13차시	수필 쓰기
14차시	창작 수필 공유하기
15차시	소감 쓰기 / 〈문학수첩〉의 제목과 가격 정하기

자 맘에 드는 시 한 편을 골라 필사하고 그 시를 소개하는 글과 좋아하는 이유 및 감상평을 쓰게 한다. 수필 또한 교과서 밖의 작품 몇 편을 읽게 하고 그 속에 담겨 있는 표현 방법, 교훈, 깨달음 등을 모둠별로 분석해서 써 보도록 한다. 소설 단원이 〈문학수첩〉과 관련 있는 2학년의 경우 성취 기준에 맞는 소설 이론 수업을 진행한다.

다음은 각 학년의 성취 기준을 고려한 '국어 수업다운' 국어 활동을 이어 간다. 예를 들면 학생들 각자가 고른 시에서 특징적인 운율, 비유와 상징, 역설과 반어 등의 표현 방법을 비롯해 아름다운 문학적 표현을 찾아보게 한다.

❷ 창작 활동

〈문학수첩〉 활동의 연장선상에서 학생들은 시를 창작할 때 뜻 모를 미사여구만 나열하는 것이 아니라 삶에 대한 깨달음과 울림이 담긴 시를 쓰게 된다. 비유와 상징을 배우고 그것을 자신의 작품에 녹여 내는 과정에서 아이들의 시는 훨씬 더 시다워진다.

수필을 창작하는 과정은 수필을 자신의 것으로 내재화하는 과정이다. 아이들은 수필에 대해 배웠으면서도 막상 써 보라고 하면 수필이 무엇이냐고 질문하기 일쑤다. 수필을 창작하면서 아이들은 비로소 수필을 온전히 자신의 것으로 만들게 된다. 이 과정에서 자신에 대해 미처 깨닫지 못했던 점을 발견하고 성찰하게 되는 것은 덤이다.

소설은 또 다르다. 대부분의 사람들은 소설을 읽기만 하지 자신이 창작할 수 있다고는 생각도 못 해 본 채 일생을 보낸다. 하지만 삶을 살면서 한 번쯤 소설을 써 본다는 것은 그 자체로 가슴 두근거리는 일이 아닐까? 서너 시간에 걸쳐 소설 쓰기에 몰입해 보는 중학교 시절의 창작 경험은 그래서 더욱 특별하고 매력적이다.

❸ 창작품 공유

시나 수필, 소설을 쓴 다음에는 반드시 친구들과 공유하는 시간을 갖는다. 먼저 자기가 속한 모둠 내에서, 다음에는 옆 모둠 친구들과 공유를 하고, 나아가 자신이 꼭 보여 주고 싶은 친구와 공유할 수도 있다.

이 활동이 〈문학수첩〉 활동의 꽃이다. 문학적 소통을 통해 자신과는 다른 특성의 친구들과 내면의 이야기를 나눌 수 있고, 이를 통해 자신의 사고를 깊고 폭넓게 확장해 갈 수 있기 때문이다.

또한 공유를 하면서 자신이 잘못 알고 있는 표현법을 수정하거나 더 나은 표현법을 배울 수 있고, 자신과는 다른 의견을 지닌 친구들의 작품을 통해 창작의 원동력인 사고력과 창의력을 키울 수 있다. 즉 공유의 시간은 곧 성장 중심의 수업 시간이다.

❹ 자기만의 〈문학수첩〉 꾸미기

마지막으로 〈문학수첩〉 활동에 대한 소감 쓰기, 자신의 〈문학수첩〉에 대한 제목 및 가격 정하기 등을 통해 마치 작가가 된 듯한 경험을 한다. 〈문학수첩〉의 제목을 정하고 나면 그 제목의 의미를 적고, 겉표지에 그림을 그려 넣어 정말 한 권의 책과 같은 분위기를 내기도 한다. 가격을 매겨 보라고 했더니 아이들은 0원부터 시작해서 수천만 원, 비매품, 심지어 '값을 매길 수 없음'이라고 적기도 했다. 표지의 제목과 가격만 봐도 아이들의 특징을 금방 알 수 있다.

〈문학수첩〉 활동은 관련 단원을 교과 재구성을 통해 선정하여 배운 다음에 하는 것이 좋으며, 그 시기는 보통 1학기 4월이 끝나기 전에 실시하는 것이 좋다. 그러면 학생들은 반 친구들과 좀 더 일찍 친밀한 관계를 형성하게 되고, 교사 또한 학생들 각자의 〈문학수첩〉을 통해 학생들 개인에 대해 좀 더 깊이 이해하게 된다. 그리고 이후의 수업에서도 학생들의 개인적 특징에 관심을 기울이며 좀 더 발전적인 방향으로 이끌어 줄 수 있다.

사실 내가 처음 〈문학수첩〉 활동에 이끌렸던 것은 자신의 작품을 한 권의 '책' 형태로 묶어 놓는 게 꽤 그럴싸해 보였기 때문이다. 그래서 처음에 만들었던 〈문학수첩〉은 시와 소설을 쓰는 용도의 '노트 한 권'일 뿐이었다. 그러나 해를 거듭하면서 주체적인 문학 감상과 창작에 대한 역량을 기르고, 문학을 통해 자신을 성찰하고 남을 이해하게 되는 계기를 마련하는 활동으로 발전해 나갔다. 그 결과 이 활동은 한 달 남짓 걸리는 '문학 프로젝트' 활동으로 자리 잡게 되었다.

04 성취 기준에 따른 창작 수업

〈문학수첩〉과 함께하는 창작 활동 수업은 학년별로 장르를 달리해서 진행한다. 1학년은 시와 수필, 2학년은 시와 소설, 3학년은 시조와 자서전, 비평을 창작하도록 한다. 그리고 각 학년에 따라 영역별 성취 기준에 맞춰 창작을 할 수 있도록 이끌어 준다.

1학년 시와 수필이 있는 수업

1학년은 '문학의 표현' 영역과 연계해 시와 수필 부문 성취 기준에 맞춰 창작 수업을 진행한다.

시 부문 성취 기준

[9국05-02] 비유와 상징의 표현 효과를 바탕으로 작품을 수용하고 생산한다.

시를 쓸 때는 자신의 생각과 감정을 자유롭게 풀어내고 주제 역시 자유롭게 설정하는 것이 좋다. 그러나 매 학년 그저 '자유로움'에만 기대어 시를 쓰다 보면 창작의 역량이 길러지지 않는다. 나는 학생들에게 창작의 힘을 키워 주기 위해 각 학년의 문학 성취 기준에 맞춰 시를 쓰도록 〈문학수첩〉 활동을 이끌고 있다.

1학년은 먼저 시 자료집을 읽고 마음에 드는 시를 한 편 골라 감상하게 한다. 이때 자유롭게 시 감상을 하는 한편 비유와 상징, 운율 등이 나타나 있는 구절을 찾고, 그 표현법의 효과를 분석해 보라고 한다. 감상이 끝난 후에는 각자 시를 한 편씩 쓰되 시어에 비유와 상징, 운율을 표현할 수 있도록 노력한다. 시의 소재는 자신의 생각, 상상, 경험, 주변에 대한 관찰을 토대로 자유롭게 정하고, 비유와 상징, 운율을 고려해 초안을 쓴 뒤 여러 차례 수정을 거쳐 한 편의 시를 완성한다. 완성한 다음에는 한 명씩 친구들 앞에 나가 자신이 쓴 시를 낭송한다.

사실 많은 아이들이 창작시를 남에게 공개하는 것에 대해 부끄러워하며 앞에 나가 낭송하기를 꺼린다. 이런 경우 시 낭송 점수를 수행평가 항목으로 넣는다고 하면 대개는 모두가 적극적으로 참여한다. 낭송을 하기 전에는 반드시 교사가 먼저 시범을 보이고, 시의 분위기에 맞는 어조로 천천히 낭송을 하면 된다는 설명을 덧붙인다.

낭송을 마친 다음에는 다양한 방법으로 시에 대한 감상평을 나눈다. 예를 들면 반 전체에게 가장 감동적인 시를 쓴 학생 한 명을 추천받는다. 그러면 추천된 학생은 자신이 가장 감동적이라고 여기는 친구의 시를 지목하고 그 시에 대한 감상을 발표한다. 다음에는 그 시를 쓴 학생이 또 다른 시를 지목하고 감상을 발표하며, 이렇게 이어받기식으로 진행해 나가는 것이다. 이때 원칙을 하나 정하는 게 좋다. 이전에 다른 학생이 이미 지목한 시는 중복해서 지목할 수 없게 하는 것이다. 그러면 모든 학생의 시가 한 번씩 지목받을 수 있고, 모든 학생이 한 번씩 발표할 기회를 얻게 된다.

시를 낭송하는 순간도 떨리지만 남에게 자신의 시를 평가받는 순간도 긴장되기는 마찬가지다. 하지만 대부분의 아이들은 긍정적인 평가를 해 준다. 그 시를 쓰기까지 친구가 겪었던 진지한 고민의 과정을 한 공간에서 지켜봤기 때문이다. 긍정적인 평가를 받은 만큼 아이들은 자신의 시에 대해 자부심을 갖게 된다.

산문(수필) 부문 성취 기준

[9국03-05] 자신의 삶과 경험을 바탕으로 하여 독자에게 감동이나 즐거움을 주는 글을 쓴다.

1학년 산문 부문 〈문학수첩〉 활동은 수필이 무엇인지 설명하는 데서부터 시작한다. 학생들은 초등학교 때 수많은 생활문을 써 봤으면서 수필이라는 말은 낯설어한다. 수필이란 자신의 경험을 풀어 놓고 그 경험을 통해 깨달은 교훈이나 느낀 점을 글로 쓰는 것이라고 설명하면 그제야 아! 하고 고개를 끄덕인다.

수필을 쓸 때도 우선은 남들이 쓴 수필을 읽어 보는 것이 중요하다. 나는 수업 시간을 통해 교과서 속의 수필과 교과서 밖의 수필을 한두 편씩 읽게 한다. 〈문학수첩〉 안에 쉬운 수필을 한 편 실어 읽을 기회를 주기도 한다. 때로는 1학년이 읽을 만한 수필집을 한 권씩 나눠 주고 그 안에서 각자 한 편씩 골라 읽어 보라고 한다(우리 학교 도서관에는 1, 2, 3학년으로 분류된 수필집이 학급 인원수만큼 비치되어 있다. 여의치 않은 경우에는 필요한 부수만큼 인쇄해 나눠 준다). 수필 한 편을 완독할 만한 시간(약 20분)이 지나면 학생들에게 말한다.

"자기가 재미있게 읽은 수필을 친구들에게 추천하고 싶은 사람!"

그러면 여기저기서 다양한 수필 제목이 쏟아져 나온다. 아이들은 친구들이 추천하는 제목을 수필집에서 찾아 흥미진진하게 읽어 본다. 수필 읽기에 한창 흥미가 붙었다는 증거다.

재미와 감동이 있는 수필 몇 편을 읽고 나면 아이들은 수필 쓰기에 대해 자연스럽게 감을 잡는다. 그러고 나서도 자신이 쓸 수필 소재를 찾는 데는 또 한참이 걸린다. 하지만 일단 소재를 찾고 나면 한 편의 수필을 완성하기까지 그리 힘들어하지 않는다.

수필을 한 편씩 완성하고 나면 친구들과 공유하는 시간을 갖는다. 아이들은 대부분 자신의 수필을 낭독해 주는 걸 아주 좋아한다. 자신이 겪은 재미있고 감동적인 이야기를 얼른 친구들에 들려주고 싶은 것이다. 물론 숨기고 싶은 이야기를 쓴 경우 낭독하기를 꺼리는 아이들도 있다. 이때 누군가 한 명이 먼저 비밀스런 이야기가 담긴 자신의 수필을 발표하고 나면 다른 아이들도 하나둘 용기를 내게 된다. 이러한 과정을 통해 아이들은 친구들의 내밀한 속사정을 알게 되고 그만큼 마음이 더욱 가까워지는 경험을 하게 된다. 이것이 바로 '수필의 힘' 중 하나다.

●〈문학수첩〉 중 시와 수필 부문 페이지

친구에게 바치는 시

파블로 네루다

그러니까 그 나이였어……
시가 나를 찾아왔어.
그게 어디서 왔는지 모르겠어,
겨울로부터인지 강에서인지.
언제 어떻게 왔는지 모르겠어,
아냐, 그건 목소리가 아니었고, 말도
아니었으며, 침묵도 아니었어,
하여간 어떤 길거리에서
나를 부르더군,
밤의 가지에서,
갑자기 다른 것들로부터,
격렬한 불 속에서 불렀어,
또는 혼자 돌아오는데 말이야
그렇게 얼굴 없이 있는 나를
건드리더군.

- 지은이 : 1학년 ( )반 ( )번 이름:
- 인 쇄 : ○○ 중 학 교
- 발행인 : 국 어 샘
- 발행일 : 2019년 4월~5월
- 가 격 :

나의 첫♡ 문학수첩
- 시와 수필을 통해 나를 만나다 -

제목:

제목에 담은 의미:

---

1. 마음에 드는 시 소개하기

제목 (　　　　) 　 작가 (　　　　)

시의 내용과 표현법 탐구	소재(시적 대상):
	주제(문장으로):
	표현법(은유, 직유, 의인, 대유, 상징 등. 시에 직접 밑줄 긋고 표현법 쓰기):
인상 깊은 부분과 소개 이유	

2-1. 시 창작 전 생각 다듬기

소재	
시에 담고 싶은 이야기는? (표현하고 싶은 내용 및 정서)	
시에 드러내고 싶은 나의 생각(주제)	
시를 시답게 하는 표현 방법	사용하고 싶은 비유(직유, 은유, 의인, 대유 중 1), 상징(반드시)
	* 비유: 내가 선택한 비유법은? ( )을 → ( ) 비유적 표현으로
	* 상징:( )을 → ( ) 상징적 표현으로
	연과 행 배치 미리 고민!(연을 둘 것인가? 몇 연? 등)
	운율은 어떻게 맞출 것인가?

2-2. 시 창작하기(시 옆에 그림을 그려도 좋아요.)

제목 :　　　　　　　　　　　　　　지은이:

2-3. 친구들아! 내 시에 대해 한 마디 해주련

- 먼저, 친구들 앞에서 소리 내어 시를 낭송하세요.
- 네 명 이상의 친구들에게 소감을 받을 것.
- 소감을 써 주는 친구들은 시에 대한 느낌, 표현의 특징, 공감이 가는 이유나 경험 등을 성실하게 기록해 줄 것.

친구 이름	친구의 시를 읽고 나니

3. 공감이 가는 수필 소개하고 이유 밝히기

제목	
지은이	
주제	
수필 내용 요약	
소개 이유	

※ 소개 이유는 인상 깊은 장면, 기억에 남는 문장, 공감 가는 부분, 깨달음을 얻은 부분 등을 활용하여 풍부하게 쓰고, 특히 자신의 삶과 연결시켜 쓰면 좋습니다.

3-1. 수필의 개요 쓰기

소 재	
주 제	
수필에 담고 싶은 이야기	

개요 작성	처음	
	중간	
	끝	

3-2. 수필 쓰기

제목 :

3-3. 친구들아! 내 수필에 대해 한 마디 해주련

- 네 명 이상의 친구들에게 소감을 받을 것.
- 소감을 써 주는 친구들은 수필에 대한 느낌, 표현의 특징, 공감이 가는 이유나 경험 등을 성실하게 기록해 줄 것.

친구 이름	내 친구의 수필을 읽고 나니

나의 문학수첩 차례 및 작성 방법

1. 공감이 가는 시를 한 편 소개하고 그 이유 밝히기
- 〈얘들아 시 읽자〉에서 선택
- 그 시를 고른 구체적인 이유(시의 내용과 표현법, 주제)를 설명

2. 시 창작하기
- 생각 다듬기 : 자신의 경험, 생각, 상상, 주변의 관찰을 토대로 소재 선정
- 비유, 상징, 운율을 고려해 초안을 쓰고 수정을 거듭해 시 완성하기
- 자신이 쓴 시에 대한 친구들의 소감 받기

3. 수필 창작하기
- 생각 다듬기 : 수필 속에 나타내고 싶은 자신의 가치 있는 경험(직접, 간접 경험), 수필에 드러내고 싶은 자신의 깨달음
- 개요를 바탕으로 초안을 쓰고 내용을 수정하여 한 편의 수필 완성하기
- 자신이 쓴 수필에 대한 친구들의 소감 받기

4. '문학수첩'을 만든 소감 적기

영역 및 평가내용	시기	평 가 척 도
[문학·쓰기] 문학 프로젝트 문학수첩 창작하기	4월 2주 5월 4주	· 공감이 가는 시를 한 편 소개하고 그 이유를 밝혔는가? · 소개한 시의 운율 및 비유, 상징을 파악했는가? · 운율과 비유, 상징을 고려하여 시를 창작했는가? · 창작한 시에 자신의 경험과 정서가 드러났는가? · 창작한 시의 느낌을 살려 낭송했는가? · 자신이 나타내고자 하는 삶의 모습 및 창작 의도를 구체적으로 작성했는가? · 자신이 표현하고 싶은 삶의 모습을 수필 쓰기에서 미리 생각해 보았는가? · 창작한 수필의 내용이 공감을 불러올 수 있는 내용인가? · 자신만의 언어로 개성 있게 표현하였는가? · 모둠원끼리 작품을 읽고 감상을 공유하였는가? · '문학수첩'을 만든 후 소감을 표현했는가?

벚꽃나무

길을 가도 벚꽃 나무는 있다,
그 벚꽃 나무 옆을 조심히 지나가도
벚꽃은 떨어진다,

벚꽃은 바람이 불어도, 천둥이 몰아쳐도
쨍쨍한 햇빛이 비쳐도
조심히 떨어진다,

사람들이 돗자리를 펴 놓고 벚꽃나무를
보며 소곤소곤 말해도 벚꽃은
힘이 없는지 나무에 있지 않고
바닥으로 데구르르 떨어진다,

자전거

새로운 일을 시작한다는 것

그것은 자전거를 처음 탔을 때처럼

넘어지고 다치면서 일어나는 것

다시 일어나면서 한 단계 위로 올라가는 것

그것은 마치 고통의 끝에 자전거를

탈 수 있었을 때의 성취감

끝없는 고통을 겪고 나면 어느새

맨 꼭대기 자전거 위에 있다는 것

혼자 있는 시간

  나에게는 동생이 하나 있다. 내 동생은 태어날 때부터 약하게 태어나 부모님께서 걱정을 많이 하셨다. 그래도 항상 활기차고 활동적으로 자라났다. 어느 날 저녁때 동생이 숨을 가쁘게 쉬었다. "쌔액쌔액" 하는 소리를 냈다. 부모님은 동생을 병원에 데려가셨다. 진료가 끝나고 나서 어떻게 되었느냐고 물어보았더니 입원을 했다는 것이었다. 왜 입원했는지 알고 보니 네 살밖에 안 된 아기가 폐렴에 걸렸다는 것이다. 내 동생은 약 한 달 동안 병원에서 치료를 받고 겨우 완쾌되었다.

  동생이 입원한 첫날 집에 돌아왔더니 너무 조용했다. 휴식을 취하려고 방에 들어갔더니 너무 조용해서 사람 사는 집이 아니라는 생각까지 들었다. 그때가 방학이어서 하루 온종일 집에 있어야 했는데 조용해서 심심했고, 저녁에는 아빠가 일찍 오셔서 외로움이 한결 나아졌지만 온갖 집안일을 아빠와 내가 해야 하는 상황이었다. 집안일을 할 때 너무 힘이 들었다. 저녁마다 해야 하는 설거지를 계속 미루다 보니 설거짓거리가 산더미처럼 쌓였고, 빨래 개는 것부터 청소까지 쉴 틈이 없었다. 그래도 아침마다 이모가 오셔서 대신 해 주시기는 했지만 힘이 드는 것은 어쩔 수 없었다.

  일상생활을 하는 동안 엄마가 참 많이 보고 싶었다. 친구와 놀다 오거나 어딘가 갔다 오면 엄마가 집에 안 계시는 것을 알고서도 괜스레 "엄마, 다녀왔습니다."라고 말하거나 보고 싶다는 생각을 한두 번 해 본 것이 아니었다. 밥 먹을 때 항상 외식을 하니 집밥이 그리웠고 모든 것을 나 혼자 해야 한다는 생각에 너무

나도 슬펐다.

병원에 있는 동생은 호흡기 치료를 하여 매번 콜록콜록하며 괴로워했고, 링거를 맞고 있어서 움직일 수가 없었다. 평소 활발한 성격인 내 동생은 병원 생활에 너무 답답해했다. 나는 그 모습을 보고 '어린아이가 벌써 저렇게 힘들어하면 어떡하나.'라고 생각하였다. 동생이 고통받는 모습을 보고 너무 힘들게 살고 있다고 생각하였기 때문이다.

언젠가 학교 선생님께서 이렇게 질문하셨다.

"가족은 소중합니다. 왜 그럴까요?"

그때 나는 별생각 없이 "없으면 안 되니까요."라고 대답했다. 친구들도 "없으면 외로워요."라거나 "그냥요." 등등 생각 없이 마구 대답했다.

나는 속으로 '설마 가족이 없다고 문제가 일어나겠어?'라고 생각하였다.

그리고 또 한번은 여러 친구가 나에게 물어봤다.

"너네 어머니 혹시 직장 다니셔?"

"아니, 왜?"

내 대답에 친구들은 모두 부러워하는 눈초리로 나를 쳐다보았다.

'혼자 있으면 좋은 것이 아닌가?'라고 그때 생각했는데, 이제는 그 친구들의 마음을 알겠다. 혼자 있으면 외롭다는 것을, 슬프다는 것을, 고통스럽다는 것을……. '가족은 소중하다.'는 것을 이제야 나는 몸으로 실감할 수 있었다.

2학년 시와 소설이 있는 수업

2학년은 '창의적인 발상과 개성 있는 표현'을 주제로 시와 소설 부문 성취 기준에 맞춰 창작 수업을 진행한다.

시 부문 성취 기준

[9국05-09] 자신의 가치 있는 경험을 개성적인 발상과 표현으로 형상화한다.

위와 같은 성취 기준에 따라 심미적 체험을 바탕으로 역설과 반어, 풍자 등의 표현법을 사용해 시 창작과 감상을 한다. 시 감상 형식은 1학년과 별다를 것 없지만 감상의 주안점이 달라진다. 바로 시에 드러난 '가치 있는 경험'이 무엇인지 찾는 활동이 추가된다. 또 역설과, 반어, 풍자적 표현을 찾아보고 그런 표현법을 썼다면 어떤 효과가 나타났는지 탐구해 본다. 감상 후 시 초안을 쓰는 과정에서도 자신의 가치 있는 경험을 시로 형상화하되 역설과 반어, 풍자적 표현법을 어떻게 적용할 것인지 고민해 본다.

시를 쓰는 단계는 야외 수업으로 진행하는 것이 훨씬 효과적이다. 우리 학교는 건물 정면에 벽면을 따라 해마다 제비콩을 심는다. 제비콩 줄기가 옥상에 얽어 놓은 줄을 타고 줄줄이 올라가 초여름이면 교실 창밖은 온통 제비콩 푸른 줄기로 뒤덮여 매우 운치 있다. 교정 한쪽에는 자그마한 연못도 있다. 그 안에서 잉어들이 노니는 모습을 한참 바라보고 있노라면 저절로 시상이 떠오를지 모른다.

물론 연못이나 제비콩 줄기가 없어도 좋다. 일단 교실 밖으로 나가면 풀과 나무, 돌, 햇빛, 바람이 있고, 교실에서는 느낄 수 없는 청량한 공기와 계절의 향기가 떠다닌다. 시란 우리가 늘상 보고 듣고 냄새 맡지만 그 존재를 미처 깨닫지 못했던 것에 대해 새삼 깨달아 가는 과정이다. 그런 의미에서 교실 안보다는 밖이 시 감성을 불러일으키기에 훨씬 좋은 환경이다.

산문(소설) 부문 성취 기준

[9국05-09] 자신의 가치 있는 경험을 개성적인 발상과 표현으로 형상화한다.

2학년 소설 창작 수업은 위와 같은 성취 기준에 맞춰 소설의 시점을 바꿔 쓰거나 소설 한 편을 완전히 새로 써 보는 등 다양한 활동으로 진행할 수 있다.

소설을 쓰기에 앞서 먼저 교과서 속 소설을 학습하거나, 교과서 소설보다 성취 기준에 좀 더 잘 도달할 수 있는 소설이 있다면 그 소설을 선택해 학습한다. 이때 1인칭 주인공 및 관찰자 시점, 작가 관찰자 시점 등 서로 다른 시점으로 쓰인 단편소설 몇 편을 선정하기를 권한다. 똑같은 사건이라도 바라보는 입장에 따라 서로 다른 해석을 할 수 있듯이 소설도 시점에 따라 그 주제나 표현 방법, 인물의 성격 등이 달라진다. 이러한 시점의 효과를 알아야 좀 더 창의적이고 재미있는 소설을 쓸 수 있다.

소설의 개요를 짤 때는 먼저 소재로 쓸 자신의 경험을 떠올려 본다. 그 경험을 마인드맵이나 브레인스토밍, 비주얼씽킹 등으로 나타내고, 그 경험에 대한 의견이나 깨달음 등을 글로 적어 본다. 자신이 겪은 가치 있는 경험에서 출발한 소설 쓰기는 내용이 훨씬 구체적이고 사실감이 느껴져 깊은 공감을 살 수 있다.

개요를 짠 후에는 '어떻게 표현할 것인가?'라는 질문에 들어간다. 이 단계에서는 인물, 사건, 배경이라는 소설의 구성 3요소와 갈등의 전개 과정에 따른 줄거리, 주제, 시점 등을 정한다. 먼저 소설의 주인공과 주변 인물들의 이름, 나이, 학력, 종교, 특기, 외모, 취향, 거주지, 가족 관계 등 세부 정보와 함께 캐릭터를 정한다. 그리고 소설의 전체적인 분위기와 어울리는 시간적·공간적 배경을 정한다. 그 후 각 인물들이 일으키는 갈등을 중심으로 원인과 결과가 드러나도록 소설 구성의 5단계에 따라 줄거리를 적어 본다.

이 과정에서 교사는 1학년 교과서에 나오는 외적 갈등과 내적 갈등에 대해 상기시켜 주며 소설은 갈등의 전개 과정에 따라 5단계에 걸쳐 사건이 진행된다는 점을 설명해 준다. 그리고 자신이 쓰려는 사건을 전개할 때 가장 효과적이라고 생각하는 시점을 정하고 그 이유도 적어 보게 한다.

시점 바꿔 쓰기

시점 바꿔 쓰기를 할 때는 소설의 구성 5단계 중에서 일차적으로 1, 2단계의 내용만 시점을 바꿔 써 본다. 모둠별로 또는 모둠원끼리 둘씩 짝지어 구성 단계를 맡아 시점 바꿔 쓰기를 해도 좋다. 예를 들어 성석제의 《내가 그린 히말라야시다 그림》이나 은이정의 《괴물, 한쪽 눈을 뜨다》라는 소설에서 일부분을 정해 시점 바꿔 쓰기를 한다. 아이들은 이 과정에서 동일한 행동이나 사건이 다른 인물의 관점에서는 달리 해석될 수 있다는 것을 이해하게 되고, 나의 관점이 중요한 만큼 남의 관점이나 가치관도 존중해 주어야 한다는 깨달음을 얻는다.

소설 한 편 완성하기

아무리 짧은 소설도 한 편을 완성하려면 못해도 서너 시간은 책상 앞에 앉아 있어야 한다. 이를 위해서는 교육 과정을 재구성할 때 불필요한 단원은 과감히 줄이고 소설 쓰는 시간을 확보해야 한다. 학생들이 긴 글쓰기에 지루해할 것 같지만 일단 줄거리를 떠올리고 나면 의외로 소설 쓰기에 상당한 집중력을 보인다.

소설 쓰기 수업을 할 때의 일이다. 붉은 장미 한 송이를 문신처럼 목덜미에 새기고 다니며 친구들과 잘 어울리지 못하는 학생이 있었다. 이런저런 국어 활동에도 별다른 관심이 없던 아이였다. 그런데 소설 쓰기 시간이 되자 자신이 겪은 이야기만 풀어내도 한 권의 소설이 된다며 일사천리로 글을 쓰는 것이다. 그것이 돌려 읽기 시간에 '베스트셀러'가 된 것은 물론이다.

소설을 처음 쓰는 경우 이렇게 자신을 주인공으로 삼는 경우가 많은데, 자신의 아픈 기억을 소설로 형상화하고 객관화하는 과정 속에서 아이들은 저절로 상처를 치유받기도 한다. 그래서 글쓰기를 '치유의 과정'이라 하는 것이다.

● 〈문학수첩〉 중 소설 부문 페이지

3-1. 소설의 개요 짜기

1.소설로 쓰고 싶은 경험을 구체적으로 적어 보자. (마인드맵이나 브레인스토밍, 비주얼씽킹으로 나타내 보자.)

2. 소설을 쓰고 싶은 경험을 통해 느낀 점과 말하고 싶은 점은?

3. 어떻게 표현할 것인가?

1) 소설의 주제와 갈등을 잘 드러낼 수 있는 인물을 설정해 보자. (나이, 학력, 종교, 특기, 외모, 취미, 좋아하는 음식, 사는 곳, 습관, 가족관계 등)

2) 인물들의 갈등을 중심으로 원인과 결과가 드러나게 사건을 만들어 보자.

발단	
전개	
위기	
절정	
결말	

3) 전체적인 분위기나 주제와 잘 어울리는 구체적인 배경을 설정해 보자.

시간적 배경	
공간적 배경	

4) 위 인물들로 갈등과 사건을 전개함에 있어 효과적이라고 생각하는 시점과 그 이유는?

(   )인칭 (   )시점 / 이유 :

3-2 소설 쓰기

3-3. 소설 공유하기

작품1 평가 (작가 :   )(제목:)

주제-

시점-

감상-

작품2 평가 (작가 :   )(제목:)

주제-

시점-

감상-

작품3 평가 (작가 :   )(제목:)

주제-

시점-

감상-

시조, 자서전, 비평문이 있는 수업

3학년은 '시대를 반영하는 말과 문학', '문학과 소통'을 주제로 시조, 자서전, 비평문 부문 성취 기준에 맞춰 창작 수업을 진행한다.

시조 부문 성취 기준

[9국05-05] 작품이 창작된 사회 문화적 배경을 바탕으로 작품을 이해한다.

[9국05-06] 과거의 삶이 반영된 작품을 오늘날의 삶에 비추어 감상한다.

[9국05-01] 문학은 심미적 체험을 바탕으로 한 다양한 소통 활동임을 알고 문학 활동을 한다.

3학년 〈문학수첩〉에서는 시 대신 시조를 감상하고 창작한다. 중학교 국어 교과서에는 시조가 적게 실린 만큼 3학년 시 자료집에 시조를 좀 더 포함시키거나, 교과서 시 단원을 학습할 때 시조를 복사해 나눠 주고 함께 공부하기도 한다.

시조 감상 첫 번째 시간에는 '문학 비평의 4가지 관점' 단원과 연결해서 진행했다. 학생들은 고전 시가를 4가지 관점에서 해석하는 방법을 학습하며 단순히 시조의 형식과 내용에 대한 학습에서 나아가 시조가 우리 민족의 정서와 삶을 표현하는 대표적인 노래였다는 사실을 이해하게 된다.

두 번째 시간에는 본격적인 시조 창작에 앞서 생각 다듬기 과정을 통해 개요를 작성하도록 했다. 즉 시조에 담고 싶은 우리의 삶과 시대의 풍경, 시조를 통해 전달하고 싶은 자신의 생각, 표현하고 싶은 화자의

● 〈문학수첩〉 중 시조 부문 페이지

1-1. 시조 이해하기

제목(   ), 글쓴이(   )
● 연시조의 경우 2수만 선택해서 활동하세요.

〈원문〉
_____
_____
_____
_____

〈현대어 해석〉
_____
_____
_____
_____

시조의 형식적 특징		
시조 내용 및 감상	작가의 정서 및 태도	
	시조의 표현상의 특징	
	주제	
	반영된 삶, 사회의 모습	
	해석 및 감상	

1-2. 시조 창작 전 생각 다듬기

소재	
시조에 담고 싶은 삶의 모습 및 시대의 모습	
시조를 통해 전달하고 싶은 나의 생각(주제)	
시조를 시조답게 하는 표현 방법	평시조, 연시조, 사설시조 중 1개 선택:
	운율 형성의 방법:
	비유, 반어, 역설, 풍자 중 1개를 선택해 활용한 표현:

1-3. 시조 창작하기

초 고

최종 작품(시조와 어울리는 사진이나 그림으로 꾸며 보아도 좋아요.)

제목 :   글쓴이: (號:)

1-4. 친구들아! 내 시조에 대해 한 마디 해 주련

- 먼저 친구들 앞에서 소리 내어 시조를 낭송할 것.
- 네 명의 친구들에게 소감을 받을 것.
- 소감을 써 주는 친구들은 시조의 주제, 인상 깊은 표현, 해석 및 감상 등을 성실하게 기록해 줄 것.

친구 이름	내 친구의 시조를 듣고 나니
	주제:
	인상 깊은 표현:
	해석 및 감상:
	주제:
	인상 깊은 표현:
	해석 및 감상:
	주제:
	인상 깊은 표현:
	해석 및 감상:
	주제:
	인상 깊은 표현:
	해석 및 감상:

정서나 태도 등을 생각해 적어 보는 것이다. 또한 정형시인 시조의 멋을 살리기 위해 어떤 표현 방법을 사용할지 구상해 보도록 했다. 즉 어떤 수사적 표현을 사용할지, 어떤 종류의 운율을 어떤 형태로 사용할지, 초장, 중장, 종장에는 어떤 내용을 담을지 등에 대해 대략의 틀을 짜 보도록 했다.

이 과정에서 나는 시 쓰기 때와는 달리 1차 초고를 쓴 뒤 모둠 내에서 서로 공유하며 피드백을 해 주도록 했다. 서로 묻고 대답해 주며 초고의 내용을 수정하는 과정에서 시조의 형식과 내용, 표현 방법이 많이 가다듬어진다.

창작하기 전 배운 시조에 우리 선조들의 삶과 창작 당시 시대의 모습이 주로 담겨 있어서인지 학생들의 창작 시조에도 자신의 현실적인 고민뿐만 아니라 환경 문제, 교육 문제 등 현 사회의 문제와 인간 군상의 다양한 모습이 담겨 있었다. 시조 역시 창작 후 각자 낭송하며 공유하는 시간을 거친다. 다행히 〈문학수첩〉 소감을 보니 시조의 형식을 적용해 쓰는 일이 쉽지는 않았지만 시조를 창작해 본 경험은 특별히 의미 있었다는 내용이 많았다.

산문(자서전) 부문 성취 기준

[9국05-01] 문학은 심미적 체험을 바탕으로 한 다양한 소통 활동임을 알고 문학 활동을 한다.

[9국03-01] 쓰기는 주제, 목적, 독자, 매체 등을 고려한 문제 해결 과정임을 이해하고 글을 쓴다.

2020학년도 3학년 교육과정에는 '자서전 쓰기'(문제 해결 과정으로서의 쓰기, 수필 읽기 단원)가 있다. 이전에는 3학년 국어를 담당할 때마다 자서전 쓰기를 수행 과제로 따로 했는데, 2020년에는 자서전 쓰기(문제 해결 과정으로서의 쓰기)와 '문학과 소통'(심미적 교감) 단원을 묶어서 〈문학수첩〉 활동 수업을 진행했다. 이때 나는 문학과 소통 단원에서 배운 시 김춘수의 〈꽃〉과 시 자료집 중에서 모방하고 싶은 시를 골라 모방시를 지어 자서전에 담게 했다.

양귀자의 소설 《길모퉁이에서 만난 사람》에는 채소 파는 아저씨, 전기 수리공 등 평범하지만 자신의 일에 자부심을 갖고 최선을 다하는 인물들이 등장한다. 이처럼 배울 점이 있는 우리 주변의 평범한 사람, 자신의 삶에 영향을 준 사람들을 떠올려 보게 했더니 아이들은 학원 버스 기사, 구멍 가게 주인, 경비 아저씨, 동네 사회복지사, 길냥이에게 밥 주는 할머니 등을 소개했다. 나는 그런 인물들을 자서전 속에 녹여 넘으로써 아이들이 소박하고 평범한 사람들의 위대한 힘을 깨달을 수 있기를 바랐다. 아이들은 모방시 쓰기와 주변 사람을 자신의 이야기에 녹여 내는 것을 어려워하기도 했지만, 문학이라는 이름으로 그런 모든 것을 융합시킬 수 있다는 사실에 흥미를 느꼈다.

2021학년도에도 3학년을 가르치며 〈문학수첩〉 활동으로 자서전 쓰기를 했다. 자서전 쓰기 수업은 문학 단원을 공부한 후 이와 연계해 3월 말이나 4월 초에 하는 편이다. 문학 단원에 나온 작품들에서 배운 것을 적용하면 훨씬 질 높은 자서전을 쓸 수 있기 때문이다. 또 3, 4월은 반 친구들과 아직 거리감을 느끼는 시기인 만큼 자서전을 공유하는 과

그리움

16권이 넘는 책을 가지고

학교에 가는 나

안 끝나네, 수업은 시작한 지 오래

나는 나무늘보처럼 교실에서

아무리 계속 귀를 열어도

안 들어오네, 졸린 목소리

조곤조곤 안 들리네,

졸리고 지루해,

딱딱한 의자에 앉아

뒤에서 꾸벅 졸던

지금은 그립던 1년 전

코로나가 이렇게 커질 줄은 몰랐던

그 시절, 1년 전의 평범하던 날

정에서 친구들에 대해 더 깊이 이해할 수 있는 기회가 된다. 중 3 정도 되면 꽤 성숙한 인생관과 가치관을 드러내기도 하고, 자신의 진로에 대해 매우 구체적이고 열정적으로 표현하는 친구들도 있다. 따라서 친구들의 자서전을 돌려 읽다 보면 진로나 가치관, 인생관 등에서 또래를 통해 배우는 점도 무궁무진하다.

2021학년도에 가장 인상 깊었던 자서전은 선택적 함묵증을 앓는 남학생의 작품이다. 1학년 때부터 봐 온 학생인데 알고 보니 학교에서만 입을 꾹 다물고 지낸다는 것이었다. 그 남학생은 자서전에 그러한 자신의 증상에 대해 털어놓았는데 어쩌다 이렇게 됐는지 자신도 알지 못하겠단다. 병원이나 상담 치료 센터도 다녀 봤지만 낫지 않아 힘들어하는 아이의 고통과 한탄이 고스란히 녹아 있는 자서전이었다.

나는 이 학생이 자서전에 어떤 마음을 담아낼까, 모둠 공유는 어떻게 할까 하는 의구심이 들었다. 그런데 그 아이는 모든 과정을 적극적으로 해냈다. 마음 졸였던 나는 가슴이 벅차올라 3학년 교사 단톡방에 이 기쁨과 감동을 전했다. 그 학생은 한탄에만 머물지 않았다. 영상 편집에 관한 관심과 열정, 그 분야에서 활약하고 싶어 하는 꿈과 의지를 펼쳐 보였다.

다음은 그 남학생의 자서전을 공유했던 여학생의 소감문이다. 창작품 공유의 과정이 아이들에게 얼마나 중요한 배움을 주는지 새삼 깨닫게 해 주는 소감문이다.

〈문학수첩〉을 돌려 보게 되면서 '이 활동은 친구들과 공유하기 위해 하는 활동이었구나.'라는 생각이 들 정도로 인상 깊었다. 정말 가식 없이 좋은 활동이었고, 앞으로 기회가 있다면 또다시 해 보고 싶다는 생각이 들었다. 서로에 대해 알게 되는 귀중한 시간이었다. ○○이의 자서전이 가장 인상 깊었는데 ○○이에 대해 잘 몰랐던 나는 말을 하지 않는 ○○이에 대해 굉장히 궁금했는데 이 자서전을 읽게 됨으로써 궁금증이 조금이나마 풀렸고, ○○이의 생각과 행동을 이해할 수 있을 것 같다.

– 3학년(2021) 학생의 자서전 쓰기 활동 소감

국어 수업에서 아이들의 삶이 담긴 창작물은 반드시 공유의 과정이 필요하다. 공유하지 않는 국어 수업은 '죽은 수업'이라고 생각한다. 공유의 과정을 통해 아이들은 공감 능력이 생기고 지적, 정서적 자극을 받는다. 진짜 국어 역량을 키울 수 있는 소중한 시간이기에 공유할 수 있는 수업 디자인과 시간 확보는 필수적이다. 공유의 힘은 정말 세다!

수기로 쓴 아이들의 자서전은 7월 중순 온라인 수업 시간에 컴퓨터 문서로 작성하게 했다. 3학년 학생들의 자서전을 모아 문집 형태로 엮어서 졸업할 때 나눠 주기 위해서였다. 다만 문서 작업은 모든 학생이 하되, 문집에 넣는 것은 원하는 학생만 하기로 했다.

자서전을 문서화하는 과정에서 아이들은 3개월 전의 자신과 다시 만났다. 학생들에게 문서화를 하며 느낀 점을 물었더니 자서전을 쓸 때와 지금의 생각이 달라졌다고 한다. 단지 3개월이 흘렀을 뿐인데 아이들은 자신의 변화를 감지한다. 삶이 일상의 반복인 것 같지만 시간의 흐름 속에서 자신도 많이 변하고 있다는 것을 온몸으로 깨달았으리라.

몇몇 아이들은 그때 썼던 자서전의 내용을 조금 수정하기도 하고, 대폭 바꾸기도 하면서 현재의 자신을 정성스럽게 표현했다. 자서전이 중심이 된 〈문학수첩〉 활동은 이토록 변주하며 자아 탐색의 여정으로 자리 잡았다. 나도 자서전을 통해 한 명 한 명의 소우주를 만났던 그 내용을 아직 기억한다. 방탄소년단의 노래 〈소우주〉의 노랫말처럼 "한 사람에 하나의 역사, 한 사람에 하나의 별"과 같은 경험을 했다. 아이들은 모두 각자의 별에서 빛나고 있다. 각자의 별에서 빛나지만 같이 만날 때 그 빛은 더욱 아름답고 따뜻하며 강렬했다.

자서전 쓰기 활동은 시가 있는 자서전, 나만이 아니라 주변 사람이 함께 등장하는 자서전을 통해 아이들이 나와 우리, 세상을 만날 수 있는 시간이 되었다. 나도 이 수업을 계획하면서 의외로 질 높고 흥미로운 활동이 되었다는 사실에 부쩍 자신감을 얻었다.

〈문학수첩〉 활동을 하면서 정말 놀라운 것을 경험했다. '길모퉁이에서 만난 사람'과 시 쓰기를 결합하는 느낌이 들어서 진짜 재미있었다. 나는 글쓰기의 가치를 알게 되었다. 휘황찬란한 나의 일생을 마음껏 쓸 수 있어서 재미있었고, 이 세상의 많은 작가들과 책이 존재하는 이유를 알게 된 것 같다. 글쓰기의 가치를 느끼며 잘 마무리했다.

– 3학년 학생의 〈문학수첩〉 활동 소감

나의 '문학수첩' 차례 및 작성 방법

1. 자서전 개요 짜기

- 나만의 빛깔과 향기가 담긴 자서전 개요 짜기: 6문단 이상(적어도 4개 이상의 사건)
- 그 사건을 통한 깨달음, 성찰, 반성 등이 반드시 들어가게 써야 한다. 단순히 몇 살에 어떤 일을 겪었다는 것만 나열하면 감동이 없다.
- 주제 중심의 개요도 좋다.
  예) 꿈을 향한 노력 / 나의 실수기 / 내 성격의 변화 등
- 자서전에 1단원에서 과제로 실시한 모방시, '길모퉁이에서 만난 사람'을 적절히 배치한다.
- 자신의 과거, 현재, 미래가 모두 들어가게 개요를 짠다.

2. 나의 삶이 담긴 '모방시' 반영하기

- 〈꽃〉 단원에서 쓴 '모방시'를 자서전에 적절히 배치하기
- 자신의 삶이 드러나게 모방시 고쳐 쓰기 가능(꿈, 관계, 현실, 추구하는 태도 등)
- 자신이 쓴 모방시를 구글 클래스룸에 공개 댓글로 공유하기

3. 내 인생에 영향을 준 '길모퉁이에서 만난 사람' 반영하기

- '길모퉁이에서 만난 사람'에서 내 주변의 인물에 대해 쓴 것을 그대로 이용하여 자서전에 배치하기
- 자서전의 맥락에 맞게 위에서 쓴 내용을 새롭게 고쳐 쓸 수도 있다.
- 자신이 쓴 '길모퉁이에서 만난 사람'을 구글 클래스룸에 공개 댓글로 공유하기

4. 자서전 쓰기 & 공유하기(피드백 : 좋은 점, 고쳤으면 하는 점)

- 자서전에 반드시 모방시, '길모퉁이에서 만난 사람' 적절하게 넣기
- 대화(자서전의 상황에서 다른 인물과 주고받은 대화)나 독백(혼자만의 생각)을 큰따옴표 및 작은따옴표 속에 넣어서 실감나게 표현하기
- 자서전은 편지나 일기 등의 형식으로 써도 된다.
- 마지막 고쳐 쓰기 : 친구들과 공유하며 모방시, '길모퉁이에서 만난 사람', 개요, 표현 등에 대해 받은 피드백을 반영해서 마지막으로 고쳐 쓰고 제출한다.

5. '문학수첩'을 접으며(소감 쓰기)

- 모방시 쓰기, 길모퉁이에서 만난 사람, 질문 만들기, 개요 짜기, 표현하기, 친구들과 공유하기 전 과정을 돌아보며 자서전 쓰기에 임했던 자신의 태도, 친구들의 자서전을 읽은 소감 등을 다 넣어서 10줄 이상으로 구체적으로 쓰기.

1. 자서전 개요 짜기 준비!(나의 삶 정리하기)

1) 나의 인생 그래프(최소 '50세 이상'까지 쓸 것)

```
기쁨

출생 ─────────────────────────────────

슬픔
```

2) 자서전 본문에 넣을 수 있는 질문에 표시하기(○)

-자신의 개성(빛깔과 향기)을 담은 질문이 무엇인지 생각하며 고르거나 만들기

-아래 13가지 질문 중 6가지 이상을 포함해 내용 구성하기+ 사진 1장(본인이 찍은 사진)

　(단, 과거, 현재, 미래가 모두 들어가게 질문 택하기 : 과거 2, 현재 2, 미래 3개 정도씩)

① 살아오면서 겪었던 어려움을 어떻게 극복했는가?(과거)

② 누군가의 도움을 받아 힘이 되었을 때는?(과거) – 모방시 넣기?

③ 잊을 수 없는 상처(마음 혹은 몸의 상처)는?(과거)

④ 스스로에 대해 자신감을 얻은 일은?(과거)

⑤ 누군가에게 위로를 받고 싶었을 때는?(과거)

⑥ '길모퉁이에서 만난 사람(나에게 좋은 영향을 미친 사람)'은 누구인가? (과거, 현재)

⑦ 자신의 성품 중에 고치고 싶은 점은?(현재)

⑧ 내가 생각하는 '좋은' 또는 '괜찮은' 사람(친구)이란?(현재)

⑨ 내가 가장 좋아하는 노래나 배우는?(현재)

⑩ 어떤 성품이나 특징을 지닌 사람과 연애, 결혼하고 싶은가?(미래)

⑪ 20년 후에 어떤 분야에서 일하고 있을까?(미래)

⑫ 자신이 이루고 싶은 인생 목표는?(미래)

⑬ 미래의 자녀들에게 꼭 해 주고 싶은 말은?(미래)

⑭

⑮

* 마무리로 자아선언문 1문장 만들기(자서전 맨 마지막에 자아선언문 넣기)

아래 덕목 중 가장 중요한 덕목을 씨앗으로 정하고, 그것을 바탕으로 어떤 사람이 되고 싶은지 쓰기

　예) 나 김00은 **사랑**의 씨앗으로 매일매일 **감사**하는 마음을 가지고 **희망**을 나누는 사람이다.

　예) 나 박00은 **자신감**을 가지고 나의 **꿈**을 생각하며 당당하게 **도전**하는 사람이다.

건강, 활력, 휴식, 기쁨, 교감, 자유, 꿈, 평온, 격려, 경청, 공감, 기여, 나눔, 배려, 사랑, 수용, 신뢰, 예의, 우정, 정의, 존중, 보람, 책임, 친절, 협력, 배움, 지혜, 끈기, 열정, 통찰, 성실, 결단, 겸손, 긍정, 여유, 노력, 도전, 용서, 성찰, 신중, 실천, 정직, 탁월함, 용기, 감사, 창조, 평화, 절제, 몰입, 진정성, 감동, 자각, 유연함, 자신감, 행복, 희망, 한결같은, 유머, 호기심, 경외심, 깨달음, 즐거움, 창의성

2. 자서전 개요 짜기 – 개요 짜기를 변형해서 사용 가능(더 길게 가능)

위에서 자서전에 넣고 싶어서 고른 질문을 가지고 개요를 짜 보고 넣을 자료도 적어 보자.
-내용 : 현재, 과거, 미래를 모두 담아서 과거를 성찰하고 미래를 계획한다.
-형식은 연대기적 구성(미래-현재-과거, 현재-과거-미래, 과거-현재-미래)
-다양한 형식 가능 : 나의 딸이나 아들에게 보내는 편지 형식, 일기 형식 등
-본인 사진, 나를 표현하는 모방시, '길모퉁이에서 만난 사람'을 어디에 넣을지 반드시 고민한다.
-자신만의 빛깔과 향기가 드러나는 자서전 쓰기(수필)를 통해 친구들과 공유하며 소통하자.

단계	문단별 정리 (앞에서 정리한 '의미 있는' 경험 + 미래 설계 내용 + 성찰을 담아) 최소 6문단 이상 쓰기	넣을 자료 사진 + 모방시 + 길모퉁이~
처음	1문단 :	
중간	2문단 : 3문단 : 4문단 : 5문단 : 6문단 :	
끝	7문단: * 마무리 한 문장 : 자아선언문!	

3. 나의 삶이 담긴 '모방시' 창작 준비하기

국어 시간에 쓴 모방시를 자서전의 내용에 맞게 수정해도 된다.
"시는 삶에서 문득 깨닫게 된 것을 시적 특징을 담아 표현한 것이라는 생각!"

내가 선택한 원래 시 옮겨 쓰기	모방시 1차 써 보기

이 시를 선택한 이유

이 시에 담고 싶은 주제

4-1 친구들아, 내 시에 대해 한 마디 해 주렴 (카톡, 공개댓글 등 이용)

4명 이상의 친구에게 소감을 받는다.
소감을 써 줄 때 시에 대한 느낌, 표현의 특징, 공감 가는 이유 등을 써 준다.

이름	내 친구의 시를 읽고 나니

4-2 친구들의 시를 읽어 보고 감동적인 시 3편 소감 쓰기

이름	시 제목	내 친구의 시를 읽고 나니

5. '길모퉁이에서 만난 사람' 내용 쓰기 - 구체적으로 10줄 이상

국어시간에 이미 쓴 '길모퉁이에서 만난 사람'을 자서전의 내용에 맞게 수정해
도 되고, 새로 써도 된다. (만난 때와 장소, 그 사람의 특징, 개성과 향기, 배운
점 등)

이제 자서전(나의 이야기)을 쓰는 시간!

자서전은 개요에 맞게, '모방시'와 '길모퉁이에서 만난 사람'을 반드시 넣어서
쓰세요.

3학년 (   )반 (   )번 이름:

친구와 공유하기

	친구 이름	친구의 따뜻한 말 한 마디
• 개요가 잘 짜여 있는가?(미래까지)		
• 모방시, '길모퉁이에서 만난 사람' 이 적절히 배치되었는가?		
• 개성적인 면모가 잘 드러나 있고 성찰적인가?		
• 내용이 진솔해서 감동을 주는가?		

자신만의 '문학수첩'을 만들며 시와 수필(자서전)의 가치를 느껴 보았나요?

이제 '문학수첩'을 덮을 때가 되었습니다. 지금까지 '문학수첩'을 만들며 '문학'과 소통을 진하게 나눠 보셨나요? 선생님은 여러분들이 '시'의 참맛을 알고 제대로 감상하기를 바라며 이런 활동을 계획했는데, 여러분은 어땠나요? 분학친구를 만드는 과성에서 여러분 모두 '시'와 '수필'을 만나며 자신과 세상을 만나는 기쁨을 누렸기를 바랐지만, 단 한두 명이라도 이 활동의 의미를 발견하고 즐거웠다면 선생님은 대만족입니다.

이제 '문학수첩'을 선생님께 내야 해요. 선생님은 여러분들이 정성껏 만든 '문학수첩'을 읽어 보면서 몇 날 며칠을 즐겁게 보내 볼 참이에요. 다른 친구들은 어떤 '문학수첩'을 만들어 냈을까? 다른 친구들은 어떤 시를 노래했을까? 여러분들도 기대되지 않나요?

마지막으로 활동 한 가지만 더 부탁할게요!

'문학수첩'을 만들며, 읽으며, 지으며 했던 생각들을 정리해 주세요. 될 수 있으면 솔직하게, 자세하게 적어 주세요! 기대할게요!

'문학수첩'을 접으며(소감)

비평문 부문 성취 기준

[9국05-04] 작품에서 보는 이나 말하는 이의 관점에 주목하여 작품을 수용한다.

비평문은 위와 같은 성취 기준에 따라 4가지 관점에서 작품을 바라보고 분석하며 쓰도록 했다. 반영론, 효용론, 절대론, 표현론적 관점이 그것이다. 비평의 대상 작품은 시 자료집에서 선정한 몇 편의 시로 했다. 1학년 때 수필 쓰기를, 2학년 때 소설 쓰기를 경험한 아이들은 비평문 쓰기에도 별다른 부담감을 느끼지 않았다.

비평문 쓰기 활동은 '문학의 가치' 단원을 중심으로 할 수도 있다. 3학년 교과서와 연결하여 문학의 3가지 가치를 중심으로 고전 소설을 읽고 비평문을 쓰면 된다. 1학기 '문학의 가치'와 2학기 '시대를 반영하는 말과 문학' 단원에서 학습한 것을 통합하여 고전 소설에 반영된 시대의 모습, 주인공의 태도와 가치관 등을 파악한 후 문학의 미적, 인식적, 윤리적 가치를 고려해 작품을 분석하는 것이다.

나는 박지원의 단편소설 〈예덕선생전〉을 학습한 후에 비평문 쓰기 활동을 진행하기도 했다. 〈예덕선생전〉은 분뇨를 나르며 일을 하는 인물과 한 사대부의 교우 관계를 통해 참다운 인간의 삶과 생활 철학을 보여 주는 내용이다. 비록 교과서에는 실리지 않은 작품이지만 학생들이 성인이 되기 전에 꼭 읽어 보았으면 하는 마음에서 비평문의 대상으로 선택하게 되었다.

사실 '비평'이라는 말 자체도 어려워하는 아이들에게 '고전소설'을 들이밀면 더욱 부담스러워하지 않을까 하는 걱정이 있었다. 그래서 아이들이 최대한 친근감 있게 비평과 고전에 다가설 수 있도록 이끌었는

● **〈문학수첩〉 중 비평 부문 페이지**

2-1. 현대시 비평(근거 들어 시 해석하기)

1. 〈1, 2학기 시 낭송 학습지〉의 시 중 마음에 드는 시 한 편 고르기
2. 이 시의 화자가 누구이며, 어떤 상황에 처해 있는지 정리하기 / 시의 분위기나 느낌도 함께 정리하기
3. '작가, 현실, 독자, 작품' 등에 주목하여 근거를 들어 4가지 관점에서 작품 해석하기
4. 이후 모둠원들과 함께 시 해석 공유하기

〈계획하기〉

마음에 드는 시	
시의 분위기나 느낌	
시에 관한 해석 (4가지 관점 언급하면서 쓸 것)	

2-2. 근거 들어 시 해석하기

시 제목 :

데, 수업에 공을 들인 만큼 그 결과도 만족스러운 편이었다. 비평문 쓰기의 가장 큰 장점은 아이들이 비평문 쓰기를 한 후에는 시나 소설을 읽을 때 어느 정도 기준을 가지고 읽으면서 작품을 분석하게 된다는 것이다.

05 문학 속에서 자라는 아이들

1학년 학생들에게 〈문학수첩〉은 시와 수필이라는 새로운 문학 장르를 통해 자신의 생각과 정서를 표현해 보는 첫 출발이다. 〈문학수첩〉 활동을 하면서 교과서 속 작품보다 훨씬 많은 작품을 읽고 창작해 보는 과정은 아이들 입장에서는 어떤 한 장르의 문학과 확실하게 친해질 수 있는 좋은 방법이다.

〈문학수첩〉은 문학 작품을 읽고 그 작품에 대해 자세히 공부하고 직접 시나 수필 등을 써서 친구들에게 평가받는 과정으로 이루어져 있다. 특히 이 과정에서 교과서의 몇 되지 않는 작품을 읽고 배우는 것보다 많은 시간을 시와 수필을 읽어 보고 직접 써 보면서 문학을 더 알아가는 데 좋은 과정이라는 생각이 든다.

– 1학년 학생의 〈문학수첩〉 활동 소감

2학년 학생들이 쓰는 〈문학수첩〉은 1학년 때 이미 쓴 〈문학수첩〉의 토대 위에 새로운 것을 쌓아 가는 과정이다. 따라서 교사들은 2, 3학년 〈문학수첩〉 활동을 진행하기에 앞서 지난해에 이미 〈문학수첩〉을 썼는데 올해는 왜 또 쓰는지, 이미 배운 것과 올해 새롭게 익히는 것 사이에 어떤 관련이 있는지 설명해 주어야 한다.

1학년 때 수필을 배웠다면 2학년 때는 본격적으로 소설을 배우고, 시는 이미 배운 비유, 상징, 운율과 아울러 역설, 반어, 풍자를 더 활용해 창작시를 쓰는 과정으로 한 단계 상향한다. 이 과정에서 2학년 학생들은 시와 소설 속에서 자신의 존재와 자아에 대해 긍정적 가치를 부여하고, 자신과 다른 존재의 삶에 대해 존중감을 품게 된다. 또한 1학년 때는 시 창작이 낯설게 느껴졌다면, 시 자료집을 통해 많은 시를 감상하고 2학년이 된 학생들은 이제 창의적인 생각을 담아 시를 쓰는 일에 설렘과 자신감을 느끼기도 한다.

"내 시는 새롭게 느껴지며 오글거리기보다는 오히려 신선했다."

"뻐꾸기가 등장하는 다큐멘터리를 보고 소설의 아이디어를 얻었다. 뻐꾸기는 자신의 알을 다른 새의 둥지에 낳는다고 하는데 뻐꾸기 입장에서 그 상황을 표현해 보고 싶었다. '뻐꾸기는 왜 그런 것일까?' '무슨 감정을 느꼈을까?' '본능에 따른 행위일까?' 이 과정에서 상상하는 능력을 키울 수 있었고, 내가 표현하고자 하는 것을 최대한 정확하게 글로 나타내기 위해 노력했다."

– 2학년 학생의 〈문학수첩〉 활동 소감

3학년이 되면 아이들은 이미 많은 성장을 한다. 자신의 시보다 친구들의 시를 감상하는 것이 더 의미 있다는 말도 한다. 아무리 서툴게 쓴 글이라도 모든 창작품은 필자의 삶을 담고 있기에 소중하고 가치 있다는 것을 깨닫는다. 그리고 〈문학수첩〉 활동이 결코 '학과 공부'가 아닌데도 문학에 대해 어렵고 모호했던 점을 3년간의 〈문학수첩〉 활동을 통해 이해하게 된다. 예를 들면 〈문학수첩〉 속의 고전 시가를 통해 문학이 인간의 삶을 반영한다는 사실을 이해하게 되고, 비평문을 직접 써 보며 문학을 보는 자신만의 눈을 키운다. 〈문학수첩〉은 문학에 대한 이해와 생각의 깊이를 더하는 것이면서 인간의 삶을 읽는 통로가 되기도 한다.

"이번 〈문학수첩〉 활동 중에서 시를 쓰는 것보다 친구들의 시를 감상하는 것이 나에겐 더욱 의미가 있었다. 단어 하나하나에 그 친구의 삶이 담겨 있는 것 같았다. 주제를 고민하면서부터 어떤 이야기를 어떤 방법으로 쓸지, 어떻게 수정할지, 그러한 생각 하나하나에 살아오면서 상처받았던 기억, 행복했던 기억, 그리고 완성해 나가고 있는 가치관까지 모두 한 편의 시에 담겨 있는 게 보였다. 표현이 서툰 시는 있었어도 마음이 담기지 않은 시는 없었다. 〈문학수첩〉이란 수행평가에서 점수가 깎일 글은 있을지 모르겠지만 가치 없는 시는 없었다. 그렇게 문학을 다른 방향으로 보게 되었다."

"〈문학수첩〉은 문학에 대해 어려웠던 것, 헷갈렸던 것들을 정확하게 짚어 준다."

"창작을 할 때 생각의 양이 점점 많아지고 나 자신이 성장하고 있다는 것을 느낄 수 있다."

- 3학년 학생의 〈문학수첩〉 활동 소감

2015 개정 교육과정에서 요구하는 국어과의 핵심 역량은 비판적·창의적 사고 역량, 자료·정보 활용 역량, 의사소통 역량, 공동체·대인 관계 역량, 문화 향유 역량, 자기 성찰·계발 역량이다. 이 가운데 〈문학수첩〉을 만들면서 길러지는 역량은 모두 다라고 해도 과언이 아니다.

학생들은 시와 시조, 수필, 소설을 읽으며 다양한 작품을 주체적인 관점에서 해석하고 평가하게 된다. 그리고 자신이 직접 시, 시조, 소설, 수필, 비평, 자서전을 써 보면서 창의적인 사고력을 기를 수 있다. 아울러 각자의 창작품을 낭송하고 공유하면서 서로의 생각과 느낌, 경험을 나누는 의사소통 역량을 기르고, 타인의 삶을 존중하고 이해하는 대인 관계 역량과 공동체 의식을 기를 수 있다. 문화 향유 역량은 어떤가? 중학교 시절에 문학 작품이라는 국어로 형성, 계승되는 다양한 문화를 즐기며 자란다면 성인이 되어서도 시와 소설을 곁에 두고 지내는 것이 낯설지만은 않을 것이다.

고등학생이 된 후로 나만의 이야기를 글로 풀어내 공유한 적이 단 한 번도 없었다. 사실 많은 사람들이 자신의 이야기를 배경으로, 혹은 배경을 활용하여 글을 쓰고 공유하고 서로 다듬어 주는 경험을 겪지 못했을 것이다.

그만큼 〈문학수첩〉이라는 시간은 특별하다. 남들과 다른 특별한 경험이 아니라 자신의 잔잔한 일상도 풀어낼 수 있었던 〈문학수첩〉은 창작물을 만들

2015 개정 교육과정 국어 교과 역량

교과 역량 요소	의미
비판적·창의적 사고 역량	다양한 상황이나 자료, 담화, 글을 주체적인 관점에서 해석하고 평가하여 새롭고 독창적인 의미를 부여하거나 만드는 능력
자료·정보 활용 역량	필요한 자료나 정보를 수집, 분석, 평가하고 이를 효과적으로 활용하여 의사를 결정하거나 문제를 해결하는 능력
의사소통 역량	음성 언어, 문자 언어, 기호와 매체 등을 활용하여 생각과 느낌, 경험을 표현하거나 이해하면서 의미를 구성하고 자아와 타인, 세계의 관계를 점검·조정하는 능력
공동체·대인 관계 역량	공동체의 가치와 공동체 구성원의 다양성을 존중하고 상호 협력하며 관계를 맺고 갈등을 조정하는 능력
문화 향유 역량	국어로 형성·계승되는 다양한 문화를 이해하고 그 아름다움과 가치를 내면화하여 수준 높은 문화를 향유·생산하는 능력
자기 성찰·계발 역량	삶의 가치와 의미를 끊임없이 반성하고 탐색하며 변화하는 사회에서 필요한 재능과 자질을 계발하고 관리하는 능력

어 내는 것 이상의 가치를 지닌다고 생각한다. 3년간 〈문학수첩〉을 만들며 그중 한 해에는 내가 겪었던 학교 내 괴롭힘을 각색하여 소설을 창작했다. 나에게는 아픈 기억이었지만 소설로 풀어내며 담담해진 추억이 되었다. 〈문학수첩〉을 통해 자신을 되돌아보는 것은 나뿐만 아니라 많은 사람들에게 마음의 상처를 치유하는 하나의 방법이 될 것이라고 생각한다. 그리고 자신이 창작자가 되어 본 경험은 고등학교 때 작가의 의도를 파악하는 부분에서 도움이 되었다. 문학 영역에서는 이 표현법을 통하여 보여 주고 싶은 의도를 빠르게 파악하고 이해할 수 있었다는 점에서, 비문학 영역에서는 필자의 의

도를 파악해 글의 주제를 쉽게 파악할 수 있었던 점에서 도움이 되었다. '문학' 수첩이지만 문학과 비문학을 모두 풀어 가는 데 도움이 되었다고 생각한다.

- 3년간 〈문학수첩 활동을 한 졸업생

위 글은 2021년 대학에 입학한 학생이 보내 온 글이다. 대부분의 아이들이 중학교 시절을 지나면 고등학교 국어 시간에는 자신만의 이야기를 글로 풀어낼 기회가 거의 없다. 중학교 시절의 〈문학수첩〉 활동이 자신을 돌아보며 마음의 상처를 치유할 수 있었던 특별한 순간이었다는 이야기에 가슴이 뭉클했다. 내가 읽어 내지 못한 〈문학수첩〉의 행간에는 아이들의 아픈 기억이 때로는 담담한 추억으로 가라앉아 있기도 하다. 자신의 일생에서 처음이자 마지막으로 써 보는 나만의 〈문학수첩〉은 그래서 아이들의 기억에 특별하고 오래 남는다.

06 〈문학수첩〉을 함께한 교사들의 뒷이야기

같이 근무한 임○○ 선생님의 이야기

〈문학수첩〉 활동은 학생들의 작품 감상 능력과 문학적 상상력 및 감수성, 창의력, 표현력 등을 함께 키울 수 있는 종합적인 수업이다. 학년별로 시, 소설 등의 작품을 읽고 수업 시간에 배운 문학의 개념이나 표현 방법을 활용해 직접 창작해 보는 활동이라 시간이 많이 걸리고 학생들도 창작의 고통을 많이 호소하지만, 그런 만큼 결과물을 보면서 뿌듯함을 가장 크게 느끼는 수업이기도 하다.

국어 교사들과 협의를 이어 가면서 〈문학수첩〉 활동은 점점 더 보완되고 발전하고 있다.

2020학년도 2학년은 〈문학수첩〉 활동을 수행평가로 실시하지 않았기 때문에 〈문학수첩〉 제작을 원격 수업에서 학년말 활동으로 간략하게 진행하기로 했다. (수업 순서: ① 시 창작 활동에 들어가기 전 사전 활동으로

3편의 시를 소개하고 간단한 모방시를 써 본다. ② 구글 문서를 활용해 각자 좋아하는 시를 필사하고 그 시의 주제와 표현 방법을 찾아 적어 본다. ③ 교사의 피드백과 모둠 공유: 패들렛을 활용한 시 공유 및 낭송을 진행한다.)

시 창작 발표 활동에서 블렌디드 러닝, 즉 온·오프라인 결합 수업 방식을 도입하자는 제안도 있었다. 〈문학수첩〉의 창작시를 패들렛을 활용해 발표 및 공유하면 전체 학생들의 시를 모두 게시할 수 있기 때문에 친구들의 시를 모두 읽을 수 있고, 음악도 간편하게 설정해서 시 낭송까지 자연스럽게 할 수 있다는 장점이 있기 때문이다.

시의 소재나 주제를 정할 때 자유롭게 대상을 선택할 수도 있지만 너무 막연하게 여겨져 못 쓰는 학생들이 있으므로 시제를 정해 주는 것도 나쁘지 않다는 의견도 있었다.

같이 근무한 이○○ 선생님의 이야기

〈문학수첩〉 활동을 진행하는 것은 품이 가장 많이 들어가고 채점하기도 힘든 업무인 반면, 교사인 내가 독자로서 느끼는 즐거움이 가장 큰 수행평가였다.

교육과정을 바탕으로 1학년 때는 '모방시 쓰기'와 '수필 쓰기'를, 2학년 때는 반어와 역설, 비유 등을 활용한 '시 창작'과 시점을 활용한 '소설 쓰기'를, 3학년 때는 '시조 창작'과 '현대시 비평'을 〈문학수첩〉에 담아냈다. 그중에서 2019년에 2학년 학생들이 창작한 〈문학수첩〉을 보며 큰 감동과 기쁨을 느꼈던 기억이 난다. 자신들만의 경험을 고스란히 녹여 운율이 있는 언어로 담아낸 시에서 가슴 뭉클한 감동을 느꼈으며,

깜찍 발랄한 아이디어와 상상력으로 1인칭 주인공 시점부터 전지적 작가 시점까지 다양한 소설을 읽으며 독자로서의 즐거움에 푹 빠지기도 했다. 채점과 평가라는 업무에 대한 부담감은 어느새 사라지고 정말이지 읽는 재미에 빠질 수 있었던 즐거운 수행평가였다.

책을 통해 나를 만나고 친구를 만나고

드넓은 세상을 만나는 장이 되었다.

나 역시 무엇이든 나누어야 생기가 돌고

배움이 일어난다는 사실을 새삼 깨달았다.

3장

서평으로

넓고 깊어지는

독서

01 어느 날 서평 쓰기가 내게로 다가왔다

삼행시 짓기, 4컷 만화로 그리기, 주인공에게 간단한 편지 쓰기 등으로 독후 활동을 진행하던 중 좀 더 깊이 있게 책을 읽을 수 있는 방법이 없을까 고민하게 되었다. 그때가 2011년 즈음이었는데 당시 고등학생 대상의 서평 쓰기 수업에 대한 송승훈 선생님의 연수를 듣게 되었다. 송 선생님은 '한 학기 한 권 읽기' 활동과 아울러 책을 자기 것으로 온전히 소화하기 위한 서평 쓰기 활동도 열정적으로 진행하고 있었다. 나도 학생들을 수준 높은 독서 활동으로 이끌고 싶다는 욕심이 있었다. 무엇보다 교과서 밖의 장편소설 한 권을 정해 다 같이 읽고 함께 의견을 나누고 감상이나 서평 쓰기 활동으로 이끄는 멋진 국어 수업을 꿈꾸었다.

연수를 듣고 나서 송 선생님의 서평 쓰기 양식을 중학생에 맞게 변형해 새롭게 만들어 보았다. 처음에는 송 선생님의 수업 방식을 흉내만 낸 수준이어서 학생들에게 서평이 뭔지, 서평 쓰기가 어떤 효과가 있는지 충분히 설명해 주지 못했다. 하지만 계속해서 활동을 이끌어 가는 한편 어떻게 하면 학생들에게 서평에 대해 쉽게 이해시킬 수 있을까 부지런히 고민하고 연구했다. 다른 국어 선생님들과도 수시로 의견을 나누며 서평 쓰기 활동은 나날이 발전하게 되었다.

3학년을 마친 학생들은 3년간의 글쓰기 활동 중 서평 쓰기가 가장 힘들었지만, 국어 수업 중 가장 기억에 남고 의미 있는 활동이었다고 입을 모았다. 1학년 초기에 갑자기 글쓰기 수준을 높여서 독후 활동을 하려니 그 압박감이 상당했다고 털어놓기도 했다. 그러나 한 번이라도 진지하게 서평 쓰기 활동에 임하고 난 학생은 독서 수준과 창작 수준이 금세 향상되었다.

서평 쓰기 활동은 조금씩 변화와 발전을 거듭하여 2021년 현재까지 9년 이상 지속적으로 진행하고 있고 그 성과도 크다. 그럴 수 있었던 힘은 무엇일까? 이 부분에 대한 답변은 이어지는 글에서 확인할 수 있을 것이다.

02 서평 쓰기 양식의 변천사

처음에 만든 서평 양식에 들어간 활동 요소는 '책의 주제 – 줄거리 요약하기 – 인상 깊은 부분과 그 이유 – 생각거리 – 세상과 관련지어 생각하기'였다. 이 요소들 중 몇 가지를 선택해 850자 내외로 서평을 쓰라고 했더니, 아이들이 쓴 내용은 하나같이 판에 박은 듯했다. 다들 '책의 주제'부터 '책과 관련된 세상 이야기'까지의 활동 요소 내용을 취합하고 이 책을 권하는 이유를 덧붙이는 정도로 마무리한 것이었다.

서평 쓰기를 통해 책을 더욱 깊이 이해하고 사고의 전환이 이루어질 줄 알았는데 그러한 나의 기대는 과한 욕심이었다. 아이들에게는 서평 쓰기 활동이 상당히 지루하기만 한 시간이었다. 이 수업이 몇 차례 이어지자 "또 서평 써요? 다른 활동 하면 안 돼요?"라는 말까지 들어야 했다. 나는 어느새 글쓰기로 고문하는 교사가 돼버리고 말았다.

그런데도 별다른 대책이 없어 그 지루한 수업을 2년 가까이 지속하

● 2013, 2014년 서평 쓰기 양식

책 제 목			
	분야 : 문학, 인문사회, 과학, 예술		권장도서 여부 ○ ×
글 쓴 이			
서평 쓴 날	년 월 일		
[활동 1] 줄거리 요약하기			
[활동 2] 인상 깊은 장면 또는 기억에 남는 문장 적기	장면(문장)		
	이유나 느낌		
[활동 3] 생각거리			
[활동 4] 책과 관련된 세상 이야기 또는 경험 나누기			

[활동 6] 친구의 서평에 대한 나의 생각 (내용, 글의 흐름, 표현 등에 대해 배운 점, 아쉬운 점)	
모 둠 원 명	

며 학생들도 나도 괴로워했다. 조금 변화를 추구한 게 있다면 850자를 다 쓰고 난 후 모둠에서 공유를 한 것이었다. 세 시간의 책 읽기와 세 시간의 서평 쓰기를 온전히 혼자 한 다음 최종적으로 완성한 글만 공유했다. 이 과정에서 아이들은 책을 읽는 재미도, 글을 쓰는 재미도 느끼지 못했다. 나도 온전히 체화하지 못한 채 남의 수업 흉내 내기만 하고 있다는 걸 알면서도 오랫동안 뾰족한 방법을 찾을 수 없었다.

결국 동료 교사와 머리를 맞대고 방법을 찾기 시작했다. 마침 당시 근무하던 학교에는 '배움의 공동체 수업', '프로젝트 수업', '협동학습' 등의 이름으로 수업을 연구하는 소모임이 많았다. 나도 이 모임에 참여해 동료 교사들과 의견을 나누고 고민한 끝에 '모둠 활동을 통해 친구에게 배우기' 과정을 서평 쓰기 활동에 포함시켰다.

그 후로 서평 쓰기 수업은 살아 있는 수업으로 변모했다. 먼저 인상 깊은 부분, 생각거리, 세상과 관련짓기 활동마다 모둠 활동을 추가해 아이들끼리 공유하고 간단히 메모하는 과정을 갖게 했다. 이를 통해 아이들은 자신이 미처 깨닫지 못한 점, 잘못 이해한 점, 서로 관점이 다른 점 등을 발견하고 책 감상의 일차적인 교정을 스스로 하게 됐다. 본격적인 서평 쓰기에 앞서 숨 고르기를 하는 동안 드디어 아이들의 얼굴에 미소가 번졌다. 조금 거창하게 말하면 책을 통해 나를 만나고 친구를 만나고 드넓은 세상을 만나는 장이 되었다. 나 역시 무엇이든 나누어야 생기가 돌고 배움이 일어난다는 사실을 새삼 깨닫게 되었다.

그 후 2015년부터 서평 쓰기 양식을 계속해서 수정, 보완해 나갔다. 다음 양식의 '활동 5'와 같이 책을 읽고 자신만의 주제를 정해 개요를

[활동 2] 인상 깊은 장면 또는 기억에 남는 문장 적기	나	장면 (문장)	
		이유나 느낌	
	모 둠 원	장면 (문장)	
		이유나 느낌	

[활동 5] 개요를 짠 후 서평 쓰기	주 제		
	개 요 짜 기	①	
		②	
		③	

2015년 서평 쓰기 양식의 수정, 보완 부분

짠 후 서평을 쓰도록 했다. 이전의 양식에서는 앞에 쓴 몇 가지 재료를 단순히 엮어 쓰는 식이어서 독후 감상문과 별반 다르지 않았는데, '활동 5'를 추가하자 책을 통한 새로운 인식이나 세상을 향한 문제 의식의 내용이 들어갔다. 책을 읽는 동안 활동 5를 위해 책 내용에 대한 자신의 생각과 의견을 메모하게 되는데, 이 과정에서 세상을 바라보는 자신만의 식견을 기르게 되고, 자신만의 식견에서 바로 서평의 주제가 탄생하기 때문이다. 활동 5를 계기로 학생들의 독서 수준이 한층 높아진 것은 당연한 수순이었다.

주제를 정하고 글을 쓰는 것이 기본이건만 그 기본을 2년이 지난 후에야 양식에 반영했다니, 지금 생각해 보면 부끄럽기 그지없다.

2016년 서평 쓰기 양식의 '활동 3(책별로 다름)'은 2015 교육과정에 나오는 국어과 성취 기준에 맞는 질문을 교사가 던지는 활동으로 변신

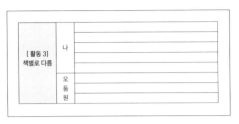

[활동 3] 책별로 다름	나	
	모 둠 원	

[활동 6] 친구의 서평에 대한 나의 생각 (내용, 글의 흐름, 표현 등에 대해 배운 점, 아쉬운 점)	
모 둠 원 명	
전 체 공 유	

2016년 서평 쓰기 양식의 수정, 보완 부분

했다. 이로써 학생들은 서평 쓰기 활동을 국어 수업과 연계하고 적용 과정으로서의 책 읽기와 쓰기를 하게 되는 셈이다. 예를 들어 2학년이 은이정의 소설 《괴물, 한쪽 눈을 뜨다》를 함께 읽는다면 다음과 같이 2학년 국어의 '문학 작품의 관점' 성취 기준에 맞는 질문을 던지게 된다. 학생들은 이러한 질문에 답하면서 생각을 키워 가게 되며, 이는 나중에 자신만의 주제를 잡아 서평을 쓸 때도 도움이 된다.

[9국05-04] 작품에서 보는 이나 말하는 이의 관점에 주목하여 작품을 수용한다.

'활동 3' 질문 | 임영섭을 괴롭히는 사건을 중심으로 임영섭과 민태준, 담임 교사가 바라보는 시각이 조금씩 다르다. 구체적인 예를 하나 들어서 어떻게 다른지 설명하고, 이렇게 달라지는 이유는 무엇인지 써 보자.

● 2017~2018년 서평 쓰기 양식의 수정, 보완 부분

책 제 목	

〈 책 깊이 읽기 〉
– 서평 쓸 책 읽으면서 문득 생각나는 질문이나 메모하는 공간

질문은 나의 힘! 읽기 전, 읽기 중, 읽은 후 질문해 가며 책 읽기	
메모는 나의 힘! 책 읽으며 기억하고 싶거나 떠오르는 생각 메모해 가며 읽기	

[활동 3] 책별로 다름	[생각거리] :		
	나		
	모둠원		

[활동 5] 내 주제 정하기 & 개요 짜기	내 주제 정하기	
	주제에 맞게 개요 쓰기	①
		②
		③
		④

[활동 6] 친구의 서평에 대한 나의 생각 (내용, 글의 흐름, 표현 등에 대해 배운 점, 아쉬운 점)	
모둠원명	
전체공유	
성장을 위 하 여	다음번 서평 쓰기의 성장을 위해 고치거나 반영하고 싶은 것(모둠 친구, 전체 공유) – 주제 정하기, 문단 나누기, 글의 시작& 마무리, 중심 문장과 뒷받침 문장, 글의 흐름과 표현 등
	독서 깊이 면
	서평의 내용 면
	서평의 형식 면
	기타

각자가 만든 질문을 공유하는 모습   '책 깊이 읽기' 활동을 담은 노트 일부

2017년도에는 서평 쓰기 양식의 맨 앞에 '책 깊이 읽기'를 추가해 질문하기와 메모하기 칸을 만들었다. 책을 읽으며 의문점을 적거나 마인드맵, 인물 관계도 등으로 자유롭게 메모할 수 있는 공간을 마련한 것이다. 이 공간의 있고 없음의 차이는 매우 컸다. 이 활동을 위해 책을 읽을 때도 모둠으로 앉으니 교사가 굳이 이야기를 나누라고 하지 않아도 아이들은 자연스럽게 자신이 만든 질문을 공유하고, 이해가 잘 안 되는 부분을 서로 묻고 답하기도 했다. 책 읽는 시간마저 나눔의 시간이 된 것이다.

서평 노트에 있는 '책 깊이 읽기' 활동을 통해 책을 읽기 전, 중, 후 생각나는 의문점을 적어 나중에 책을 다 읽고 난 후 그 의문에 답해 볼 수 있었어요. 스스로 질문한 것에 대한 해답을 책 속에서 직접 찾아보며 책 내용을 꼼꼼히 읽었는지 확인할 수 있었어요. 놓친 부분이 없도록 책을 꼼꼼히 읽는 습관을 길러 주었어요. 또한 책을 읽는 중간에 흐트러지는 집중력을 잡을 수 있었어요. 마인드맵을 그리며 인물 간의 관계와 인물의 특징을 정리해 내용 파악에 도움이 되었어요. 추가로 새롭게 알게 된 것, 공감되는 부분을 적으며 책을 다 읽은 후 잊어버릴 수 있는 것들(읽으며 느꼈던 감정, 새롭게 알게 된 용어)을 기억해 낼 수 있었어요.

– '책 깊이 읽기' 활동에 대한 3학년 학생 소감

또한 자신만의 '주제 정하기' 부분을 '내 주제 정하기'로 살짝 수정했다. 책의 일반적인 주제에 얽매이지 않고 자신만의 창의적인 주제로 서평을 쓰도록 한 것이다. 이전의 '주제 정하기'를 '내 주제 정하기'로 바꾸었을 뿐인데 교사가 굳이 애쓰지 않아도 아이들 사이에 '발상의 전환'이 이루어지는 놀라운 결과가 빚어졌다. 교사가 이 부분은 이런 시각으로 또는 저런 시각으로 해석할 수 있다고 굳이 설명해 주지 않아도 아이들은 교사보다 앞서서 매우 창의적인 생각을 해내는 것이었다. 어떤 부분에서 손을 내밀고 어떤 부분에서 그냥 내버려 둬야 할지 세심히 파악하는 것 자체가 진정한 가르침이 된다는 걸 깨달았던 경험이다.

2017년에 '성장 중심' 평가라는 이름으로 평가관의 중요한 변화가 있었다. 우리 국어 교사들은 이러한 성장 중심 평가에 발맞춰 서평 쓰기 양식에 또다시 변화를 주었다. 즉 '성장을 위하여'라는 칸을 마지막 부분에 추가해 아이들 스스로 자신의 서평을 평가함으로써 다음번 서평 쓰기에 좀 더 발전을 이룰 수 있도록 했다. 이 활동을 통해 아이들은 자신의 서평을 다시 한 번 읽어 보고 친구들에게 피드백을 받기도 하며 다음번 서평에 적용해 나갔다.

2019년도 양식에는 앞부분에 '필사는 나의 힘'을 보충했다. 책을 읽다가 맘에 드는 구절이나 명문장을 옮겨 쓰면서 문장의 의미를 좀 더 깊

책 제목		글쓴이		NO.1

책 분야	문학, 인문사회, 수학과학, 정보기술, 예술, 진로, 기타	권장도서 여부 ○ / × (권장도서가 아닐 경우 국어교사에게 사전 협의 후 작성할 것)

〈책 깊이 읽기〉
– 책 읽을 때 밑줄을 긋거나 포스트잇을 붙여 메모하며 내용을 적기

질문은 나의 힘! 읽기 전, 읽기 중, 읽은 후 질문해 가며 책 읽기	① ② ③ ④ ⑤
메모는 나의힘! 읽으며 기억하고 싶거나 떠오르는 생각 메모하며 읽기 (마인드맵, 비주얼씽킹 등 형식은 자유)	
필사는 나의 힘! 좋은 구절, 명문장 그대로 베껴 쓰기	

2019~2020년 서평 쓰기 양식의 수정, 보완 부분

이 들여다보고 마음에 담아 두자는 의미였다. 이렇게 필사한 문장은 서평을 쓸 때 자주 인용되어 학생들의 서평 내용이 훨씬 더 풍부해졌다.

　2020년 서평 양식에서 가장 달라진 점은 고쳐쓰기 칸을 추가한 것이다. 이전에는 서평 쓰기 시간에 스스로 알아서 퇴고를 거치도록 했는데, 일부러 고쳐쓰기 시간을 충분히 주고 글을 다듬도록 하자 글쓰기 역량이 크게 향상되었다. 서평을 쓰라고 하면 '일필휘지'로 써 내려가지만 정작 그 내용을 보면 조잡하기 그지없는 학생들이 있다. 이런 아이들에게 잘못된 글쓰기 습관을 교정해 주고 자신의 글쓰기 과정을 충분히 검

토해 보도록 시간을 주었더니 훨씬 완성도 높은 서평을 써 내는 걸 확인할 수 있었다.

2020학년도에 또 한 가지 달라진 점은 서평 양식 안에 독서 기록장을 따로 만들어 넣은 것이다. 1주 혹은 2주마다 한 차례씩 독서 시간을 가지면서 가벼운 독서를 생활화하자는 취지였다. 서평을 쓰려면 적어도 1, 2주의 시간이 소요되지만, 수업 시간에 가볍게 읽는 단편소설을 모두 서평으로 쓰는 것은 학생에게도 교사에게도 부담스러운 일이다. 그래서 한 시간 내에 짧은 단편소설을 읽고 독서 기록장을 작성하는 것으로 가벼운 독후 활동하기를 시도해 보았다. 독후 활동 칸에는 책 내용 요약하기, 인상 깊은 부분 쓰기 및 감상하기, 새로 알게 된 사실 적기, 내 삶에 적용하기 요소를 넣음으로써 서평으로 완성하지는 못하더라도 책에 대해 충분히 감상할 수 있도록 했다.

이처럼 서평 양식의 변화는 단순한 양식의 변화가 아니라 과정 중심 수업, 학생의 성장을 도모하는 수업 철학이 차근차근 녹아든 것이다. 서평 양식 변화의 역사는 우리 학교 국어과 수업의 변화를 고스란히 담고 있기도 하다. 공립학교 8년 동안 국어 교사는 수없이 바뀌었지만 서평 수업의 근간은 흔들림 없이 유지되었고, 이로써 한 발짝씩 국어 역량을 높여 가고 배움 중심의 서평 수업으로 변모해 가고 있다.

03 아이들은 어떤 책을 읽고 서평을 썼을까?

학년별 서평 도서 목록과 성취 기준에 따른 질문들

여기서는 국어과 성취 기준에 맞는 책을 학년별로 선정하고 그에 걸맞은 질문을 하는 서평 쓰기 양식 '활동 3' 내용을 정리해 보았다. 이러한 질문을 통해 아이들은 자신의 생각에만 머물러 있지 않고 다시 한 번 책을 되짚어 읽으며 생각을 곱씹어 보게 된다.

여기서 소개하는 책 가운데 몇몇은 서평 쓰기 시간에만 활용하지 않고 국어 교과서에 나오는 '요약하기', '매체', '예측하며 읽기', '광고' 관련 단원과 연계하여 학습했고, 그다음 활동으로 서평 쓰기를 했다. 이렇게 교과서 단원과 연계하여 독후 활동을 하니 학생들은 더욱 관심을 갖고 책 읽기에 집중하게 되었다.

다음에 소개하는 서평 도서 목록과 질문 역시 해마다 조금씩 수정하고 보완하고 있다.

1학년 서평 도서 목록

책명	국어과 성취 기준에 맞는 '활동 3' 질문
소녀A 중도 하차합니다 (김지숙 지음) **성취 기준** 〔9국05-03〕 갈등의 진행과 해결 과정에 유의하며 작품을 감상한다.	1. 구유진이 '넥스트아이돌스타' 홈페이지에 소녀A에 대해 공개적인 글을 쓴 것은 복수심 때문이었다. 진선미도 소녀A의 성형 사실을 알리려는 의도로 사진을 올린다. 과연 누가 더 잘못했을까? 2. 끊임없이 다이어트하며 남들이 예쁘게 봐 주기만을 바라던 진선미가 결국 자신의 본모습을 받아들이고 사랑하게 된 힘은 무엇일까? 3. 나나는 상처를 지우려고 애쓰는 대신 좋은 것들(타로 카드)로 시선을 돌렸고, 어느 순간 삶이 바뀌었다는 걸 발견한다. 그렇다면 여러분에게 타로 카드는 무엇인가? 4. 요즘 많은 유명인들의 과거 학교 폭력 사실이 폭로되고 있으며, 지금도 학교 폭력은 곳곳에서 자행되고 있다. 이러한 세태 속에서 자신은 청소년 시기를 어떻게 보내야 한다고 생각하는가? 5. 요즘 TV에는 다양한 서바이벌 오디션 프로그램이 나온다. '능력을 펼쳐 임무에 성공하면 그에 따른 보상을 받을 자격이 있다'는 능력주의를 보여 주는 프로그램이라 할 수 있다. 그런데 자신의 재능과 사회로부터 받은 대가는 과연 온전히 자신의 몫일까? 아니면 행운의 산물일까?
생각한다는 것 (고병권 지음) **성취 기준** 〔9국02-03〕 읽기 목적이나 글의 특성을 고려하여 글 내용을 요약한다.	1. 철학은 우리에게 어떤 힘을 길러 주는지 서술해 보자. 2. 한나 아렌트라는 철학자는 유대인 학살범 아이히만을 보며 "생각이 없으면 악마가 될 수 있다."라고 말했다. 이 말에 대한 생각을 자신의 삶과 연관 지어 써 보자. 3. "생각이 공부이고 공부가 자유"라고 이 책의 저자는 말한다. 이에 대한 자신의 생각을 구체적으로 써 보자. 4. "더 이상 공부하지 않으려는 사람은 어리석은 고집쟁이가 된다."라는 말에 대해 자신의 생각을 구체적인 사례를 들어 써 보자. *'요약하기 단원'과 연결하여 프로젝트 수업 진행 : 전체 글에서 1부를 읽고 모둠별로 요약하여 발표 후 피드백함. 요약을 하려고 책을 깊이 있게 읽었기 때문에 나머지 부분도 깊게 읽게 되어서 서평 쓰기 수준이 높았고, 《읽는다는 것》, 《말한다는 것》 등의 이 시리즈를 스스로 찾아 읽은 학생들도 많다.*
슬기로운 미디어 생활 (권혜령 외 지음) **성취 기준** 〔9국03-08〕 영상이나 인터넷 등의 매체 특성을 고려하여	1. 가짜 뉴스를 어떻게 받아들여야 할까? 자신의 경험이나 주변에서 본 사례 등을 이용해 대답해 보자. 2. 인터넷 광고가 늘면서 더 개인화되고 맞춤형 광고로 진화되었다. 광고의 홍수 속에서 광고에 휘둘리지 않을 수 있는 방법을 책 속의 의견에 더해 자신의 생각을 써 보자.

생각이나 느낌, 경험을 표현한다.	3. 게임을 하거나 웹툰을 즐기면서 그것들이 우리의 일상과 사회를 어떻게 그리고 있는지 구체적인 게임이나 웹툰을 예로 들어 설명해 보자.
	4. 인터넷은 어떤 미디어보다 쉽고 편리하여 1인 미디어 시대라고까지 일컫는다. 여러분은 이러한 시대에 인터넷을 어떻게 활용하고 싶은가?
	'매체' 단원과 엮어서 수업 시간에 발췌독을 한 후 서평 쓰기까지 연결하여 수업을 진행한다.
어린 왕자 (생텍쥐페리 지음) **성취 기준 [9국05-02]** 비유와 상징의 표현 효과를 바탕으로 작품을 수용하고 생산한다.	1. 이 소설에서 마음에 드는 표현과 그 이유는 무엇인지 이야기해 보자.
	2. 다음의 것들이 이 소설에서 상징하는 의미는 무엇일까? – 장미, 바오밥나무, 가로등을 켜는 사람, 사막, 우물 등
	3. 상징하는 의미가 깊다고 생각하는 다른 말을 찾아보자.
	4. 생텍쥐페리가 비유와 상징적 의미를 담아 소설을 쓴 이유가 뭘까?
	'문학과 표현' 단원에서 《어린 왕자》에 쓰인 비유와 상징적 표현 찾기를 먼저 수업한 후 서평 쓰기를 이어서 진행한다.
우아한 거짓말 (김려령 지음) **성취 기준 [9국05-03]** 갈등의 진행과 해결 과정에 유의하며 작품을 감상한다.	1. 천지가 자신의 갈등을 해결하기 위해 선택한 방법은 옳았을까?
	2. 소설 속에서 갈등이 점점 심해지기 전에 갈등을 해결할 수 있는 순간은 없었을까?
	3. 천지의 극단적 선택을 둘러싼 갈등의 과정에서 내적 갈등과 외적 갈등은 무엇인가?
	4. 소설을 읽으면서 인간은 환경에 의해 지배받는 존재라는 것을 실감하게 된다. 이를 인간과 운명 간의 외적 갈등이라고 한다. 인간이 주어진 상황이나 운명을 극복한다는 것은 그렇게 힘든 일일까?
	5. '우아한 거짓말'이라는 제목의 의미는 무엇이며, 소설 속에서 우아한 거짓말을 하는 사람은 누구일까?
	6. 천지가 극단적 선택을 한 이유를 모두 화연의 탓으로만 돌릴 수 있을까?
	7. 천지는 왜 봉인의 실타래 속에 유서를 숨겼을까? (털실 다섯 개를 남긴 의미는 무엇일까?)
기억 전달자 (로이스 로리 지음) **성취 기준 [9국05-03]** 갈등의 진행과 해결 과정에 유의하며 작품을 감상한다.	1. 전쟁, 차별, 가난, 고통 없이 모두가 행복한 시스템 '커뮤니티'에서 살게 되면 인간은 갈등 없는 삶을 살 수 있을까?
	2. 자유가 없이 완벽하게 통제된 사회와, 자유는 있지만 통제되지 않은 사회가 있다면 자신은 어떤 선택을 할 것인가?
	3. 인간에게 기억이 존재하지도 않고 타인과의 갈등도 없다면 우리는 과연 행복할까?
	4. 주인공이 자신의 갈등 상황에서 선택한 해결 방안은 옳은 것일까?

돼지가 있는 교실 (쿠로다 야스후미 지음)	1. 돼지 P짱을 키우는 과정에서 학급 아이들 사이에 일어난 갈등은 무엇이고, 그 갈등을 어떻게 해결했는가?
성취 기준 [9국01-04] 토의에서 의견을 교환하여 합리적으로 문제를 해결한다.	2. 애완동물과 가축의 경계는 무엇인가?
	3. 동물 실험이나 식육, 모피코트 등 인간을 위한 동물의 희생은 어디까지 허용되어야 할까?
	4. 책의 마지막 부분의 졸업식을 앞둔 토의에서 '나'라면 어떤 방법을 선택했을까? ('기른다', '육가공 센터로 보낸다' 등의 대답을 했다면 그렇게 대답한 이유도 적어 보자.)
	5. 선생님이 아이들과 학교에서 P짱을 기르기로 한 이유는 무엇일까?
	6. 선생님이 P짱을 육가공 센터로 보내기로 결정한 이유는 무엇일까?
	토의하기 단원과 연결하여 모둠별로 토의 주제를 주고 학급 전체가 패널 토의를 하는 프로젝트와 연결하여 수업을 진행한다.

2학년 서평 도서 목록

책명	국어과 성취 기준에 맞는 '활동 3' 질문
100명 중 98명이 틀리는 한글맞춤법 (김남미 지음) 성취 기준 [9국02-10] 읽기의 가치와 중요성을 깨닫고 읽기를 생활화하는 태도를 지닌다.	1. 내가 한글맞춤법을 제정한다면 가장 중요하게 여길 만한 요소는 무엇인지 고려하여 '한글맞춤법 제1항'을 고쳐 보고, 그렇게 고친 이유를 적어 보자. 2. 청소년들 사이에서 가장 많이 무너지고 있는 한글맞춤법(1~4장의 내용 중)은 무엇인지 적어 보고, 그 원인을 파악해서 적어 보자. 3. 띄어쓰기를 잘할 수 있는 핵심 원리나 방법은 무엇일까? 4. 한글맞춤법을 틀리지 않는 '2명'이 되기 위해 자신이 할 일을 구체적으로 적어 보자.
괴물, 한쪽 눈을 뜨다 (은이정 지음) 성취 기준 [9국05-04] 작품에서 보는 이나 말하는 이의 관점에 주목하여 작품을 수용한다. [9국01-02] 상대의 감정에 공감하며 적절하게 반응하는 대화를 나눈다. * 학교 폭력 관련 도서	1. 임영섭을 괴롭히는 사건을 중심으로 임영섭과 민태준, 담임 교사가 바라보는 시각이 조금씩 다르다. 구체적인 예를 하나 들어서 어떻게 다른지 설명하고, 이렇게 달라지는 이유는 무엇인지 적어 보자. 2. 모든 인간은 내면에 괴물의 본성이 조금씩 있다고 보는 작가의 시각에 대해 어떻게 생각하는가? 3. 영섭, 태준, 담임에게는 각각 어떤 괴물성이 있는지 예를 들어 보고, 이 괴물성은 정당한 것인지 써 보자. 4. 작가에 따르면 우리 모두의 내면에는 괴물의 본성이 조금씩 있다고 한다. 나 자신은 이러한 괴물성을 어떻게 자제하고 극복하고 있을까?

김치도 꽁치도 아닌 정치 (임정은 지음) **성취 기준 [9국02-10]** 읽기의 가치와 중요성을 깨닫고 읽기를 생활화하는 태도를 지닌다.	1. 정치가 우리 모두와 관계 있다는 것, 어린아이조차 정치와 무관하지 않다는 시각에 대해 어떻게 생각하는가? 2. 설문 조사에서 정치에 대한 정의 중 가장 맘에 드는 정의나 비판하고 싶은 정의를 고르고, 이에 대한 자신의 생각을 써 보자. 3. 독일에는 정당 안에 청소년위원회가 있고 최연소 국회의원의 나이가 20세 정도라고 한다. 우리나라에서도 2019년 선거법 개정으로 만 18세부터 선거에 참여할 수 있게 되었다. 이에 대해 어떻게 생각하는가? 4. 등장인물들(차일선, 장현서, 사회 선생님, 커피 콩당 주인 등)의 행동 중에 인상 깊은 부분은 무엇이고, 그 행동에 대해 어떻게 생각하는지 써 보자.
수레바퀴 아래서 (헤르멘 헤세 지음) **성취 기준 [9국05-10]** 인간의 성장을 다룬 작품을 읽으며 삶을 성찰하는 태도를 지닌다.	1. 내가 원하는 것을 이루지 못했을 때 내가 내 삶의 주인이 되기 위해서는 어떤 자세가 필요할까? 2. 청소년기는 자아정체성을 찾고, 삶의 목표와 방향을 찾아가는 매우 중요한 시기이다. 한스의 삶을 통해 '청소년기'가 어떻게 왜곡되었는지 생각해 보자. 3. 청소년 시기의 친구는 어떤 의미가 있는가? 그리고 내가 좋은 친구가 되기 위해서는 어떻게 해야 할까? 4. 신학교 교장선생님은 한스에게 이런 말을 한다. "한스 군, 아주 지쳐 버리지 않도록 하게. 그렇지 않으면 수레바퀴 밑에 깔리게 될 테니까." 여기서 '수레바퀴'의 의미는 무엇일까? 5. 이 소설의 '결말'을 바꾼다면 어떻게 바꾸고 싶으며, 그 이유는 무엇인가? 6. 주인공 한스의 죽음에 대한 책임은 누구에게 있다고 생각하며, 그 이유는 무엇인가? 또 한스가 원하는 삶은 어떤 삶이었을까? 7. 꿈과 직업은 일치하는가? 진로를 정할 때 자신이 잘하는 것보다 좋아하는 분야에서 선택해야 행복한 삶을 살 수 있을까? 8. 우리나라 학교와 소설 속 독일의 학교는 비슷한 점이 많다. 우리나라의 교육 체계와 엘리트주의에 대한 자신의 생각을 이야기해 보자. *미술 교과의 책 광고 그리기 수업으로 연결하여 수업한다.*
수성궁 담장이 저리 높은들 (임정아 지음) **성취 기준 [9국05-04]** 작품에서 보는 이나 말하는 이의 관점에 주목하여 작품을 수용한다.	1. 김 진사와 안평대군은 모두 운영을 사랑하지만 그 방식은 사뭇 다르다. 이들의 사랑에는 어떤 차이가 있는지 이야기해 보자. 2. 운영과 김 진사의 만남을 도와주던 자란은 그들의 사랑이 막다른 곳에 이르자 운영에게 자중할 것을 충고한다. 이를 통해 알 수 있는 운영과 자란의 생각의 차이에 대해 이야기해 보자. 3. 운영과 김 진사는 결국 사랑을 이루지 못하고 비극적인 죽음을 맞이한다. 이들이 현실에서 사랑을 이룰 수 있는 방법은 없었을까? 내가 만약 운영이라면, 또 김 진사라면 어떻게 했을까?

4. 사랑의 공간인 '수성궁'은 완전하면서도 불완전한 양면성을 지닌 공간이다. 어떤 면에서 그러한지 이야기해 보자.
5. 작가가 꿈에서 이야기의 주인공을 만나고 다시 꿈에서 깨어나는 '몽유록'이라는 구조로 소설을 쓴 이유는 무엇일까?
6. 소설 속 주인공은 신분과 제도 때문에 원하는 사랑을 하지 못한다. 신분 제도가 사라진 오늘날에도 자신이 원하는 사랑이나 일을 하지 못하는 경우가 있다면 그 이유는 무엇일까?
7. 소설의 주인공들은 사랑의 장벽을 넘어 더 확고한 사랑을 한다. 자신의 삶에서도 원하는 것을 이루기 위해 이처럼 힘든 장벽을 넘어 본 경험이 있는지 이야기해 보자.
8. 이 소설은 유교적 도덕 관념과 중세의 사회 질서가 사랑이라는 인간의 본성을 억압함으로써 초래하는 비극을 보여 준다. 이 소설에서 나타나는 삶의 무게와 현실의 굴레를 오늘날의 사회에 투영해 본다면 어떤지 생각해 보자.
9. 운영과 김 진사는 경제적으로 어려움을 겪거나 사랑조차 마음대로 할 수 없었던 당대 선비의 고뇌를 보여 준다. 오늘날의 사회를 살아가는 젊은이들은 어떤 고뇌를 하고 있을까? 그 고뇌를 건강하게 극복하는 방법은 무엇일까?
10. 오늘날의 인권의 관점에서 볼 때 이 소설에서 옳지 않다고 생각하는 내용이 있는가? 어떤 점에서 그렇게 생각하는가?

3학년 서평 도서 목록

책명	국어과 성취 기준에 맞는 '활동 3' 질문
밀레니얼 칠드런 (장은선 지음) **성취 기준** 〔9국05-05〕 작품이 창작된 사회·문화적 배경을 바탕으로 작품을 이해한다.	1. 문학은 사회를 반영한다고 한다. 이 소설에서 반영하고자 하는 사회의 모습을 구체적으로 찾아 쓰고, 이는 우리 사회의 어떤 모습을 비판하려 했는지 이야기해 보자. 2. 좋은 문학 작품은 우리의 삶을 성찰하게 만든다고 한다. 이 작품을 읽고 자신은 무엇을 성찰했는지 구체적으로 적어 보자. 3. 이오의 죽음에 충격을 받은 새벽은 무엇이 올바른 선택인가에 대해 고민하며 "우리는 아직 태어나지조차 못했어. 태어나고 싶다면 세계를 파괴해야 해."라고 말한다. 이 말의 의미는 무엇일까? 4. 새벽은 다음과 같은 말을 했다. 이 말의 의미는 무엇이며, 사회의 일원으로서 우리는 어떤 삶의 자세가 필요한지 적어 보자. "그래. 시험을 통해서 등급을 가르고, 순위를 정해. 그리고 등수에 따라 특권을 조금씩 나누어 주지. 상위 등급에게는 더 많은 특권을 주고, 하위 등급에게선 있던 권리도 빼앗아. 그러면서 오랜 시간 동안 몸으로 학습시키는 거야. 이게 세상의 이치라고. 잘난 사람이 더 많이 가져가는 것은 당연한 거라고 말이야."

동물농장 (조지 오웰 지음) 성취 기준 [9국05-05] 작품이 창작된 사회·문화적 배경을 바탕으로 작품을 이해한다.	1. 이 소설에서 반영된 사회의 모습은 어떤가? 우리 현실에서도 이와 비슷한 모습이 있는지 생각해 보자. 2. 복서는 힘든 일이 생길 때마다 "내가 더 열심히 일해야지."라고 말하고, 나폴레옹이 스노볼을 배신자라고 할 때도 "나폴레옹은 항상 옳지."라고 한다. 이러한 복서의 삶의 태도에 대해 어떻게 생각하는지 그 이유와 함께 써 보자. 3. 모든 것을 알고 있으나, 언제나 한 발자국 떨어져서 상황을 냉소적으로 바라보는 벤자민에 대해 어떻게 생각하는가? 우리 주변에도 벤자민과 같은 사람이 있는지 찾아보자. 4. 동물농장에서 공포의 상징인 개들은 어릴 때부터 나폴레옹에게 길들여졌으며, 그래서 성장하고 나서도 나폴레옹의 지시에만 따른다. 만약 내가 판사라면 개들의 행동은 유죄일까, 무죄일까? 그 판단 근거는 무엇인가? 5. 동물 혁명이 일어났을 때 나폴레옹은 처음부터 독재를 할 계획이었을까, 아니면 권력을 가진 이후 변하게 되었을까? 권력은 시간이 지나면 항상 부패한다고 생각하는가? 6. 동물들의 혁명은 그래도 존스 시절보다는 나아졌기 때문에 의미가 있을까, 아니면 없을까? 결국 나중에는 같아졌기 때문에 아무 의미도 없을까? 본인의 의견과 그렇게 판단한 이유를 적어 보자. 7. 만일 다른 동물들이 돼지만큼 똑똑했다면 동물들의 혁명 이후 동물농장은 이상적인 농장이 되었을까?
오즈의 의류 수거함 (유영민 지음) 성취 기준 [9국02-09] 자신의 읽기 과정을 점검하고 효과적으로 조정하며 읽는다.	1. 등장인물들 중 가장 닮고 싶은 사람과 그 이유는 무엇인지 써 보자. 2. 도로시가 소년 '195'를 자살에서 구해 내기 위해 계획한 3가지 과정은 무엇이며, 이에 대해 나는 어떻게 생각하는지 적어 보자. 3. 도로시와 함께한 195는 묘한 삶의 생동감을 느낀다. 자살을 생각하던 195가 새로운 삶을 생각하게 된 이유는 무엇일까? 4. 이 작품의 등장인물들은 노숙자, 탈북자, 아들을 잃은 엄마, 조손 가정, 약물 중독으로 자살을 생각하는 학생 등이다. 도로시가 이들과 함께하면서 깨달은 점은 무엇일까? *서평 쓰기를 한 후 '광고와 설득' 단원에서 이 책으로 책 광고 동영상 제작을 실시한다. 이후 이 책 저자와의 만남을 추진하여 책 광고 우수작을 소개한다.*
십대, 고수답게 싸워라 (문지현·김수경 지음) * 학교 폭력 관련 도서	1. 나는 분노를 표출하는 유형이 책 속의 어느 인물과 유사한가? 책을 읽고 자신이 표출했던 분노에 대해 성찰해 보자. 2. 분노를 표출하는 잘못된 사례에 대해 이야기해 보자. 그 분노를 바르게 표출하기 위해서는 어떻게 행동하는 것이 옳았을까?

우리도 행복할 수 있을까? (오연호 지음) 성취 기준 [9국02-09] 자신의 읽기 과정을 점검하고 효과적으로 조정하며 읽는다.	1. 덴마크 실업자들이 외롭지 않은 이유를 쓰고 그들은 실업 상태를 어떻게 여기는지 알아보자. 2. 책에서 이야기하는 6가지 키워드(자유, 안전, 평등, 신뢰, 이웃, 환경)를 우리의 현실에 어떻게 적용시킬 수 있을까? 3. 평등 사회를 이루려면 제도, 의식의 변화 중 무엇이 먼저인가? 4. 협동과 경쟁 중 무엇이 더 강한 힘을 낼 수 있을까? 5. 세계 행복지수 평가에서 덴마크는 1위, 우리나라는 41위라고 한다. 어떤 차이가 행복의 지수에 영향을 미쳤을까? 6. 덴마크 학생들이 행복한 이유는 자존과 연대감 때문이다. 우리가 한 번뿐인 인생을 자기주도적으로 살며 행복을 누릴 수 있는 방법은 무엇일까? 7. 작가는 행복의 정의를 다음과 같이 설명했다. "충분한 시간적 여유를 가지고 다양한 선택지 속에서 남의 눈치를 보지 않고 하고 싶은 것을 스스로 찾아서 하는데 나도 즐겁고 옆 사람도 즐겁다." 나라면 행복의 정의를 어떻게 내리고 싶은지 적어 보자.
B끕 언어 (권희린 지음) 성취 기준 [9국01-12] 언어 폭력의 문제점을 인식하고 상대를 배려하며 말하는 태도를 지닌다. * 학교 폭력 관련 도서	1. 언어 폭력의 문제점은 무엇이며, 상대를 배려하기 위해서는 어떤 태도로 말해야 하는지 예를 들어 설명해 보자. 2. 언어는 사람을 비추는 거울이라고 한다. 자신의 언어 생활에는 어떤 문제점이 있는지 반성해 보자. 3. 이 책을 읽고 새로 알게 된 사실은 무엇인가? 자신의 삶에 반영할 부분은 무엇인가? 4. 요즈음 청소년들의 언어 생활에는 어떤 문제점이 있는가? 상대를 배려한 말하기를 위해 내가 실천할 수 있는 방법은 무엇인가?
내 이름은 공동체입니다 (장성익 지음) 성취 기준 [9국02-09] 자신의 읽기 과정을 점검하고 효과적으로 조정하며 읽는다.	1. 요즘 들어 '공동체'가 뜨고 있다. 그 이유와 배경은 무엇일까? 2. 성미산 마을에서는 "한 아이를 키우려면 마을 하나가 필요하다."고 한다. 그 말의 의미는 무엇이고, 그 마을의 교육이 《밀레니얼 칠드런》에 나오는 학교와 다른 점은 무엇일까? 3. 협동조합과 일반 기업과의 차이점 몇 가지를 찾아보고, 협동조합이 공동체와 어떤 관련이 있는지 적어 보자. 4. 세상의 참된 변화란 왜 사람의 변화와 함께 이루어진다고 했을까? 내가 실천하고 싶은 공동체 활동에는 무엇이 있는가?
페스트 (알베르 카뮈 지음) 성취 기준 [9국05-06] 과거의 삶이 반영된 작품을 오늘날의 삶에 비추어 감상한다.	1. 페스트가 만연했던 당시의 상황과 코로나19로 혼란스러운 오늘날의 상황은 어떤 점이 같고 다른가? 책 속에서 비판할 점과 본받아야 할 점은 무엇인가? 2. 이 책에서는 페스트의 혼란스러운 상황을 어떻게 극복했는가? 이와 비슷한 상황을 극복하기 위해 나와 우리, 정부는 각각 어떤 노력을 기울여야 할까?

3. 페스트 상황에서 각 인물이 취한 태도에 대해 생각해 보고, 그 인물의 행동이 어떤 면에서 옳고 그른지 구체적인 근거를 들어 서술해 보자(인물들 중 1명 선택).
4. 작가가 이 소설을 통해 궁극적으로 말하고자 하는 바는 무엇인가?
5. 파늘루 신부는 설교를 통해 이 재앙은 사악한 인간들에 대한 신의 '징벌'임을 역설한다. 하지만 판사의 자녀가 페스트에 걸려 죽고, 신부도 죽음에 이르면서 설교는 설득력을 잃게 된다. 과연 종교란 무엇일까? 인간의 죄와 구원의 문제에 대해 생각해 보자.
6. '페스트'라는 제목은 단지 전염병만 의미하지는 않는다. 좀 더 광범위하게 '페스트'라는 의미를 해석하며 제목의 상징성을 생각해 보자.
7. 《페스트》를 읽으면 감염병 시대의 인간의 다양한 심리적 반응이 나타난다. 그리고 우리가 삶을 살면서 어떤 가치를 추구해야 하는지 생각하게 한다. 코로나19 상황을 겪으면서 내가 생각한 삶의 가치는 무엇인가?
8. 코로나19 상황은 우리 인간이 인간을 제외한 모든 생물이나 자연과 공생하지 않은 데서 나온 결과라고 한다. 자신은 지구와 환경을 생각하며 자연과 공생하는 방법을 실천하며 살고 있는지 생각해 보자.

04 같은 책, 다른 주제로 소통하기

다음의 글은 조지 오웰의 《동물농장》에 대해 3학년 학생이 쓴 서평이다. 이 서평의 주제는 무엇일까?

나라의 번성과 국민의 가난은 언뜻 우리에게 익숙한 주제다. 번성까지는 모르겠지만 얼추 비슷한 체제를 가지고 있는 곳이 바로 북한이 아닌가? 이러한 모순을 예견했는지 조지 오웰은 독재 정치의 모순을 그대로 풍자해《동물농장》에 담아냈다. 이 소설의 줄거리는 간단하다. 평등했던 동물들 사이에 혁명을 일으켜 돼지라는 지배층이 생기면서 불합리한 결과를 얻게 된다는 내용이다. 동물농장은 시간이 지날수록 번성한다. 더 많은 수확량을 자랑하고 사람들의 인정을 받는다. 그러나 동물들, 그러니까 돼지를 제외한 모든 동물들은 갈수록 가난해지며 굶주린다. 전체의 번성과 개인의 가난이라는 불합리적인 모순이 존재하는 셈이다.

이 모순의 원인을 떠올리라 하면 하나같이 독재자인 나폴레옹만을 서술할 테지만 나는 그렇게 생각하지 않는다. 먼저 하층 계급의 대표격이었던 복서부터 살펴보면, 복서는 그 누구보다 열심히 일했다. 편한 세상이 올 거라 믿으며 버려져 죽을 때까지도 불합리성에 대해 의문을 품지도 않았다. 자신들이 일궈 낸 혁명을 방치하는 우매한 시민들을 조지 오웰은 복서에 그대로 담아냈다. 그다음은 스퀄러와 개다. 스퀄러는 의문을 제기하는 자들을 선동하거나 설득시켜 입을 닫게 했고, 개는 무력으로 제압해 입을 닫게 했다. 작품 해설을 보면 각각은 여론과 비밀 경찰을 나타내는 동물들이다. 그야말로 완벽한 독재 정치가 이루어지는 데 한몫한 인물들이라는 것이다.

그런 의미에서 최근 한국에서 벌어진 촛불 혁명은 의의가 크다. 겨우 70년도 안 되어서 피어난 민주주의였고, 단 한 명의 사상자도 내지 않았던 것은 세계에서 최초로 일어난 일이다. 프랑스 혁명을 예로 들어, 최초의 혁명이었으나 그 끝은 황제 정치의 시작이었다. 우리나라 국민들은 국가 정치에 분노했고, 무엇이 잘못되었는지 알았다. 동물농장에 처음으로 혁명을 제의한 메이지 영감과 같은 역할을 한 것이다.

이례적인 일이 벌어지는 데 있어 가장 중요한 역할을 하는 것은 교육이라 생각한다. 무엇이 옳고 그른지 알고 행동할 수 있도록 한 교육의 중요성은 누구나 다 아는 사실이지만, 새로운 걸 받아들이지 못해 아부하는 사람이 정치에 관여하고 있다는 게 문제점이다. 더 이상 동물농장 같은 일이 벌어져서는 안 된다. 상식이 통하는, 초기의 동물농장을 만드는 것이 이 책을 읽는 사람들의 소임이라 본다.

– 3학년(2016) 학생의 《동물농장》 서평

이 서평의 주제는 "독재 정치의 악순환과 21세기의 촛불 시위가 일어났던 까닭은 무엇일까?"다. 주제만 보더라도 이 학생이 책 속에 머물지 않고 자신이 온몸으로 부대끼고 살고 있는 현실과 자연스럽게 연결 지어 서평을 썼다는 걸 알 수 있다. 이러한 주제 아래 ❶동물농장 번성의 오늘, 번성과 가난, 번성의 까닭(복서, 나폴레옹, 스퀼러, 개) ❷프랑스 혁명 ❸촛불 시위의 의의 ❹메이저 영감의 혁명 제의 순서로 개요를 짰다.

서평 처음 부분에서는 나라가 부유한데 국민은 가난한 현실에 대해 문제 제기를 했다. 즉 소설의 핵심 내용을 앞세워 문제 제기를 하며 글을 시작했다. 줄거리를 제시하긴 했지만 자신의 글에 필요한 부분만 단 몇 줄로 간략하게 정리했다. 중간 부분에서는 왜 독재가 가능했는지에 대해 등장인물들의 행동을 근거로 서술했다. 다음으로는 우리가 살고 있는 현실과 연관 지어 촛불 혁명과 같은 행위가 어떤 의미가 있는지, 깨어 있는 의식이 얼마나 중요한지 역설하며 나를, 우리를, 세상을 성찰하고 있다. 마지막으로 한발 나아가 이러한 세상에 우리에게 필요한 것이 무엇인지 강조하며 글을 맺는다.

이렇게 완성도 있는 서평 쓰기가 가능했던 것은 본격적인 쓰기에 앞서 책 깊이 읽기-줄거리 쓰기-인상 깊은 부분과 그 이유를 쓰고 공유하기-책별로 다른 질문(교사 제공)에 답하고 공유하기- 세상사와 연관지어 생각하기와 공유하기-내 주제 정하고 개요 짜기라는 일련의 과정을 성실히 해낸 덕분이다. 특히 이 과정을 친구들과 함께하며 서로 의견을 주고받는 사이 사고력이 향상되고 세상을 바라보는 시야가 넓어지게 된다. 문제 해결 과정으로서 쓰기를 통해 자신의 삶과 사회적인 삶까지 성찰해 보는 시간이 바로 서평 쓰기 시간이라 할 수 있다.

　같은 책을 읽더라도 문제 제기한 부분에서 차이를 보일 수 있고, 이에 따라 완전히 다른 관점의 주제를 설정할 수도 있다. 아이들은 뻔한 주제보다는 색다른 관점의 주제나 자신이 미처 생각지 못한 의견에 더욱 관심을 보인다. 그러한 서평에 감탄을 하며 마음껏 칭찬해 주고, 때로는 자신 역시 칭찬을 받으며 서평 쓰기 실력도 발전하게 된다.

　장은선의 소설《밀레니얼 칠드런》을 읽고 학생들이 쓴 다양한 서평 주제를 살펴보자.

이○○ : 의지할 수 있는 존재가 있다는 것은 고마운 일이다.

백○○ : 성적순으로 사람의 등급을 정하고 등급에 따라 대우를 하는 사회는 옳은 사회일까?

김○○ : 사회에서 10대들이 의견을 표현할 수 없는 이유는 무엇인가?

황○○ : 현재 우리나라 교육은 바뀌어야 할 필요가 있다.

박○○ : 각자의 개성과 능력을 충분히 발휘할 수 있는 사회가 되어야 한다.

윤○○ : 책에 나온 사회를 바꾸기 위한 노력에는 무엇이 있을까?

박○○ : 학교라는 공간은 사실 공부보다는 사회의 불합리함을 미리 교육시키는 기관 같다.

● 서평 활동 사례

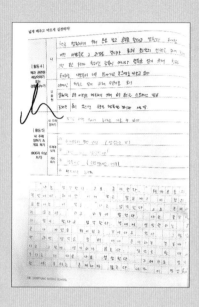

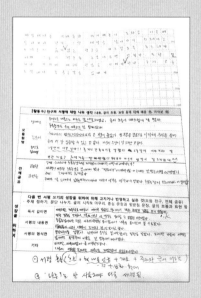

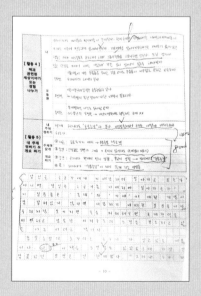

05 서평 실력의 도약, 고쳐쓰기

학생들이 서평 쓰기에 눈을 떠 가자 교사로서 욕심이 조금 생겼다. 서평의 방점을 많은 책 읽기에 두느냐, 글쓰기 역량 키우기에 두느냐 하는 것이었다. 문제는 시간이었다. 한 학기에 두 권 정도의 서평을 쓰면 사실 고쳐쓰기는 무리다. 그러나 한 학기에 한 권 정도의 서평은 고쳐쓰기까지 해서 글쓰기 역량을 늘리고, 그다음 학기는 두 권의 책을 읽어 독서 쪽에 좀 더 비중을 둘 수도 있다.

서평 쓰기 수업 과정

1차시 - 책 내용 미리 예측하며 읽기

2차시 - 책 내용 질문하기, 메모하기, 필사하기 활동을 하며 책 깊이 읽기

3차시 - [활동 1] 줄거리 요약하기

　　　　[활동 2] 인상 깊은 부분 적고 감상 적기

[활동 3] 책을 읽고 자신이 중점적으로 생각할 소재 정하기

[활동 4] 책과 관련된 나의 경험 또는 세상 이야기 적기

4차시 – 3차시에 활동한 내용을 바탕으로 [활동1, 2, 3, 4]를 모둠에서 공유하기

5차시 – 서평 쓰기

6차시 – 모둠 공유 및 전체 공유하기, '성장을 위하여' 쓰기

여기에 2차시 시간을 더 확보하면 서평 고쳐쓰기 활동을 할 수 있다. 고쳐쓰기는 교과서의 고쳐쓰기 단원에서 배운 내용을 바탕으로 진행한다.

고쳐쓰기 활동의 1차시에는 자신이 쓴 서평을 읽어 보며 어색한 부분을 색깔 펜으로 수정하게 한다. 만약 교과서를 통해 미리 고쳐쓰기 방법을 학습하지 않으면 아이들은 짧은 시간에 대충 고치고 펜을 내려놓기 일쑤다. 따라서 고쳐쓰기할 때의 교정 부호와 유의점 등을 교과서에서 배운 뒤 교과서와 교과서 외 작품을 통해 먼저 연습해 두는 게 좋다. 2차시에는 1차시 때 고친 서평을 다시 읽어 보며 최종적으로 서평을 마무리하는 방식으로 진행한다.

물론 고쳐 쓸 시간에 책을 더 읽는 것이 더 좋다는 의견을 내는 아이들도 있다. 하지만 대부분은 자신의 글을 아주 진지하게 읽으며 수정에 임한다. 수정을 하다 보면 자연스럽게 사고력과 창의력이 길러지므로 고쳐쓰기에도 충분한 시간을 주어야 한다. 고쳐 쓰는 연습을 의식적으로 수업에 반영하지 않으면 대부분의 아이들은 자신이 쓴 글을 다시는 돌아보지 않는다. 그런 아이들은 첫 번째 서평에서 보여 준 문장의 오류

를 두 번째, 세 번째 서평에서도 그대로 드러낸다.

서평 고쳐쓰기에 대한 학생들의 소감을 들어 보자.

김 ○○ : 첫 번째 서평보다 두 번째 서평을 쓸 때 좀 더 여유 있고 넓은 시선으로
내 글을 들여다볼 수 있어 더 구체적이고 매끄러운 글을 쓸 수 있었다.

황 ○○ : 처음에는 본론부터 쓰고 서론을 안 썼는데 고쳐쓰기를 하면서 서론 쓰
기, 마무리하는 문단, 줄거리 요약 등 서평 쓰는 실력이 많이 늘었다.

박 ○○ : 처음의 서평이 매끄럽지 않고 군더더기가 많았는데 고쳐쓰기를 한 후
좀 더 매끄럽고 서평다운 서평이 된 것 같아 고쳐쓰기의 효과를 느낄
수 있었다.

남 ○○ : 서평 고쳐쓰기를 통해 내가 어느 부분에서 틀렸는지 알 수 있었고, 다
음부터는 같은 실수를 하지 않도록 조심하게 되었다.

김 ○○ : 서평을 고쳐 씀으로써 내가 이 책을 읽고 무엇을 느꼈는지, 어떤 점이
부족했는지 되돌아보는 계기가 되어 한층 더 성장할 수 있었다.

강 ○○ : 나는 나름대로 서평을 잘 쓰는 줄 알았는데 2차 서평과 1차 서평을 비
교하며 내가 어떤 점에서 부족한지 확인할 수 있었다.

글을 고쳐 쓰는 동안 아이들은 좀 더 객관적인 시각에서 자신의 글
을 바라보게 된다. 서평을 쓰는 동안에는 잘 몰랐던 글의 큰 흐름이 눈
에 들어와 전체적인 맥락을 바로잡을 수 있다. 전체적인 흐름을 바로잡
은 후에는 문단 단위, 문장 단위, 낱말 단위로 부자연스럽거나 틀린 부
분을 고치고 군더더기를 없애 나간다. 그러다 보면 자신이 습관적으로

단계별 고쳐쓰기 방법

고쳐쓰기 단계	확인할 내용
전체적인 흐름에서 고쳐쓰기	– 글의 주제가 잘 드러났는지 살핀다. – 글의 제목이 적절한지 살핀다. – 글의 흐름에 부적합한 내용이나 보충해야 할 내용이 있는지 살핀다.
문단 단위에서 고쳐쓰기	– 문단과 문단, 문장과 문장의 연결이 자연스러운지 살핀다. – 문단의 중심 생각이 잘 드러났는지 살핀다. – 문단의 길이가 적절한지 살핀다.
문장 단위에서 고쳐쓰기	– 어법에 맞게 표현했는지 살핀다. – 문장에 쓰인 낱말들 사이의 호응이 자연스러운지 살핀다. – 문장의 길이가 적절한지 살핀다.
낱말 단위에서 고쳐쓰기	– 낱말의 뜻이 문맥에 적절한지 살핀다. – 맞춤법에 맞게 표현했는지 살핀다.

저지르는 오류를 발견해 바로잡을 수 있고, 그럴수록 글의 내용은 더 명료해진다. 결과적으로 자신의 부족함을 확인하고 수정해 나감으로써 한 단계 성장하게 된다. 교사의 피드백을 받아 수정하는 것도 좋지만, 자신의 눈과 손으로 잘못된 점을 발견하고 고쳐 쓰는 경험이 쌓일수록 글을 쓰는 능력이 훨씬 더 빠르게 향상된다.

고쳐쓰기가 끝나면 모둠 내에서 공유하며 피드백을 해 주고, 잘 쓴 작품을 추천해 학급 전체가 공유한다. 공유한 다음에는 서평의 대미인 '성장을 위하여' 양식을 작성한다('성장을 위하여'는 서평 쓰기에서 우리 학교만이 지니는 특색이다). 공유하는 과정에서 아이들은 친구들과 교사의 피드백을 확인하고 서평을 쓰며 아쉬웠던 점, 개선하고 싶은 점 등을 발견한

'성장을 위하여' 활동 양식

	다음번 서평 쓰기의 발전을 위해 고치거나 반영하고 싶은 것	
성 장 을 위 하 여	메모와 질문을 통한 독서의 깊이	
	서평 주제의 참신성 및 주제와 개요의 어울림	
	문단 나눔 및 글의 흐름과 독창적 표현	

다. 이런 내용을 바로 '성장을 위하여' 양식에 적어 넣으며 다음번 서평에 대한 마음을 다지게 되는데, 이것으로 서평 쓰기 프로젝트는 그 대단원의 막을 내리게 된다.

06 감상문보다 서평!

쓰기가 전제되어 있지 않고 읽기만 한다면, 그것은 읽기조차 소외시키는 행위이다. 그런 읽기는 반쪽이다. 책을 덮는 순간 물거품처럼 사라져 버린다. 그저 몇 구절만이 맴돌 뿐이다. (중략) 쓰기는 읽기의 방향과 강/밀도를 바꿔 준다. (중략) 리뷰는 독후감이 아니라 새로운 창조물이다.

– 고미숙,《읽고 쓴다는 것, 그 거룩함과 통쾌함에 대하여》, 북드라망, 2019, 64~65쪽

앞서 125, 126쪽에서 소개한《동물농장》서평을 보면 독후 감상문과 서평 쓰기의 차이점을 확실히 알 수 있다. 독후감이란 보통 책을 읽은 동기와 줄거리, 인상 깊은 점이나 깨달은 점 등을 쓰는 것이다. 반면에 서평은 책 속의 내용과 관련해 문제 제기를 하고 자신의 생각과 의견을 덧붙이는 것이다. 즉 폭넓은 시야로 우리가 살아가는 삶과 사회의 문제를 바라보며 이런 사회에서 그 책이 어떤 가치를 지니는지 역설하는 것

이다. 그 역설에는 독서와 사유를 통한 필자의 새로운 깨달음이 담겨 있으며, 그 깨달음은 또 다른 독자의 의식에 영향을 미친다. 《읽고 쓴다는 것, 그 거룩함과 통쾌함에 대하여》라는 책을 쓴 평론가 고미숙의 말대로 서평은 '새로운 창조물'이 되는 셈이다.

서평의 일반적인 뜻은 책을 읽고 평가하는 것으로, 사람들은 서평을 통해 책의 내용이나 가치를 판단하고 책을 읽을지 여부를 결정하기도 한다. 그러나 여전히 서평이 무엇인지에 대해서는 다양한 관점이 존재하고 국어 교사들도 생각이 조금씩 다르다. 송승훈 선생님은 '독후감'이라고 하면 되지 왜 굳이 '서평' 쓰기라고 하느냐며 "좀 있어 보이게 만드는 전략"이 아니냐고 지적한 바 있다.

물론 독후감과 서평은 책을 읽고 난 후 자신의 생각과 의견을 쓰는 것이라는 점에서 상당 부분 비슷하다. 다만 서평은 책에 대한 평가에 무게를 둔다. 책의 가치를 평가하기 위해서는 세상을 바라보는 자기만의 식견이 있어야 한다. 중고등학생이라면 초등학생 때처럼 단순한 독서 '감상문'에서 머무는 게 아니라 한 단계 도약하여 평가의 수준까지 올라가야 하지 않을까?

다음은 조지 오웰의 소설 《동물농장》을 읽고 한 학생이 본격적인 서평을 쓰기에 앞서 작성한 개요다. 이 개요만 보아도 서평 쓰기가 일반적인 독후감과는 다르다는 것을 알 수 있다.

카뮈의 소설 《페스트》를 읽고 쓴 3학년 학생의 서평도 살펴보자.

학생이 작성한 《동물농장》 서평 개요

1단계	서평의 시작은 질문을 먼저 던지기! 예) 동물농장 : 독재 정치의 악순환과 21세기의 촛불 시위가 일어났던 까닭은 무엇일까?
2단계	질문에 대한 대답을 스스로 해 보기
3단계	책에서 근거 찾기 예) 동물농장이 번성한 까닭(복서, 나폴레옹, 스퀼러 등의 인물의 행동을 근거로)
4단계	자신의 생각 덧붙이기, 다른 관점, 다른 책, 세상 이야기 예) 동물농장 : 프랑스 혁명, 촛불 시위와 연관
5단계	대안 찾기 예) 동물농장 : 우리에게 필요한 것(메이저 영감의 혁명)

'코로나19', 현재 전 세계에 유행하고 있는 팬데믹으로 곳곳에서는 수많은 감염 사례와 사상자가 속출하는 안타까운 일들이 계속되고 있다. 이 코로나 바이러스가 유행하면서 사람들은 두려움과 혼란 속에서 살아가고 있으며, 일상생활 속에서는 사소하게 생각했던 것들로부터 전에는 느끼지 못했던 평범함의 소중함을 깨닫게 된 이들도 여럿 있을 것이다. 이런 대규모 감염 사례는 코로나 바이러스만 있는 것이 아니다. 과거에도 분명히 존재하여 많은 사람들에게 고통을 안겨 주었다. 그중 하나가 '페스트'라는 감염병이다. 이 질병을 바탕으로 한 소설인 알제르 카뮈의 《페스트》에서는 질서를 쉽게 찾아볼 수 없는 위기상황 속에서도 의사 리유를 포함한 여러 사람들이 끊임없이 협력하며 희망의 의지를 잃지 않고 극복해 나가는 과정

을 그려 냈다.

한 도시 오랑에서는 언젠가부터 거리로 나와 죽어 가는 쥐 떼가 보이고 이는 곧 감염 시작의 알림이 된다. 이를 그저 가볍게 지나가는 병이라고 생각하는 사람들이 있는가 하면, 이 병은 쉽게 사그라들지 않을 거라는 사람들이 있는 등 반응도 제각각이었다. 그러나 시간이 지날수록 그 규모가 커지고 급기야 폐쇄까지 하는 지경에 이르렀다. 사람들은 그제야 페스트를 이겨 내기 위해 각자가 할 수 있는 일들을 묵묵히 수행해 나간다. 저마다 제 위치에서 서로 협력하며 희망을 잃지 않고 노력하는 모습이 현재 코로나 시대에 우리 사회의 구성원들이 지녀야 할 자세가 아닐까 하는 생각이 든다.

그렇다면 이 책의 제목이자 소재인 페스트는 단순히 질병만을 의미하는 것일까? 보다 넓게 생각해 본다면, 페스트는 우리의 생활을 위협하는 모든 것을 의미한다. 이 책의 결말에서는 페스트로부터 해방을 맞이하지만 전과 달리 행복한 일상생활을 쉽게 되찾을 수 없고, 심지어는 언젠가 페스트와 형태는 다를지라도 비슷한 위기가 또 찾아올 수 있다는 두려움에서 헤어나오지 못하는 사람들도 있었다. 현재 코로나 시대도 마찬가지다. 의료진들을 포함한 여러 사람들이 극복하기 위해 노력하고 있지만, 평범했던 일상의 소중함을 알 수 있을 만큼 우리 주변의 많은 것들이 변한 것은 사실이고, 언젠가는 더 큰 피해를 입힐 수 있는 바이러스가 찾아올 수 있다는 생각이 든다.

코로나 사태가 완전히 지난 때가 오게 된다면 우리는 다시 이전의 생활로 돌아가게 될 것이다. 그러나 이후로 어떤 위기가 우리 앞으로 닥쳐올지는 아무도 모르는 일이다. 더 중요한 것은 위기를 맞닥뜨렸을 때 우리는 어떤 관념을 지녀야 할지, 어떻게 행동해야 할지보다 위기상황 속에서 현명한 판단을 할 수 있어야 함을 한 번쯤은 고민해 봐야 할 것이다.

– 3학년 학생의《페스트》서평

위 서평은 현재의 사회·문화적 맥락 속에서 소설《페스트》가 지니는 가치를 설명하며 소설과 관련된 세상 이야기를 하고 있다. 소설의 내용과 등장인물들의 모습을 간략히 소개했고, 이를 통해 현대인들의 삶의 태도에 대한 문제 제기를 했다. 더 나아가 책 제목의 상징적 의미에 대한 고찰을 하고, 위기를 맞닥뜨렸을 때라는 보편적 상황으로 소설의 상황을 재해석하며 함께 살아가는 우리 사회에 목소리를 내는 것으로 서평을 마무리했다. 이렇게 서평을 쓰는 것은 청소년기에 가치관을 형성해 가는 일인 한편, 사회 참여적인 행동의 하나가 될 수 있다.

서평 쓰기 활동에서 제일 중요한 것은 모둠원들과 수시로 이야기를 나눠야 한다는 것이다. 결국 책을 읽는다는 것은 새로운 인식의 과정이 아닌가? 일상에서 흔히 접하지 못하는 낯선 이야기에 대해 친구들은 어떻게 인식하고 있는지 귀 기울여야 한다. 그리고 자신의 생각도 공유하며 서로 의견을 나누는 과정 속에서 의식은 성장을 이룰 수 있다.

미국의 시인이자 사상가인 랠프 에머슨은 또래와 같은 책을 읽으며 가족, 친구, 세상 이야기를 하는 과정을 통해 때로는 위로도 받고 공감도 하며 사춘기의 힘든 여정을 같이하게 되며, 이 과정에서 아이들 사이에 '끈'이 생겨난다고 했다.

같은 책을 읽었다는 것은 사람들 사이를 이어 주는 끈이다.

– 랠프 에머슨(미국의 시인이자 사상가, 1803~1882)

같은 책을 통해 '끈'이, 즉 공감대가 형성돼 있으니 국어 수업 시간에 그 책을 활용할 수 있다는 장점도 크다.

서평 쓰기 활동을 8년 이상 꾸준히 진행할 수 있는 것은 서평 쓰기의 힘이 그만큼 크기 때문이다. 실제로 학생들은 3년간의 서평 쓰기를 통해 자신도 모르게 문제 해결 과정으로서의 읽기와 쓰기 역량이 커진 다는 것을 깨닫는다. 처음에는 서평 쓰기가 버겁더라도 독서 효율을 극대화하는 활동이 바로 서평 쓰기라는 것을 체험하면서 아이들도 갈수록 더 적극적인 모습을 보인다.

앞으로 교육과정 재구성을 통해 서평 쓰기 활동이 모든 학생들이 학과 시간에 할 수 있는 수업 디자인이 되었으면 하는 바람이다. 혼자만의 고뇌에 찬 서평 쓰기는 중학교 아이들에게는 맞지 않고 성장을 도모하기가 어렵다.

3학생 학생이 쓴 다음의 서평 쓰기 소감문으로 독서감상문과 서평 쓰기의 차이점을 정리하고자 한다. 서평 쓰기 활동에서 아이들이 딱 이만큼만 얻어 가도 괜찮은 수업 아닌가?

독서 감상문은 그 책을 읽고 느낀 점, 인상 깊은 점에 대해 써 내려가는 것에 그치기 마련이다. 그와 달리 서평을 쓰며 책과 관련된 나만의 주제를 정하고 그에 맞는 의견, 뒷받침하는 근거를 책 속에서 찾아내다 보니 책을 더욱 깊이 있게 읽을 수 있었고 생각의 폭을 넓힐 수 있었으며, 결과적으로 글쓰기 능력도 키울 수 있었다. 힘들게 시간 내서 읽은 책을 평범한 독서감상문 하나로 끝내는 것이 아니라 서평을 쓰면서 더욱 다양한 시각으로 책을 감상할 수 있어서 좋았다.

– 3학년 학생의 서평 쓰기 활동 소감

07 3년이면
누구나 서평의 달인

서평을 써야 하니까 평소보단 더욱 깊게 읽게 된 것 같아요. 또 친구들과 자신의 생각을 공유하다 보니 미처 생각하지 못했던 것을 깨닫게 되었고 아예 다른 생각도 이해하게 되었어요. 힘들었던 점은 주제가 다양한 만큼 아무래도 소설이 아닌 책은 서평의 주제나 길을 찾기가 힘들었어요. 그래도 서평 쓰기는 참 재미있었습니다.

– 3학년 학생의 서평 쓰기 활동 소감

같이 근무했던 국어 교사들은 왜 서평 쓰기 수업을 그 오랜 기간 끊임없이 변화시켜 왔을까? 바로 서평 쓰기를 통해 학생들이 성장하는 모습을 확인할 수 있었기 때문이다. 서평 쓰기는 읽기와 쓰기 역량을 비롯해 의사소통, 문제 해결, 문학 향유 역량 등 국어과의 핵심 역량에 모두 영향을 미친다.

그러다 보니 2년간 서평 쓰기 활동을 하고 3학년이 된 아이들은 어느새 서평의 달인이 되어 있다. 교사가 굳이 끼어들지 않아도 스스로 자기만의 주제를 정해 논리를 펼쳐 나가고 친구들과 의견을 주고받고 때로는 칭찬을 주고받기도 한다. 같은 책을 읽고 쓴 각각의 서평이 각양각색이면서 어떤 면에서는 모두 비슷한 생각을 하고 있다는 사실에 놀라기도 한다. 자신은 미처 생각지 못한 사회 문제와 절묘하게 연결시킨 점, 전에 같이 읽은 작품과 연결 지은 점에서 저도 모르게 감탄사를 내뱉기도 한다. 친구가 쓴 서평에 대한 의견을 물으면 교사 뺨치는 말도 잘한다.

　글은 칭찬을 먹고 자란다고 했던가? 대부분의 아이들은 친구들과 교사가 자신의 서평을 읽는다는 것을 알고 더욱 정성스럽게 쓰려고 노력한다. 서평을 잘 쓰는 첫 단계는 일단 책을 깊이 읽는 것이다. 서평을 쓸 것에 대비해 인상 깊은 부분에 밑줄을 긋고 자신의 생각을 메모하며 읽는다. 서평 쓰기는 읽기의 심화 과정이지 따로 가는 게 아니다.

　서평 쓰기 활동을 통해 아이들은 정신적으로도 성장을 한다. 친구들과 서로 다른 관점의 생각을 주고받다 보면 어느새 대인관계 능력도 좋아진다. 자연스럽게 속마음을 털어놓음으로써 모두가 숨겨 둔 고민 하나쯤은 있다는 걸 알게 되고, 이를 통해 정신적 위안을 얻으며 좀 더 긍정적이고 성숙된 사고를 하게 된다.

　'책별로 다름' 활동에서는 선생님이 주신 다양한 주제들 가운데 한 가지를 골라 모둠원들과 대화를 나누니 정말 다양한 생각과 의견을 들을 수 있었다.

이를 통해 내가 미처 생각지 못한 부분까지 다시 한 번 깊이 들여다볼 수 있었다. 예를 들면 책 속 소재의 의미에 대해 생각하며 소재로 드러난 책의 주제, 작가의 의도를 파악해 볼 수 있었다. 그리고 인물의 심리나 성격을 파악하는 데 하나의 큰 요소가 되기도 했다. '책과 관련된 세상 이야기 또는 경험 나누기' 활동으로 친구들의 재미난 이야기를 듣고 때론 사회를 바라보는 진중한 시선들을 엿볼 수 있었다.

이러한 활동들을 통해 하나의 책을 보다 재미있고 깊이 있게 읽을 수 있었다. 서평을 쓰기 전에는 개요 짜기 과정으로 개요를 먼저 짜면 선생님이 검토해 주신다. 글이 자연스럽게 연결되도록 글의 흐름을 잡아 주시고, 주제와 관련 없는 부분을 지적해 주시기도 한다. 마지막으로 모둠원끼리 서평을 돌려 읽으며 좋은 점, 아쉬운 점 등을 적어 주는데, 이 과정을 통해 내가 미처 몰랐던 점을 바로잡을 수 있으니 서평은 더욱 빛을 발하게 된다.

– 3학년 학생의 서평 쓰기 활동 소감

08 서평 쓰기를 함께한 교사들의 뒷이야기

같이 근무한 임○○ 선생님의 이야기

우리 학교 국어 프로젝트 수업의 꽃이라 할 수 있는 서평 쓰기 수업은 매년 국어 교과에서 공을 들이는 수업이다. 수업 진행도 품이 많이 들어가지만 학생들의 작품을 일일이 읽어 보고 또 수행평가로 채점까지 하는 과정이 여간 녹록지 않다. 하지만 공을 들인 만큼 학생들이 눈에 띄는 성장을 보이는 수업이기도 하다.

서평 쓰기는 해마다 협의를 통해 보완하고 발전시키고 있다.

보통 학년별로 한 학기당 1권 이상의 책을 선정하는데, 1학년은 평가가 없으므로 학기당 2권 정도, 다른 학년은 1권을 선정한다. 3년 이상 같은 책을 읽고 서평을 쓸 경우 여러 가지 문제점이 생길 수 있기에 2020년에는 학년별 서평 도서를 바꾸었고, 원격 수업이 길어지면서 책을 읽는 시간을 제법 길게 확보했다. 2020년 현재 학년별 연계 활동으로 세계의 고전이나 명작 중 한 권을 꼭 선정해서 읽고 있는데, 지난해에 선정한 《데미안》(2학년), 《페스트》(3학년)는 코로나19 상황에서 매우 시의적절한 도서였다고 다들 입을 모았다.

서평 양식인 '보람터'도 매년 협의를 통해 수정, 보완하고 있다. 작년에는 코로나19 때문에 교실 수업 시간이 부족해서 서평 쓰기 활동 중 '고쳐쓰기'를 하지 못했는데, 2021년에는 그 부분을 보완해서 실시할 예정이다. 그리고 작년에 새로 들어간 '자율 독서' 양식은 서평 도서 외에 자율적으로 책을 읽고 쓰는 양식인데, 올해는 자율 독서 시간을 확보해 이 양식을 더 많이 활용할 계획이다.

서평 쓰기와 관련된 원격 수업 평가에서 패들렛을 활용한 책 깊게 탐구하기(질문하기 등), 실시간 화상 수업 소회의실 활동(모둠 및 전체 공유) 등이 교실 수업보다 더 잘 이루어졌다는 의견이 많았다. 수행평가로 이어지는 활동이기 때문에 학생들의 참여도와 집중도가 높았던 것으로 판단된다.

같이 근무한 이○○ 선생님의 이야기

책을 읽고 독후 활동을 하는 수업은 다양하게 해 봤지만 7, 8차시에 걸쳐 프로젝트로 서평을 작성하는 것은 이 학교에서 처음 해 봤다. 아이들은 '서평 쓰기'를 통해 책 내용을 소개하는 데서 그치지 않고 책에서 찾은 자기만의 해석('생각거리'를 바탕으로 주제로 풀어 씀)을 서로 공유하는 활동을 통해 생각지 못했던 책의 이면을 발견하게 되고, 이를 통해 세상을 바라보는 시각이 넓어지는 경험을 하게 된다. 특히 서평 양식을 통해 서평을 쓰기 위한 기초적인 훈련을 하는 한편, 1학년 때 수필이나 짧은 소설을, 3학년이 되어 긴 호흡의 묵직한 소설까지 제 것으로 소화해 내는 것을 보며 국어 교사로서 보람을 느꼈다.

왜 그것을 배워야 하는지,

그것은 우리 삶과 어떤 관련이 있는지

공감하는 것이 매우 중요하다.

이 공감이 바로 마음 열기의 목적이라 할 수 있다.

4장

생각을 키우는
수업 디자인

01 흥미로운 수업의 첫 단추, '마음 열기'

마음 열기-생각 쌓기-생각의 날개 달기(적용하기)**-내 삶에 적용하기**라는 4단계 수업 디자인을 김태현 선생님의 책《내가 사랑하는 수업》(좋은 씨앗, 2010)을 통해 배웠다. 이 4단계 방식으로 수업을 진행하다 보면 자연스럽게 배움 중심 수업, 교과서를 벗어난 수업, 삶을 성찰하는 수업으로 전개될 수밖에 없다는 것을 매번 느낀다. 이러한 수업 단계를 적용해 배움을 확장하고자 했던 김 선생님의 안목에 경의를 표할 정도다.

본격적인 학과 수업에 들어가기 전에 오늘 학습할 내용과 관련해 '마음 열기'를 하면 아이들은 자연스럽게 흥미를 띠고 수업에 임하게 된다. '선생님이 왜 이런 이야기를 하시지?' 하며 호기심 어린 표정으로 선생님의 이야기에 귀 기울이게 되는 것이다. 물론 마음 열기 과정이 항상 호기심을 일으키고 동기 유발을 하지는 않는다. 따라서 교사는 수업 디자인을 짤 때 마음 열기 단계에서 무슨 이야기를 풀어 놓을까 고민하게 된다. 가급적이면 최근의 이슈 중에서도 청소년들이 관심을 보일 만한 영화, 그림, 대중가요 등에서 수업과 연계될 수 있는 소재를 찾는다. 다행히 교육과정 재구성을 바탕으로 수업 디자인을 짜는 시기는 보통 방학 기간이다. 나는 여유 있는 방학 기간에 다양한 문화 생활을 하며 학생들의 흥미를 끌 만한 소재를 찾아본다. 수업의 첫 단추를 여는 '마음 열기' 단계를 준비하는 것은 교사에게도 새로운 배움의 장이 된다.

수업 진도 나갈 때는 작품부터 분석하면 다들 지루해하기 마련인데 유행하는 노래나 영화를 가지고 질문하는 '마음 열기'가 있어서 정말 마음부터 열고 흥미도를 최대한으로 높인 후 수업에 집중할 수 있었어요.

- 3학년 학생 의견

02 영화로 마음 열기

2020년 3학년 국어의 '관점과 해석' 부분을 시작하기에 앞서 당시 1천만 관객과 세계적인 영화상으로 뜨거운 화제가 되었던 영화 〈기생충〉으로 '마음 열기'를 해 보았다. 이 과정을 통해 아이들이 주변의 모든 것이 배움과 관련한 내용으로 접목될 수 있다는 것을 깨닫기를 바랐다. 곁들여 같은 사건이나 장면을 보더라도 사람에 따라 관점의 차이가 생길 수 있다는 것을 터득하기를 바랐다. 이 '마음 열기'를 위해 〈기생충〉에 대한 수많은 평을 찾아보았다. 다양한 매체에서 다양한 관점의 평을 찾으려니 이 작업만 해도 시간이 꽤 걸렸다. 다음의 마음 열기 자료는 〈기생충〉에 대한 다양한 해석을 보여 준다. 똑같은 영화인데 어떻게 이렇게 다양한 시각이 존재할 수 있을까? 이 자료는 어떤 점에서 이러한 차이가 생기는지 아이들에게 일깨워 주기 위해 준비한 것이다.

이 자료는 다음 시간에 또 한 번 호출됐다. '문학 작품 해석의 4가지 관점'을 공부하면서 〈기생충〉에 대한 다양한 평가는 4가지 관점 중 각

영화 〈기생충〉으로 마음 열기

각 어느 관점에 해당하는지 찾아보기 위해서였다. 영화에 대한 해석은 감독의 연출에 초점을 두는지, 영화에 반영된 사회·문화적 상황 또는 인상적인 장면에 초점을 두는지에 따라 다양하게 나올 수 있다. 이러한 사실을 유명한 영화인 〈기생충〉을 통해 공부하면서 학생들은 작품 해석의 4가지 관점은 영화, 소설, 시, 그림 등 어떤 예술에도 적용할 수 있다는 걸 이해하게 된다.

이 경우처럼 똑같은 자료가 처음에는 '마음 열기'에, 다음 시간에는 '생각의 날개 달기(적용하기)'에 적용되는 수업을 하면서 아이들의 머릿속 회로는 '되돌리기', '연결하기'에 이른다. 이러한 유기적인 연결을 염두에 두고 수업 디자인을 하면 아이들도 암기보다는 자연스러운 이해를 하며 학습에 임하게 된다.

'삶의 가치를 발견하는 읽기' 단원을 수업할 때는 영화 〈히든 피겨스〉의 평론 내용을 제시하며 마음 열기를 시도했다. 당시 〈히든 피겨스〉를 학생들에게 보여 줄 예정이어서 이 영화를 선택한 것도 있었다.

문학은 인간의 삶과 세계에 대해 새로운 것을 일깨워 주고 이미 알고 있던 것도 새로운 눈으로 보게 만드는 '인식적 가치'가 있다. 또한 문학은 공동체의 일원으로서 마땅히 지켜야 할 도리와 관련해 삶을 되돌아보게 만드는 '윤리적 가치'가 있으며, 독자의 마음속에 어떤 감동이나 아름다움을 느끼게 하는 '심미적 가치'도 지닌다. 이런 문학의 가치들은 좋은 영화에도 고스란히 적용된다. 나는 아이들이 영화 평론을 읽고 어느 부분에 가치를 두었는지 분석해 봄으로써 나중에 문학 작품을 감상

영화 〈히든 피겨스〉로 마음 열기

수업 단원 : 대단원 1. 삶의 가치를 발견하는 읽기 1) 문학의 가치란? 수업 주제 : 문학 작품은 우리의 삶에 어떤 가치가 있을까?		
평론 내용	중점을 두고 본 사항	아카데미 시상식 3개부문 노미네이트 작품상 여우조연상 각색상
극 중 알 해리슨이 했던 말이 기억에 남습니다. '나사의 모든 직원들은 노란 소변을 본다.' 성별, 인종, 나이, 직군에 상관없이 모두 평등하다는 의미를 부여할 수 있다니 말이죠!	작품의 대사 언급하고, 독자의 깨달음(윤리적 가치)	
트럼프의 반 이민, 인종차별 옹호로 시끄러운 요즘, 시의적절한 영화. 실화가 주는 담보된 재미와 감동, 유머를 적절히 활용하여 자칫 정형화된 인간 승리 드라마로 전락하는 것을 방지한다.	요즘 시대 분위기와 연관(인식적 가치), 독자의 느낌 위주(윤리적 가치)	
나사의 성공신화에 가려진 흑인 여성 과학자들의 활약을 극적인 이야기와 드라마로 무난하게 잘 완성했다. 인종과 성적인 편견을 깨고 천재적인 재능을 순차적으로 발휘하는 여주인공의 활약이 흥미진진하다.	작품의 특징, 여주인공의 특징, 연기를 언급 – 내재적 관점(미적 가치)	히든 피겨스

● 이 영화의 평론 내용들은 조금씩 다르다. 이를 문학과 관련지어 알 수 있는 것은?

같은 배경으로 제작된 영화, 웹툰, 소설로 마음 열기

할 때 좀 더 폭넓게 감상할 수 있는 견인차가 될 수 있기를 바랐다. 영화는 참 매력적인 마음 열기 재료다.

　때로는 마음 열기에서 똑같은 사회·문화·역사적 상황을 다룬 영화나 소설, 웹툰 작품 등을 골고루 소개하기도 한다. '시대를 반영하는 말과 문학' 단원에서는 똑같이 5·18 민주화운동을 다룬 작품인 〈택시운전사〉(영화), 〈26년〉(웹툰),《소년이 온다》(소설)를 소개했다. 아이들이 잘 알 만한 작품들을 통해 예술 작품이 왜 사회·문화·역사적 상황의 산물인지 알려 주기 위해서였다. 표현 방식은 다르지만 왜 많은 작가들이 우리 역사인 5·18 민주화운동을 소재로 한 작품을 창작했을까? 이 질문에 대해 고민해 보게 하는 것만으로도 어떤 예술이든 시대를 반영할 수밖에 없다는 것을 이해하게 된다.

03 미술 작품으로 마음 열기

미술 시간이 아닌 수업에 등장하는 그림은 학생들의 시선을 끌기 마련이다. 시선을 끌 뿐만 아니라 감성을 자극하기에도 좋은 재료다. 그림은 구구절절 설명을 하지 않고 색감과 구도로 우리에게 말을 건네기 때문이다.

어느 책을 보다가 르네 마그리트의 그림 〈통찰력〉을 본 순간 국어 시간에 활용하면 좋겠다는 생각이 들었다. 〈통찰력〉은 한 화가가 책상 위에 있는 '알'을 보며 '새'를 그리고 있는 장면이다. 나는 1학년 교과 중 문학의 표현 방법 단원에서 생텍쥐페리의 《어린 왕자》를 읽은 후 〈통찰력〉을 보여 주며 '마음 열기'를 시도했다. 우선은 학생들에게 이 그림에 등장하는 알과 새의 상징적 의미를 생각해 보게 했다. 이를 통해 '상징'이라는 문학적 표현은 그림에도 나타난다는 것, 일상 언어에서도 상징을 애용한다는 사실을 가르쳐 주고 싶었다.

1886년　　　　1887년　　　　1888년　　　　1889년　　　　1989년

● 이 자화상들이 주는 느낌이 다른 이유는 무엇일까?

고흐의 〈자화상〉으로 마음 열기

　아이들은 "알이 뭘 상징할까?", "제목이 통찰력이네. 통찰력의 뜻이 뭐지?"라는 질문을 하면서 상징적 의미를 호기심 있게 찾아 나갔다. 이런 과정을 통해 아이들을 수업 속으로 끌어들인 후 《어린 왕자》에 나타난 비유와 상징적 표현도 찾아보도록 했다.

　내가 좋아하는 화가 고흐의 〈자화상〉도 마음 열기에 사용하기 좋은 그림이다. 고흐가 몇 년간 그린 자화상은 30편이 넘는다. 고흐는 자신의 무엇을 그리 표현하고 싶었을까? 자신을 그릴 때마다 어떤 생각을 했을까? 자기 자신을 바라볼 때 어떤 점을 부각시키고 싶었을까? 고흐가 자신을 바라보는 관점의 변화는 자화상을 보면 확연히 보인다. 어두운 색부터 환한 색으로의 변화도 눈에 띈다. 그러나 눈빛의 강렬함은 모든 자화상에 일관되게 나타나는 것 같다.

　그림처럼 읽기 자료에도 작가의 관점이 나타나 있다. 그 관점이 무엇을 근거로 형성되었는지, 그 관점이 타당한지 혹은 수용할 만한지를 분석함으로써 아이들은 다양한 관점에 대한 이해를 바탕으로 세상을 만나게 된다. 고흐의 〈자화상〉 자료를 찾던 중 고흐가 나에게 말을 거는 듯했다. "너는 지금 너에 대해 어떤 관점을 가지고 살고 있니?"라고.

3학년 학생들을 대상으로 '문학과 소통'에 대한 수업을 디자인하면서 문학의 심미성에 대해 쉽게 설명해 주고 싶었다. "문학이 심미적 체험을 바탕으로 한 소통 활동임을 알고 시를 감상하고 친구들과 소통할 수 있다."라는 수업 주제는 얼마나 어려운 말인가?

심미성이 무엇인지는 눈으로 확인하는 게 가장 쉽다고 생각했다. 그래서 미켈란젤로의 〈피에타〉 조각상 사진을 보여 주었다. 그림은 아니지만 시각적 이미지로 바로 느낌이 오기 때문이다. 〈피에타〉 상의 세밀한 부분은 PPT 자료나 동영상 자료를 이용해서 좀 더 안내를 하면 좋

미켈란젤로의 〈피에타〉 상으로 마음 열기

수업 단원 : 1. 문학과 소통
수업 주제 : 문학은 심미적 체험을 바탕으로 한 소통 활동임을 알고 시를 감상하고, 소통할 수 있다.

미켈란젤로의 〈피에타〉 조각상을 보고 어떤 느낌이 드는지 얘기해 보자.

나 :
친구 :
친구 :
친구 :

● **심미(審美)**: (살필 심, 아름다울 미)
아름다움을 자세히 살피는 일. 아름다움을 식별하여 가늠하는 일
* 넌 심미안(審美眼)이 있어 / 심미적 체험 / 심미주의(자) / 심미성
● **독자의 심미적 체험이란?** 문학 작품을 읽으며 아름답다, 추하다, 비장하다, 조화롭다, 우스꽝스럽다 등과 같이 느끼는 것을 말한다.

다. 보여 주면서 어떤 느낌이 드는지 물어보면 온갖 대답이 돌아온다. "손에 있는 핏줄이 진짜 같아요." "어떻게 돌로 살아 움직이는 것처럼 표현했을까요? 천재예요."

여기서 나는 심미성이란 단순히 아름답다고만 느끼는 게 아니라 추한 느낌까지 모두 포함한다는 설명을 한다. 왜 문학 작품에 어리석은 사람, 비천한 사람, 본받고 싶지 않은 사람이 주인공으로 나오는지 심미성과 관련지어 설명해 주면 아이들은 고개를 끄덕인다. 아이들이 어느 예술 장르에서나 심미적 체험을 경험할 수 있다면 풍요로운 정서적 자극을 받으며 살아갈 수 있을 것이다.

04 대중가요로 마음 열기

나는 2020년에 중학교 3학년 학생들을 가르쳤다. 3학년은 11월에 모든 정규 학과 일정을 마치고 12월 한 달간은 학과 이외의 활동을 한다. 2020년에는 코로나19 상황이라 12월 내내 안타깝게도 온라인 수업을 진행했다. 그때 나는 출석을 체크할 때 학생들의 신청곡을 받아 화면 공유를 하여 3분 정도 다 같이 노래를 들었다. 아이들이 신청한 노래는 1980년대 가요부터 팝송, 랩, 힙합 등 그 범위가 넓고 다양했다.

그래도 가장 많은 신청곡은 최신 대중가요다. 나 같은 50대 초반의 교사가 아이들이 좋아하는 노래를 얼마나 알겠는가? 그래도 신청곡에 귀 기울이며 비트가 좋다, 목소리가 좋다, 춤이 멋지다 하면서 충분히 공감해 주고 좋은 노래를 소개해 줘서 고맙다고 말하곤 했다. 그러면 그 노래를 신청한 아이는 목소리가 상기된다. 수업에 잘 참여하지 않았던 아이도 노래 신청을 할 때는 채팅창에 불이 난다. 이처럼 노래는 마음을 끌어당긴다. 노래를 수업에 활용하면 아이들은 그 노래를 듣는 것만으로도 좋아한다. 따분함에서 조금 벗어난 수업 시간이 된다.

나는 낯선 시를 스스로 감상하기 위한 발판으로 대중가요를 수업으로 끌어들였다. 예를 들면 아이유의 노래 〈Love poem〉을 먼저 듣고 친구들과 함께 이 노래의 화자, 화자가 처한 상황, 화자가 그 상황에서 느끼는 정서나 태도를 찾게 한다. 이런 활동을 하다 보면 시에서 말하고자 하는 바를 스스로 찾을 수 있는 자신감이 생긴다. 아이들은 시를 스스로 감상하는 것을 두려워한다. 그런데 대중가요에 화자가 있고, 화자가 처한 상황이 있으며, 그런 상황에서 느끼는 감정이 주제가 되는 것처

강백수의 〈타임머신〉으로 마음 열기

> **수업 단원** : 1. 문학과 삶 1) 까마귀 눈비 맞아, 들판이 적막하다 (시)
> **수업 주제** : 작품의 사회·문화적 배경을 어떻게 파악할 수 있을까?
> 　　　　　　작품이 창작된 사회·문화적 배경을 알면 작품 감상에 어떤 도움이 될까?

다음 노래를 감상하고 질문에 답해 봅시다.

〈타임머신〉(강백수 노래)	1. 이 노래를 들은 첫 느낌은? 2. 화자는 누구인가? 3. 이 노래에서 사회, 문화적 상황을 알 수 있는 부분에 밑줄 그어 보면? 　－1991년 이후 잠실, 판교 쪽 땅값이 몹시 올랐다. 　－용돈 한 푼 못 드리지만 딴따라 　－97년 아이엠에프 　－효도의 마음이 있다? 4. 가사에 드러난 사회, 문화 상황은 노래에서 말하고자 하는 의미와 어떤 관련이 있을까? 5. 이 노래를 만든 사람은 왜 이런 노래를 만들었을까?

럼 시도 다를 바 없다고 말해 주면 아이들은 좀 더 쉽게 시에 다가서게 된다.

강백수의 노래 〈타임머신〉은 1991년부터 2010년대 중반까지의 삶을 담고 있다. 이 노래를 들려주고 난 후에는 노래에 담긴 사회·문화적 상황이 드러난 부분을 찾고, 왜 이런 노래를 만들었을까 질문했다. 이 노래의 화자는 자신이 좋아하는 노래를 하며 경제적으로 힘든 면도 있지만 열심히 노래를 하며, IMF 시기를 겪은 부모님에 대한 따뜻한 마음을 가사에 담아냈다. 〈타임머신〉을 들려주며 나는 아이들이 이런 질문을 떠올려 주기를 바랐다. '코로나 시대를 노래에 담는다면 어떤 가사가 될까?'

나는 김태현 선생님의 4단계 수업 디자인 중 4단계인 '내 삶에 적용하기(접속하기)' 활동으로 매번 수업 마무리를 한다. 적용하기 단계에서도 마음 열기에서 이용했던 대중가요를 얼마든지 이용할 수 있다.

아이들이 찾은 사회·문화적 상황이 담긴 대중가요 중에서 이적의 〈당연한 것들〉이라는 노래를 알게 되었다. 코로나19 상황에서 당연한 것들을 누릴 수 없는 현실에 대한 안타까움과 위로가 담긴 노래다. 내가 이 노래를 알았다면 '마음 열기'에서 이용했을 텐데 아쉬웠다. 그래도 아이들이 발견한 이 노래를 같이 들으며 서로 말을 하지 않아도 마음이 느껴진다. 우리는 다 같이 매우 힘들다는 것을. 그래서 혼자 우울해하지 말고 긍정적으로 삶을 살아가자고 한마디 던진다. 노래의 힘은 세다!

3학년 국어 수업, '문학과 소통'의 소설 단원 수업에서는 가수 빈첸의 노래 〈유재석〉과 돈 맥클린의 노래 〈빈센트〉를 선택해 마음 열기를 강백수의 〈타임머신〉과 같이 사회·문화적 상황이 드러난 대중가요를 찾아 그 가사를 옮겨 적고 그 의미도 탐구해 보자.

대중가요 소개	1. 이 노래에 드러난 사회·문화적 상황은?
	2. 이를 통해 작가가 말하고자 하는 바는?
	3. 이 노래에 대한 자신의 생각은?

대중가요로 내 삶에 접속하기

했다. 양귀자의 소설 《길모퉁이에서 만난 사람》을 배우기에 앞서 한 인물에 중점을 둔 노래를 통해 왜 이런 노래를 만들었는지 함께 생각을 나누자는 의도였다. 그 사람이 너무 좋아서, 그 사람을 알고 있는 누군가와 소통하고 싶어서 노래를 만들었을 거라고 아이들은 답했다.

이러한 마음 열기 단계를 거친 후에는 등장인물에 중점을 두고 《길모퉁이에서 만난 사람》을 읽었고, 그런 인물을 우리 주변에서 찾는 활동도 했다. 더 나아가 주변에서 찾은 인물을 자서전의 소재로 끌어들이는 수업까지 하면서 프로젝트 문학 창작 활동을 진행했다.

우리가 좋아하는 대중가요를 하나의 문학 작품처럼 분석하며 수업해 주신 것이 좋았어요. 수업 영상에서 유행하는 노래가 나오니 수업 흥미도가 쑥쑥 올라갔어요. 친구들이 좋아하는 노래가 나왔다며 엄청 기뻐서 카톡으로 선생님 사랑한다는 내용을 마구 적었던 기억이 나요.

– 3학년 학생

05 고전으로 마음 열기

아이들은 문법을 별로 좋아하지 않는다. 국어 문법조차 말이다. 그중에서도 고전 문법이라면 더 거부감을 느낀다. 이러한 아이들에게 어떻게 하면 한글 창제의 원리를 쉽게 알려 줄 수 있을까?

이러한 고민을 하던 나는 마음 열기 시간에 백제 시대의 〈서동요〉를 가지고 왔다. 고등학교 국어 교과서에 나오는 〈서동요〉는 한자의 음과 뜻을 섞어 놓은 이두로 적혀 있어 매우 어렵다. 하지만 옆에 해설을 적어 놓으면 쉬운 동요가 된다.

여기서 나는 "한글이 우리 조상들에게 진정으로 필요했을까? 왜 필요했을까?"에 대한 대답을 학생들이 스스로 찾게 하고 싶었다. 그러기 위해 필요한 것은 학생들의 관심을 끌어들이는 질문이다.

"한글이 없고 한자만 쓰던 시대에는 생활에 어떤 불편함이 있었을까?"

한글이 없었던 백제시대 노래 〈서동요〉이다. 어떤 부분은 한자의 뜻을, 나머지 부분은 음을 빌려서 우리말을 표기했다. 한글이 없고 한자만 쓰던 시절에는 어떤 점이 불편했을까?

善化公主主隱(선화공주주은)	선화공주님은
他密只嫁良置古(타밀지가양치고)	남 몰래 얻어 두고
薯童房乙(서동방을)	맛둥방을
夜矣卯乙抱遣去如(야의묘을구견거여)	밤에 몰래 안고 간다.

〈서동요〉로 마음 열기

"이런 불편함을 해결하기 위해 필요한 것은 무엇이었을까?"

이런 질문 속에서 아이들은 오래전 조상들의 삶 속으로 들어가고, 말과 생각을 글로 쉽게 표현하고 싶어 했던 조상들의 절박한 마음을 느끼게 된다. 즉 한글 창제는 단순히 언어만이 아니라 인간의 삶 전체를 바꾸는 것과 같은 혁명적인 일이었다. 이것을 깨닫는 순간 아이들은 본격적인 문법 수업에 대한 마음을 열게 된다.

06 최신 이슈 자료로
'생각의 날개 달기'

수업 디자인은 교육과정을 재구성해 성취 기준에 맞게 얼마든지 제재를 바꿔서 짤 수도 있고, 단원 구성을 융합해서 짤 수도 있다. 나는 수업에 필요한 제재의 50퍼센트 정도를 교과서 밖에서 가져온다. 도달해야할 성취 기준에 더 걸맞은 시, 소설, 논설문, 설명문 등의 자료가 교과서 밖에 있기 때문이다. 아이들이 교과서 밖의 지문 속에서 어디에도 나와 있지 않은 답을 찾으며 근본적인 국어 능력을 키울 수 있다는 장점도 있다. 게다가 교과서 안의 글은 보충 교재에도 나오고 학원에서 예습해 오는 경우도 있기에 그 신선도가 떨어진다. 수업에 좀 더 집중하게 하기위한 유인책으로서도 교과서 안보다는 밖에 있는 자료가 훨씬 더 매력적이다.

교과서 밖의 읽기 자료는 당해 학생들이 알고 있는 시사 문제와 관련한 내용으로 준비하는 게 좋다. 더욱이 학생들의 생활과 밀접한 관련이 있는 내용이라면 수업의 몰입도를 훨씬 더 높일 수 있고, 이슈가 되는 내용은 관련 근거 자료를 찾기도 쉽다.

2020학년도 읽기 단원에서는 법정 스님의 글 〈먹어서 죽는다〉로 수업을 진행했다. 2020년 우리의 삶을 완전히 바꾼 코로나19가 인간의 탐욕스러운 음식 문화에서 비롯된 것이라는 주장이 있기에 이에 대한 점검이 필요하다고 생각해 선택하게 되었다. 이 글을 읽고 "왜?"라고 묻고, 스스로 답하며, 그 답을 스스로 평가해 보게 했고, 이 과정을 다 같이 공유하게 했다.

〈먹어서 죽는다〉는 우리의 식습관이 세계 환경 문제 및 동물 복지와 연관되어 있다는 것을 알려 준다. 학생들은 이 글을 통해 먹고 싶은 것을 마음껏 먹는 것이 자신의 몸에만이 아니라 다른 생명체에도 위협을 가하고 지구온난화라는 환경 문제에까지 영향을 미친다는 걸 인식하게 된다. 더 나아가 코로나19의 발생 원인도 인간의 먹거리와 관련 있다는 것을 깨닫게 된다.

〈먹어서 죽는다〉를 읽은 직후 더 읽을거리로 〈바이러스는 말한다, 또 온다고〉라는 글을 보여 주었다. 코로나19에 대한 최신 신문 칼럼이다. 이 칼럼을 통해 아이들이 음식 문화에 대해 조금이라도 인식을 바꿀 수 있는 계기를 마련해 주고 싶었다.

두 편의 읽기 자료를 주고 각각 분석한 후 두 글의 공통점과 견해의 차이, 내 삶에 적용하고 싶은 것 등에 대해 스스로 답을 하게 했다. 아이들은 스스로 답을 찾고 친구들과 공유하는 과정을 거치며 왜 이런 글을 읽어야 하는지, 읽고 생각하고 의견을 나누는 게 왜 중요한지 등을 자연

● **'생각의 날개 달기' 읽기 자료, 〈먹어서 죽는다〉(법정)**

> **수업 단원** : 4. 점검과 조정 1) 읽기 과정을 점검하며 읽기 – 읽기를 잘하려면
> **수업 주제** : 자신의 읽기 과정을 점검하고 효과적으로 조정하며 글을 읽을 수 있다.

● 전 시간에 배운 읽기를 잘하는 방법인 '왜'라고 묻기, 답하기, 답을 평가하기를 이 글에 적용해 봅시다.

먹어서 죽는다 | 법정

(전략) 우리 한국인들이 이렇듯 먹을거리에, 그중에서도 육식(肉食)에 열을 올린 지는 그리 오래된 일이 아니다. 1960년대 이래 산업화와 도시화의 영향으로 식생활도 채식 위주에서 육식 위주로 바뀌게 된 것이다. 국내산으로는 턱도 없이 부족하여 엄청난 물량의 육류를 외국에서 수입해다 먹는다. 국민 건강을 생각할 때, 그리고 한국인의 전통적인 기질과 체질을 고려할 때, 이와 같은 육식 위주의 식생활은 결코 바람직하지 않다.

미국의 환경 운동가로 널리 알려진 제러미 리프킨은 『육식의 종말』이라는 저서를 통해 개인의 건강을 위해서든, 지구 생태계의 보전을 위해서든, 굶주리는 사람을 위해서든, 또 동물 학대를 막기 위해서든 산업 사회에서 고기 중심의 식생활 습관은 하루빨리 극복되어야 한다고 역설하고 있다.

그가 인용한 자료에 의하면 소와 돼지, 닭 등 가축들이 지구상에서 생산되는 곡물의 3분의 1을 먹어 치우고 있다. 미국에서 생산되는 곡물의 70퍼센트 이상이 가축의 먹이로 사용된다. 초식 동물인 소가 풀이 아닌 곡식을 먹게 된 것은 20세기에 일어난 일인데, 이런 사실은 농업의 역사에서 일찍이 없었던 새로운 현상이다.

오늘날 미국에서 1파운드의 쇠고기를 생산하는 데에 16파운드의 곡식이 들어간다고 한다. 고기 중심의 식생활 습관이 이처럼 한정된 지구 자원을 낭비하고 있다. 가난한 제 3세계에서 어린이를 비롯한 수백만의 사람들이 곡물이 모자라 굶주리며 죽어 가는 동안, 산업화된 나라에서는 수백만이 넘는 사람들이 동물성 지방을 지나치게 섭취하여 심장병, 뇌졸중, 암으로 죽어 가고 있다.(후략)

● **'생각의 날개 달기' 읽기 자료, 〈바이러스는 말한다, 또 온다고〉(장대익)**

> **수업 단원** : 2. 1) 문제해결 과정으로서의 읽기
> **수업 주제** : 읽기는 글에 나타난 정보와 독자의 배경지식을 활용하여 문제를 해결하는 과정임을 이해하고 글을 읽을 수 있다.

● 다음은 최근에 벌어진 코로나19에 대한 신문 칼럼이다. 읽으면서 모르는 낱말, 이해가 안 되는 부분에 밑줄을 그으며 읽어 봅시다.

"바이러스는 말한다. 또 온다고"

장대익(서울대학교 자유전공학부 교수) / 경향신문(2020. 02. 10)

7만 4000년 전 인도네시아의 토바(Toba) 화산이 폭발한 이후로 개체수가 2000까지 줄어든 종이 있었다. 그런데 그 종은 그 이후로 6만 2000년 동안 전 세계로 확산되어 1만 2000년 전쯤에는 개체수가 400만까지 늘었고, 2000년 전쯤에는 1억 9000만에 이르렀다. 그리고 1804년에는 10억이 되더니 거의 10년마다 10억 개체씩 늘어 현재는 무려 77억이다. 7만 4000년 전에는 멸종을 걱정하던 종이 지금은 말 그대로 지구를 뒤덮었다고 할 수 있다. 어떤 종에 대한 이야기일까?

호모 사피엔스! 물론 개체수 면에서 77억이 최고라고는 할 수 없다. 가령 소, 돼지, 닭, 양처럼 덩치도 좀 있으면서 엄청난 개체수를 자랑하는 가축들도 있다. 그들의 개체수를 다 더하면 인구의 3배 정도(225억 마리) 된다. 어쩌다 이렇게 많아졌을까? 모두 우리 때문이다. 우리가 고기로 먹기 위해 육종하고 길렀기 때문이다. 어젯밤에도 치맥을 위해 도살된 치느님은 전 세계적으로 수백만 마리일 것이다. 객관적으로 보자면 인류는 적어도 지난 300만 년 동안의 생명의 역사에서 진화적으로 가장 성공한 종이다. 여하튼 지구를 뒤덮었으니 말이다. 감히 사피엔스의 독주를 견제할 자 누구랴? (후략)

● 〈바이러스는 말한다, 또 온다고〉에 대한 단계별 질문과 답변, 답변의 평가

	"왜?"라고 질문하기	질문의 답 찾기	답을 스스로 평가하기
처음	• 왜 처음 부분에서 어떤 '종'인지 밝히지 않은 채 설명을 하고 질문을 했을까?		
중간	• 왜 가축의 수는 인간보다 3배가 많을까? • 왜 바이러스는 인간에게 가장 위협적인 존재일까? • 늘어난 가축 수가 왜 바이러스 발생에 영향을 미쳤을까? • 왜 가축 수를 줄여야 할까?		
마무리	• 바이러스 창궐 시대에 왜 새로운 기술을 써야 할까?		
〈먹어서 죽는다〉와 관련하여	• 법정의 〈먹어서 죽는다〉와 이 글의 공통점은 무엇일까? • 두 글의 견해에 대해 어떻게 생각하는가? • 두 글을 읽고 자신의 삶에 적용하고 싶은 것은 무엇인가? • 코로나19의 발생으로 어떤 생활의 변화가 있었는가?		

* 내 삶에 접속하기 : "왜?"라는 질문을 하고, 답을 하고 스스로 평가하며 두 편의 글을 읽은 소감은?

스럽게 깨닫게 된다. 어떤 읽기 자료도 읽기를 점검하는 제재로 이용할 수 있으나 이왕이면 현재의 삶과 밀접한 제재일수록 그 효과가 높다는 것을 아이들의 몰입도를 보고 알게 되었다.

국어 단원 중 연역, 귀납, 유추 등의 논증 방법을 학습하는 시간에는 "2020년 8월 14일은 무슨 날이었을까?"라는 질문으로 마음 열기를 시작했다(이날은 '택배 없는 날'이다). 그리고 택배와 관련한 글을 함께 읽었다. 2018년 택배 기사의 삶에 대한 여러 사례를 내세우며 소비자로서 지나치게 속도에 연연하지 말자고 주장하는 글이다. 이 글에 이은 '생각의 날개 달기' 활동으로는 2020년 택배 기사의 노동 환경을 다룬 신문 기사를 읽고 논증 방법을 찾고 소감을 나누도록 했다.

코로나19 상황으로 배달 건수가 폭발적으로 증가하고 배달 기사들의 열악한 노동 조건이 연일 보도되면서 이에 대해 생각해 볼 수 있는 글을 일부러 소개한 것이다. 교과서 글이 우리의 삶과 관련된 좋은 글이어서 여기에 살짝 최신 기사를 얹었을 뿐인데 수업이 훨씬 살아 움직였다. 이렇게 나는 우리의 삶과 밀접한 글을 준비해서 성취 기준에 도달하게 함은 물론 그 글을 통해 삶의 자세를 되돌아보게 하는 수업을 늘 목표로 삼는다.

본격적인 학과 수업은 논증 방법에 대해 학습하는 것이었지만, 그렇다고 신문 기사의 논증 방법이 '귀납'인 것을 학습하는 것만으로 수업이 끝났다면 어땠을까? 상상만으로도 정말 지루해하는 아이들의 표정이 떠오른다.

택배기사의 노동 환경과 관련한 최근의 신문 기사를 읽고 물음에 답해 봅시다.

"11년 만에 처음으로 가족과 1박 2일 휴가 떠났어요"
노동계 "택배 노동자 휴가 제도화해야 … 주 5일제 도입" 주장

"바빠서 못 갔는데 이번 휴가 때 대전현충원에 계신 장모님하고 장인어른 뵙고 왔어요. 또 하루는 당일치기로 간절 곶에 가서 회도 먹고, 커피도 마시고 해안가 산책도 하고요. 아내가 너무 좋아하는 거예요. 재충전이 됐어요."

2년차 롯데택배 노동자 김동석(42) 씨는 단꿈 같은 2박 3일의 휴가를 보내고 17일 업무에 복귀했다. 김 씨 목소리 에는 설렘이 가시지 않은 듯했다. 김동석 씨는 "그동안 몸이 아파도 마음 놓고 쉴 수 없었다"며 "용차(대체 인력)를 쓰면 하루에 몇 십만 원씩 손해를 봐야 하기 때문"이라고 짚었다.

㈜한진이 1992년 한국에서 처음으로 택배 브랜드 사업을 시작한 지 28년 만에 처음으로 '택배 없는 날'이 시행됐 다. 한국통합물류협회가 지난달 17일 "8월 14일을 택배 없는 날로 지정한다"고 알리면서다. CJ대한통운 · 롯데글 로벌로지스 · 한진택배 · 로젠택배가 협회 결정에 동참했다. 택배 노동자들은 특수고용직으로 배달 건당 수수료를 받아 생활한다. 대개 주 6일 근무를 수행하고 주 52시간(연장근로 12시간 포함) 상한제 적용도 받지 못한다. 근로 기준법 적용이 되지 않아 그동안 유급휴가는 꿈도 꾸지 못했다.

택배노동자는 첫 공식 휴가를 어떻게 보냈을까. 17일 〈매일노동뉴스〉가 택배노동자의 이야기를 들어 봤다.

택배를 시작한 지 11년째라는 CJ대한통운 택배노동자 황성욱(51) 씨는 딸 둘, 아들 하나를 둔 가장이다. 택배 없 는 날 시행으로 11년 만에 처음 1박 2일 가족 여행을 떠났다. 황 씨는 "통영에 있는 욕지도에 가서 바비큐도 해 먹 고 아이들 고민도 들을 수 있었다"며 "애들이 너무 좋아해 정말 기분이 좋았다"고 말했다. 그는 "택배 없는 날을 한 번의 이벤트로 끝내는 게 아니라 제도화했으면 한다"고 바람을 전했다.

"우리 아들은 하루에도 아빠를 100번을 부르는데요. 택배 시작한 지 14년 만에, 그리고 아들이 태어난 지 6년 만 에 택배 없는 날로 처음 휴가를 갔고, 꿈같은 시간을 보냈어요."

(중략)

택배 없는 날은 하루아침에 얻어진 것이 아니다. 지난해 택배 노동계는 택배 없는 날을 택배사에 공식 요구했다. 하 지만 택배사들은 "택배기사와 직접 계약관계에 있는 것은 택배 대리점"이라며 "택배사가 택배기사들의 휴가를 보 장할 권한을 가지고 있지 않다"며 요구를 수용하지 않았다.

2020년 택배사가 전향적인 태도를 보인 배경에는 택배노동자 과로사와 과로사 추정 죽음이 있다. 용혜인 기본소 득당 의원이 지난 12일 공개한 '택배업 산업재해 현황'에 따르면 올해 1월부터 6월까지 택배노동자 9명 중 7명이 과로에 따른 심혈관계 질환으로 사망했다. 노조는 정부에 공식 집계되지 않은 과로사 추정 죽음을 합하면 10명 넘 는 택배노동자가 과로로 세상을 떠났다고 본다.

원영부 씨는 "일부 노조 조합원 가입률이 높은 일부 터미널의 경우 주 5일제를 하고 있지만 대부분 현장은 주 6일 근무를 하고 있다"며 "휴가뿐 아니라 주 5일제 정착을 통해 택배노동자 과로사를 막아야 한다"고 주장했다.

– 매일노동뉴스(2020. 8.18)

1. 위 글을 읽고 난 소감은?

2. 위 글은 논증 방법 중에 무엇에 속하는가?

07 서로 다른 형식의 글을 결합해 사고력 키우기

3학년 교과서의 '문학, 시대의 돋보기'와 관련된 단원 수업에서는 교과서 외 작품으로 박지원의 〈예덕선생전〉을 선택했다. 이 작품과 관련해 '생각의 날개 달기' 활동에서는 학교 급식 조리사의 하루 일과에 대한 신문 기사와 천양희의 시 〈그 사람의 손을 보면〉을 함께 엮어 읽도록 했다. 학생들 곁에 가까이 있는 사람이지만 그 소중함에 대해선 생각지 못했던 조리사의 삶을 돌아보며 시와 함께 감사의 마음을 느끼기를 바랐다. 또한 소설과 관련한 신문 기사와 시를 같이 감상하면서 소설의 내용을 좀 더 깊이 있게 탐구하는 기회로 삼고 싶었다.

3학년 교과서의 '문학과 소통' 단원 중 양귀자의 《길모퉁이에서 만난 사람》을 학습할 때도 역시 시를 가져와 '생각의 날개 달기' 활동을 했다. 소설에 등장하는 김밥 아줌마, 트럭 야채상, 회사원은 길모퉁이에서 흔히 만날 수 있는 평범한 이웃들이다. 화자는 자신의 일에 최선을 다하

● '생각의 날개 달기' 관련 활동

양귀자의 《길모퉁이에서 만난 사람》을 읽고 난 후 다음 질문에 답해 봅시다.

1. 누군가가 자신을 길모퉁이에서 만난다면 자신의 어떤 면을 긍정적인 시선으로 볼 것 같은가?

2. 다음 시를 감상해 보고 나에게 '그 아이'는 어떤 사람인지 생각해 봅시다.

그 아이 나태주 날마다 마음의 빛 어디서 오나? 그 아이한테서 오지 날마다 삶의 기쁨 어디서 오나? 여전히 그 아이한테서 오지 그 아이 있어 다시금 반짝이고 싱그러운 세상 그 아이에게 감사해 날마다 빛을 주고 기쁨 주는 그 아이에게 감사해	* 자신이 아는 어떤 사람이나 자신에게 긍정적인 영향을 준 사람을 '길모퉁이에서 만난 사람'이라는 제목으로 글을 쓴다면 그 사람은 어떤 사람인지 간단히 써 보자. (이후 자서전 쓰기에 이용 예정) 1) 그 사람은 누구? 2) 그 사람을 만난 때 3) 그 사람의 특징(외모, 말투, 행동, 습관 등) 4) 그 사람만의 빛깔과 향기, 개성이나 매력, 배울 점 등

는 이런 사람들이야말로 다름 아닌 '예술가'라 여긴다.

　'생각의 날개 달기' 활동으로 나는 먼저 학생들에게 자신이 만난 사람들 중에 긍정적인 영향을 받았거나 최고의 작품을 만들려고 몰입하는 예술가처럼 느껴졌던 사람을 찾아 묘사하고 배울 점을 써 보게 했다. 그리고 나태주의 시 〈그 아이〉를 함께 읽으며 자신에게 '그 아이'는 누구인지 생각해 보게 했다. 학생들은 이에 해당하는 인물로 친구, 부모님, 학원 버스 기사, 선생님, 우유 배달부 등 다양하게 적었다. 나중에 이 예술가들은 자서전 쓰기에도 등장시키게 했다. 우리는 혼자 성장하지 않고 늘 주변 인물들에게서 배운다는 걸 일깨워 주고 싶었다.

08 수업 디자인 쉽게 하기

1 수업 디자인의 전체적인 흐름

'배움의 공동체'에서 내세우는 '준비-기초-도약' 수업 단계와 김태현 선생님의 4단계(마음 열기-생각 쌓기-생각의 날개 달기-내 삶에 적용하기) 수업 방식은 배움이 무엇인가에 대한 고민이 비슷하다. 단순히 지식을 받아들이는 게 아니라 지식을 확장, 심화시켜 깨달음의 과정으로 나아가는 게 진정한 배움이라는 철학이 두 수업 단계에 드러나 있다.

여기서는 김태현 선생님의 4단계 수업 방식 중 '마음 열기' 이후의 2, 3, 4단계를 어떻게 디자인해 수업에 적용할 수 있는지 우리 학교의 사례를 바탕으로 이야기해 보겠다.

생각 쌓기

생각 쌓기 단계에서는 이미 배운 것과 연결하여 생각하도록 이끈다. 예를 들어 3학년 '문학의 가치' 수업이라면 아이들이 1, 2학년 서평 시간에 읽은 소설들을 상기하며 문학의 인식적 가치, 미적 가치, 윤리적 가치에 대해 대답할 수 있는 질문을 던진다. 그 작품을 읽으며 이미 깨달았던 내용이 어떤 가치들로 개념화할 수 있는지 알려 주기 위한 것이다.

최근에 배운 것이든, 오래전에 배운 것이든 필요하면 끄집어 내 연결지어 생각하고 이해하다 보면 통찰력을 키우는 데 매우 도움이 된다. 이는 '배움의 공동체'에서 주장하는 수업 단계 가운데 매우 중요한 활동이다. 수업 디자인을 할 때 이 방식을 적용하면 아이들이 전에 배웠던 작품에 대해 이야기꽃을 피우며 풍부한 탐구를 하게 된다.

'문학의 가치' 학습을 위한 생각 쌓기 자료 일부

여러분이 1, 2학년 서평 시간에 읽어 본 작품들이다. 이 작품들 중에서 하나를 골라 다음 활동을 해 보자.

동물농장

수레바퀴 아래서

괴물, 한쪽 눈을 뜨다

어린 왕자

위의 문학 작품을 사례로 들어 작품이 지닌 문학의 '가치'를 여러 각도에서 생각해 봅시다.(교과서 16쪽 참고)

| ( ) 가치
: 현실 반영

– 반영론적 관점에 해당 | 독자는 문학 작품이 얼마만큼 제대로 현실을 반영하고 있는지 살펴봐야 한다. 작가는 현실을 냉정하게 관찰하여 감추어진 면을 들추어 내거나 세상에 대한 주관적 해석과 판단을 전달한다. 그래서 독자는 문학을 읽으면서 인간의 삶과 세계에 대해 모르던 것을 알기도 하고, 이미 알고 있는 것을 새로운 눈으로 보기도 한다. 열린 눈으로 세상을 바라보게 하여 우리의 삶을 더 높은 수준으로 이끌 수 있다는 것이 문학이 지닌 인식적 가치이다.
〈위 5개의 작품 중에서 우리 모둠이 선택한 작품은?〉
● 우리 모둠이 선택한 작품에서 현실에 대해 독자로서 새롭게 알게 된 '인식적' 가치는 무엇인가? |

생각의 날개 달기

수업 디자인에서 고민을 정말 많이 하는 단계가 '생각의 날개 달기' 활동이다. 생각의 날개 달기는 새로운 작품과 만나서 이미 배운 것을 적용하는 활동이다. 이 활동의 자료는 시 한 편부터 시작해서 한 권의 장편소설까지 넓고 깊은 활동으로 하고자 노력한다. 그리고 학생들이 머리를 맞대고 충분히 이야기할 수 있도록 질문을 한다.

　1학년 '문학과 표현' 단원에서는 시와 수필을 통해 비유와 상징 표현을 배운 후 수업 시간에 생텍쥐페리의 《어린 왕자》 읽기를 했다. 읽는 중에 비유와 상징 표현이 드러난 문장을 만나면 포스트잇을 붙여 놓게

'비유와 상징' 학습을 위한 생각의 날개 달기

1. '어린왕자' 제 1장에 나오는 다음 그림과 글을 참고하여 물음에 대해 얘기해 봅시다.

- '모자'의 상징적 의미 :
- '코끼리를 소화시키고 있는 보아뱀'의 상징적 의미 :
- '어린왕자'가 이 부분을 통해 우리에게 말하고 싶은 것은?

2. '어린왕자'에서 비유나 상징이 쓰인 표현을 찾고, 그 표현에 대해 친구들과 얘기해 보자. (지난 시간 활동지 4 참고)

	비유나 상징이 쓰인 표현	이 표현에 대해 어떤 생각이 드는지? (매력적인 이유)
나		
모둠 공유		
전체 공유		

했다. 다 읽고 나면 아래 표와 같은 활동을 한다. 소설 속에서 익히 들어 봤음 직한 표현들을 자신의 시각으로 음미하고 그 의미를 모둠원들과 의견을 나누며 생각해 보게 했다. 이 활동이 끝나면 이 책으로 서평 쓰기 활동까지 이어서 했다. 한마디로 '문학과 표현 프로젝트 활동'이 되는 것이다. 교과서에 나오는 시와 수필, 교과서 밖의 시와 수필, 그리고 《어린 왕자》에서 문학적 표현을 찾는 활동까지 하고 나서 좀 더 깊이 읽기 방법으로 서평 쓰기 활동을 진행한다. 이렇게 촘촘히 짜인 활동을 통해 아이들은 문학적 표현의 매력을 넓고 깊게 느끼게 되고, 문학적 표현이 작품의 주제와도 밀접하게 관련되어 있다는 것을 알게 된다.

2020학년도 3학년 과정에서는 '관점과 해석' 단원을 배운 후 '생각의 날개 달기-적용하기' 자료로 영화 〈원더〉를 선택했다. 많은 작품들 중에서 〈원더〉를 택한 것은 책과 영화로 모두 출시된 작품이기에 둘을 비교하며 읽는 즐거움도 있고, 교육적으로도 좋은 영화이기 때문이다.

'관점과 해석' 단원과 연계된 만큼 절대론적 관점, 효용론적 관점, 반영론적 관점, 표현론적 관점으로 나누어 영화를 감상하게 했고, 나중에는 종합주의적 관점으로 비평문을 적어 보는 활동을 했다. 학생들은 이전 수업 시간에 이육사의 〈청포도〉, 윤동주의 〈서시〉 등을 통해 문학 감상 방법을 배운 바 있었다. 영화 비평문을 쓸 때도 그때 배운 개념을 적용함으로써 개념을 좀 더 정확히 이해하는 데 좋은 활동이 되었다.

비평문 쓰기를 꼭 문학 작품으로만 하지 않고 한 번쯤은 이렇게 영화 같은 다른 갈래를 끌어들여 왔을 때 좀 더 인상 깊고 살아 있는 배움이 된다는 것을 아이들의 소감을 듣고 알게 되었다.

● '관점과 해석' 학습을 위한 생각의 날개 달기

> **수업 단원** : 4. 관점과 해석 2) 믿음과 소망의 노래 단원 〈적용 학습〉
> **수업 주제** : 작품 감상의 다양한 방법을 적용하여, '영화'를 자신의 관점으로 해석할 수 있다.

1. 작품을 감상(해석)하는 다양한 방법을 다시 한 번 복습해 봅시다. (4가지 관점) - '영화'인 경우

1) **절대론적 관점** : 이 영화만의 매력 살피기(이야기 전개, 상징적 의미, 배우의 연기, 화면 구성, 카메라 구도, 배경 음악 등)
2) **효용론적 관점** : 관객(독자, 나)에게 어떤 영향을 주었는지 살피기(잊을 수 없는 장면, 기억하고 싶은 대사, 감동 깊은 점 등)
3) **반영론적 관점** : 이 영화에 드러난 사회 현실을 살피고, 이를 우리의 삶과 연관 지어 보며 우리의 삶을 성찰하기 등
4) **표현론적 관점** : 이 영화의 감독의 사상, 가치관, 생애, 특징이 작품에 이렇게 표현되어 있는지 살피기(감독 조사하기, 감독의 다른 작품 찾고 특징 살피기 등)

2. 다 같이 영화 〈원더(Wonder)〉를 감상하며 각 인물의 특징과 기억하고 싶은 내용을 써 봅시다.

- 영화 보며 답하기 -	② 인상 깊은 대사, 상황, 장면 등을 간단히 메모하기
① 등장인물들의 특징 파악(성격, 기억될 만한 특징 등) 　- 어기 : 　- 엄마 : 　- 아빠 : 　- 비아 : 　- 잭 : 　- 줄리안 : 　- 써머 : 　- 미란다 : 　- 교장 선생님 : 　- 저스틴 : ● 가장 닮고 싶거나 인상 깊은 인물과 그 이유 :	- 인상 깊은 대사와 그 이유 : - 인상 깊은 상황(장면)과 그 이유 : - 이 영화만의 특징 :

3. 이 영화를 다양한 감상 방법으로 해석한 내용을 써 봅시다.

1) 이 영화의 매력 살피기(절대론적 관점) : 이야기 흐름의 특징, 상징적 의미, 배우의 연기, 화면 구성, 카메라 구도, 배경 음악 등

2) 관객(나)에게 어떤 영향을 주었는지 살피기(효용론적 관점) : 잊을 수 없는 장면, 기억하고 싶은 대사, 감동받은 점 등

3) 이 영화에 반영된 사회 문화적 상황, 시대적 특징 살피기(반영론적 관점) : 우리가 사는 사회의 모습과 연관 지어 보며 우리의 삶을 성찰하기 등

4) 이 영화의 감독(스티븐 크보스키)의 사상, 가치관, 생애, 특징이 작품에 어떻게 표현되어 있는지 살피기 (표현론적 관점) : 감독 조사하기, 감독의 다른 작품 찾고 특징 살피기 – (혹시 못 찾으면 안 찾아도 됨.)

● 위 3개의 관점을 주로 하고, 4번의 표현론적 관점은 필수적 요소는 아님. 이 감독에 대해 자료를 찾을 수 있는 사람은 찾아서 써도 됨.

4. 3번을 토대로 종합주의적 관점으로 최소 3개의 관점을 반영해 영화에 대한 나만의 해석(비평문) 쓰기(10줄 이상)

– 활동지에 영화 비평문을 쓰고 난 후, 4교시 국어 수업 댓글에도 꼭 올려야 완료
– 각자 해석을 올리면 서로 답글로 의견 달아 주기(최소 5명 이상에게 답글 달기)

내 삶에 적용(접속)하기

수업 디자인의 꽃은 4단계 수업의 마지막인 '내 삶에 접속하기' 활동이다. 배움이란 결국 자신과 타인 간의 생각의 차이를 발견하고 그 차이를 통해 자신을 돌아보고 반성적 사고를 일으키는 과정이다. 새로운 작품을 만나 대화를 나누면서 자기 자신을 들여다보는 과정을 수업 디자인으로 만들어야 배움이 내면화된다.

183쪽의 자료(《어린왕자》와 함께하는 내 삶에 접속하기)는 '비유와 상징'이라는 표현 방법을 배우고 《어린 왕자》를 통해 자신의 삶과 연관 지어 본 것이다. 이 활동을 통해 아이들은 전에 배운 표현 방법을 되새기게 되고, 자신의 삶에 '밀밭'과 같은 문학적 표현을 적용해 보면서 좀 더 풍부한 감성으로 살아가리라 기대한다.

> 선생님께서 매 단원마다 주신 활동지의 특성은 다음과 같이 구성되어 있다. 1. 단원 / 1) 소단원(갈래) / 수업 주제 / 활동지 번호 / 마음 열기 / 생각 쌓기 / 내 삶에 접속하기. 심화 수업은 '생각의 날개 달기 / 한 걸음 더 나아가기'로 진행된다. 개인적으로 수업 주제가 적혀 있는 활동지여서 좋았다. 다들 시험 공부를 할 때 무작정 작품부터 외우기 시작하거나 필기가 되어 있지 않으면 베끼기부터 하는데 그게 아니라 적혀 있는 학습 목표(수업 주제)가 무엇인지부터 확인하고 이 단원 공부를 마쳤을 때 무엇을 달성해야 하는지 깨달을 수 있었다. 목표 의식을 가지고 공부를 시작하는 것은 마음가짐이 달라진다.
>
> 교과서 외 작품을 계속 추가하면 각 단원을 제대로 배우기에 도움을 줄 것 같다(국어 역량 강화 측면에서 굳굳!!). 게다가 우리는 문학 작품을 하나 더 봤다

는 자랑스러움과 재미도 있다! 문학 작품뿐만 아니라 칼럼(〈바이러스는 말한다, 또 온다고〉)이나 수필(〈먹어서 죽는다〉)로 수업을 들었던 것은 다양한 갈래의 글을 접해 봐서 새로웠고, 이를 가지고 사회와 연관 지어서 친구들과 의견 공유, 질의응답했던 시간이 재미있었고 기억에 남는다.

– 수업 디자인에 대한 3학년 학생 소감

지금까지 수업 디자인을 할 때 고민하는 지점을 짤막하게 제시했지만 여기에는 교육과정 재구성의 방법도 들어 있다. 앞에서 언급한 1학년의 '문학과 표현' 단원은 **교과서 속 시, 수필 공부(4차시)–교과서 밖 시, 수필 공부(3차시)–《어린 왕자》와 함께 문학과 표현 공부(5차시)–《어린 왕자》 서평 쓰기(4차시)** 활동을 마치기까지 거의 한 달이 걸린다. 한마디로 문학 프로젝트 수업이다.

아이들은 배움을 바탕으로 다양한 텍스트와 만나고 친구들과의 대화 속에서 자신의 글을 바로잡는 과정을 거치며 심층적인 배움으로 나아간다. 이런 수업을 계속해서 시도하다 보면 아이들의 배움이 어떤 과정을 거치며 깊어지는지 깨닫게 된다. 배움이 깊어지는 아이들을 보며 교사인 나는 좀 더 좋은 텍스트를 찾고, 좀 더 좋은 질문을 던지며, 아이들이 좀 더 주도적으로 말하게 하는 수업 디자인을 위해 노력할 수밖에 없다.

● 《어린 왕자》와 함께하는 내 삶에 접속하기

"나를 위해, 누군가를 위해 비유나 상징을 쓰는 시간!"

《어린왕자》에 쓰인 비유와 상징적 표현들은 사람들 마음속에 남아 삶을 바라보는 눈을 변화시키고, 자신만의 시각으로 삶을 바라보게 만듭니다. 여러분도 자신만의 비유와 상징의 언어로 친구들과 얘기해 볼까요? (모둠별 2개 선택 가능)

2. 여우는 친구를 만드는 것을 '길들인다'라고 표현한다. 길들이면 서로에게 유일한 존재가 되고 행복감을 느낀다고 말한다. 친구 관계를 깊게 맺을 수 있는 자신만의 비법을 누군가의 가슴에 닿게 표현해 본다면?

1. 《어린왕자》가 자신에게 어떤 배움이나 감동을 주었는지 비유나 상징으로 표현해 보기

* 형식 : 어린왕자는 나에게 (   )이다. 그 이유는….

⇧

⇦ **어린왕자와 나와 우리** ⇨

⇩

3. "너는 금빛 머리칼을 가졌어. 그러니 네가 나를 길들인다면 정말 근사할 거야. 밀은 금빛이니까 나에게 너를 생각나게 할 거야. 그럼 난 밀밭 사이를 지나가는 바람 소리를 사랑하게 될 거야."
이렇게 여우의 '밀밭'처럼 자신이 무언가를 보거나 생각하면 특별한 감정을 느끼게 하는 상징적인 대상이나 상황이 있다면?

* 예 : 나의 밀밭은 '탄천'이야. 가끔 탄천을 거닐 때면 네가 써주었던 '탄천에서'라는 편지가 생각나.

4. 판교역에서 어린왕자를 만난다면 그는 현재 우리(세상)에게 어떤 말을 하고 싶을지 비유나 상징으로 표현한다면?

* 예 : 내가 장미꽃을 길들인 것처럼 물을 주고, 바람과 벌레를 막아 주고, 눈에 보이지 않는 장미의 속마음까지 헤아려서 결국 장미에게 돌아간 사실을 사람들은 기억이나 할까? 요즘 사람들은 눈에 보이는 것에만 매달려 사람을 쉽게 판단해 버리면서 관계를 망치는 게 안타까워.

② 수업 디자인 사례 : 설명문 프로젝트 수업

수업 디자인은 때로는 한 차시 안에서도 이루어지지만 보통은 몇 차시에 걸쳐 이루어진다. 2학년 교과에 '설명문 읽기' 영역이 있다. 이 부분을 설명문 읽기부터 쓰기까지 연결하여 설명문 끝내기 프로젝트로 수업을 디자인해 보았다.

설명문, 즉 다양한 분야의 정보를 전달하는 글은 우리 주변에 매우 많다. 물건 사용설명서에서부터 요리 방법, 여행 안내문, 규약문, 보고문, 강의 원고 등 인터넷에서 검색해 보는 대부분의 글이 말 그대로 정보를 전달하는 설명문이다. 수능 언어영역에서도 비문학 비중이 날로 높아지고 있다. 최근 언어영역에는 마치 과학 시험인 듯 '만유인력'이라는 단어가 지문에 등장해 많은 학생들을 당황시켰으며, 그해 수능은 불수능이라는 악명까지 떨쳤다. 비단 수능 때문이 아니더라도 정보의 홍수 시대인 오늘날 글의 핵심을 빠르게 파악하고 필요한 정보를 얻어 내는 능력은 우리 삶에 필수불가결한 요소가 되었다.

설명문 단원에서는 정보를 전달하는 글을 잘 쓰고 잘 읽어 내는 것이 우리 삶에 얼마나 중요한 영향을 미치는지 설명하는 것으로 수업을 시작한다. 때로는 생각 열기 활동으로 "너희들이 커서 작성해야 할 정보 전달 글에는 어떤 것이 있을까?"라는 질문을 던진다. 또는 집에 꽂혀 있는 책 중에 시, 소설, 동화 등 문학 작품이 아닌 책에는 어떤 책이 있는지 찾아보라고 한다. 아이들은 그런 책들의 대부분이 정보를 전달하는 책이라는 데 꽤 놀라워한다. 그리고 설명문 단원의 중요성을 강조하는 교사의 설명에 고개를 끄덕인다.

어떤 단원을 학습하든 수업에 집중하려면 왜 그것을 배워야 하는지, 우리 삶과 어떤 관련이 있는지 공감하는 것이 매우 중요하다. 이 공감이 바로 마음 열기의 목적이라 할 수 있다.

설명문 읽기

설명문 첫 번째 시간은 교과서 글로 들어가기 전에 먼저 설명문의 목적과 설명 방법의 다양한 원리에 대해 개념 정리를 한다. 개념 정리를 바탕으로 교과서를 읽으면 학생들은 교과서 속 설명문의 중심 내용을 파악하며 동시에 해당 글에 사용된 설명의 원리를 발견하려고 노력한다.

원리에 대한 개념 정리가 끝나면 바로 교과서의 설명문을 읽는다. 이때는 바로 모둠 활동으로 시작한다. 모둠별로 교과서 속 설명문을 읽으며 전체적인 내용을 파악하고, 단락별로 중심 내용을 파악한다. 아울러 각 단락에 어떤 설명 방법이 사용되었는지 토의한다. 이때 단락별 설명 방법은 모둠 내에서 반드시 하나의 의견으로 통일할 필요가 없다. 모둠 내에서 의견이 다른 학생은 전체 모둠 간 의견 조율을 할 때 생각을 수정하게 된다.

교과서 속 설명문 단원에 대한 1차시 학습이 끝나면 2차시와 3차시에는 교과서 외부 텍스트를 준비해 동일한 설명문 분석 수업을 한다. 설명문뿐 아니라 외부 자료 중 해당 단원과 관련된 글을 찾을 때는 다양한 자료를 검색한다. 그리고 가능한 한 최근에 발표된 글이면서 청소년의 가치관 형성에 도움이 되는 적절한 난이도의 글을 고른다.

그 이유는 학생들이 자료를 찾느라고 유목민처럼 헤맨 교사의 노고와 시간, 정성을 한눈에 알아보기 때문이다. 바로 며칠 전 뉴스에 실린 글이 교실로 들어오면 아이들은 제각각 그 뉴스를 봤다는 얘기부터 "선생님, 이걸 어떻게 이렇게 빨리 찾으셨어요?"라고 놀라는 녀석도 있다. 이렇게라도 재미없는 설명문에 관심을 기울여 주니 얼마나 다행인가!

2학년 설명문 단원에서는 〈북극순록이 기후변화 이기는 법〉이라는 한겨레 생태 전문 웹진의 기사를 중학생 수준으로 편집해 활용했다. 이 글을 선택한 이유는 교과서에 생태나 환경과 관련된 글이 없어 아쉽기도 했고, 이런 자료는 일부러 찾아서 교실로 가져오지 않으면 결코 아이들이 찾아서 읽을 기회가 없기 때문이다. 이러한 외부 지문으로도 교과서 설명문과 같은 방법으로 단락별로 글의 내용을 정리하고, 글에 사용된 설명 방법과 그 효과를 분석해 본다.

설명문 지문 분석이 끝나면 다음에는 조금 다른 활동을 시도한다. 먼저 주어진 대상을 어떤 설명 방법으로 설명하면 좋은지 생각해 보고, 반대로 어떤 설명 방법을 정하고 그 방법에 적합한 주제나 글을 찾아보는 활동을 한다. 이것 역시 모둠 내 토의를 거치고, 다른 모둠과 생각을 공유하는 방식으로 진행한다. 수업은 살아 있는 유기체라고 하던가? 이 시점에는 의외의 대답이 너무 많이 나와 설명문 수업은 갑자기 열린 답의 수업으로 진화한다. '미세먼지가 인체에 끼치는 영향'이라는 하나의 주제에 대해서도 모둠별로 매우 창의적인 답변이 나온다. 인과의 방법, 분류의 방법, 분석의 방법 등 각 모둠에서 왜 그 방법으로 해당 주제를 설명해야 하는지 치열하게 논의하고 다른 모둠을 설득한다.

설명문 쓰기를 위한 모둠별 토론

설명문을 쓰기 위해서는 먼저 개요를 짜면서 어떤 설명 방법으로 쓰는 것이 적합한지 구상해야 한다. 똑같은 주제라도 선택하는 설명 방법이나 소재 등에 따라 다양한 글이 나온다. 설명문을 쓰면서 아이들은 글의 내용에 따라 설명 방법이 정해져 있는 것이 아니라 다양한 설명 방법을 구사할 수 있다는 것을 알게 된다.

설명문의 주제를 정할 때 가장 좋은 방법은 다른 교과에서 최근에 배운 주제와 연결하는 것이다. 예를 들면 2학년 과학 시간에 배운 '식물의 구조와 기능'이나 역사 시간에 배운 '독도의 역사'를 설명문의 주제로 가져올 수 있다. 이렇게 서로 다른 교과를 융합하면 다른 교과의 내용을 복습하는 셈이 되어 학습 효과를 높일 수 있다.

각자 설명문을 쓰기에 앞서 모둠별로 서로 대화하는 시간을 갖는 게 좋다. 모둠원끼리 하나의 설명문을 쓴다면 어떤 주제로, 어떤 설명 방법으로 쓰면 좋을지 의논해 본다. 모둠원들이 제안하는 다양한 주제를 들으며 서로 이야기하다 보면 나는 어떤 주제로 쓸지 자연스럽게 고민하게 되고, 자신의 설명문 주제를 정하는 데 많은 도움이 된다.

2학년 학생들이 설명문 주제로 선택한 것은 기생충, 마블, 드론, 성차별, 브렉시트, 블랙홀, 나노 기술, 밀크티, 예지몽, 매슬로의 5대 욕구, 드럼에 대하여, 알고리즘, 이집트 고대문명, 방탄소년단, 배드민턴, 아이스 하키, 탁구 등 매우 다양했다. 30명 학생들의 주제가 겹치는 게 하나도 없었다. "아이들은 각자 하나의 완성된 우주다."라는 말이 실감나는 순간이었다.

● 설명문 수업 디자인 자료, 〈북극순록이 기후변화 이기는 법〉

> **수업 단원** : 대단원 4. 더 쉽게, 더 정확하게 (1) 지혜가 담긴 음식, 발효 식품
> **수업 주제** : 설명하는 글의 내용을 분석할 수 있다.

〈생각 쌓기〉 다음은 '북극순록이 기후변화 이기는 법'에 관한 설명문이다. 각 단락별로 중심 내용을 파악해 보자.

(1) 스발바르 순록은 지구 최북단 노르웨이 근처에 서식하는 순록이다. 기후변화의 타격을 가장 심하게 받는 이 동물은 생존을 위해 기발한 대응책을 마련했다.

(2) 순록은 크게 유라시아 순록과 산림 순록으로 나뉘는데, 이례적으로 더운 겨울, 바다가 얼어붙지 않아 작은 섬에 고립된 스발바르 순록은 눈 위에 내린 비가 얼어붙자 이끼마저 구하기 힘들어졌다. 순록은 바닷가로 이동해 파도에 떠밀려온 다시마를 먹기 시작했다.

(3) 유라시아와 북아메리카에 널리 분포하는 순록 가운데 스발바르 순록은 약 5000년 전 이 섬에 고립돼 고유종이 된 아종이다. 섬의 부족한 먹이 때문에 보통 순록보다 몸 크기가 절반에 불과하고, 포식자가 없는 데다 에너지 소비를 줄이기 위해 장거리 이동을 포기해 다리가 짧고 추운 날씨에 적응해 털이 두껍고 통통하다. 털의 색은 흰색과 회색이 섞였으며, 뿔은 뭉툭하고 짧다.

(4) 스발바르 순록을 장기 연구해 온 브라게 브렘셋 한센 노르웨이 과학기술대 생물학자 등 국제 연구진은 과학저널 '에코스피어' 4월호에 실린 논문을 통해 이 순록이 "기후변화 영향으로 해빙이 사라져 외딴 섬과 반도에 고립됐지만 유연한 행동과 보조 자원을 이용해 충격을 누그러뜨리는 것을 확인했다"고 밝혔다.

(5) 연구자들은 스발바르 제도 북쪽 스피츠베르겐섬에서 눈 녹은 얼음층 실태와 함께 2199마리의 순록에 위치 추적 장치를 부착해 데이터를 축적해 왔다. 또 해안과 내륙의 순록 배설물을 분석해 이들이 실제로 해조류를 먹이로 섭취하는지 조사했다.

(6) 그 결과 눈에 내린 비가 두껍게 얼어붙은 해일수록 해안으로 이동하는 순록이 많다는 사실이 드러났다. 또 해안에 온 순록의 배설물 속에서 다시마 등 해조류 성분이 다량 검출됐다. 기후변화의 영향은 고위도로 갈수록 커진다.

(7) 북위 79도에 있는 스발바르 제도에서는 이상 난동이 문제다. 2009~2010년 겨울엔 특히 그랬다. 바다가 완전히 녹은 데다 험한 산과 대규모 빙하로 고립된 순록은 섬 안에서 먹이를 찾아야 했다.

(8) 그러나 영구동토에 내린 비는 지표면에서 얼어 얼음층을 형성했다. 연구자들은 "얼음층을 파 땅속의 식물과 이끼를 먹는 것이 불가능하지는 않지만, 매우 힘들어진다"고 설명했다. 이 겨울 모든 순록 개체수의 3분의 1이 해안에서 해조류를 먹는 것이 목격됐다.

(9) 그렇다면 다시마 등 해조류는 순록의 대체식량이 될 수 있을까. 연구자들은 "기존 연구를 보면 단백질 등 해조류의 영양가는 육상식물과 비슷하다"며 "그러나 해조류는 주 식량은 아니고 보조적인 칼로리 원으로 보인다"고 밝혔다. 주 저자인 한센은 "순록이 해조류만으론 살 수 없어 보인다. 매일 해안과 얼지 않은 식물이 있는 곳을 오가는 것으로 보아, 정상적인 먹이를 함께 섭취해야 하는 것 같다"고 말했다.

(10) 실제로 해조류를 많이 먹은 순록에서 염분 과다 섭취 탓인지 설사가 많았다. 순록이 해조류로 기근을 이긴다는 것은 전통적으로 순록을 치는 사미족 원주민들 사이에 널리 알려져 있다고 논문은 적었다. 연구자들은 "지구온난화로 다시마는 더욱 많아질 것이기 때문에 해조류는 스발바르순록이 갈수록 심해지는 이상기상에서 살아남는 점점 더 중요한 생명줄이 될 것"이라고 밝혔다.

* 위 글은 한겨레 웹진 기사 〈북극순록이 기후변화 이기는 법〉(조홍섭 기자)을 수업 자료에 맞게 임의 편집한 것이다. 원문 기사의 출처는 다음과 같다. https://www.hani.co.kr/arti/animalpeople/ecology_evolution/891924.html(2019-04-29 15:32)

1. 각 문단의 중심 내용과 사용된 설명 방법을 찾아 적어 보세요.

문단	중심 내용	사용된 설명 방법
1문단		
2문단		
3문단		
4문단		
5문단		
6문단		
7문단		
8문단		
9문단		
10문단		

2. 처음-중간-끝의 내용상의 특징을 알아보고, 각 단계에 해당하는 문단을 찾아 써 보세요.

단계	단계의 특징	해당 문단
처음		
중간		
끝		

〈생각의 날개 달기〉
1. 다음 대상을 어떤 설명 방법으로 설명하면 좋을지 그 까닭과 함께 써 보세요.
 - 스마트폰의 다양한 기능 :
 - 세대별로 즐겨 듣는 노래 :
 - 미세먼지가 인체에 미치는 영향 :

2. 다음 설명 방법을 사용할 때 효과적으로 설명할 수 있는 내용에는 무엇이 있을지 간략히 써 보세요.
 - 비교와 대조 (예 : 한국어와 중국어) :
 - 분석 :
 - 예시 :
 - 구분과 분류 :
 - 인과 :

3. 다음의 설명문을 쓴다고 할 때 적합한 설명 방법과 내용을 쓰고 다른 모둠이 선택한 설명 방법과 비교해 보세요.

주제		우리 모둠의 설명 방법	설명 내용	다른 모둠의 설명 방법		
독도의 역사	머리말					
	본문					
	맺음말					
가족의 갈등	머리말					
	본문					
	맺음말					
우리 모둠의 주제	머리말					
	본문					
	맺음말					

설명문 쓰기 참 쉬워요!

본격적으로 설명문을 쓰기에 앞서 각자 설명문의 주제를 정하고 개요를 짜는 시간을 한 시간 정도 준다. 이 시간에 학생들은 자신이 쓸 설명문의 전체적인 개요와 함께 어떤 설명 방법을 사용해서 쓸지 고민한다. 이 과정에서 교사는 학생들의 질문에 충분히 대답해 주고 개별지도하며 설명문 쓰기에 자신감을 얻도록 한다.

이 과정이 끝나면 자료 수집에 들어간다. 자료 수집은 한 시간 정도 할애해 도서관에서 책을 찾아보거나 스마트폰으로 인터넷 자료를 검색해 보도록 한다. 학교 도서관에는 학생들이 쓰고자 하는 설명문의 자료가 다양하게 구비돼 있지 않으니 인터넷을 통해 정보를 수집하는 과정은 필수다. 만약 한 시간으로는 부족하다면 집에 가서 좀 더 자료를 수집해 오라고 과제로 내 준다.

그리고 모든 정보는 출처를 밝히고 사용해야 하니 정보 수집을 할 때 꼭 출처까지 메모해 두라고 하고, 인용한 문장에 대해 각주를 다는 법도 알려 준다.

도서관에서 자료 수집을 하라고 하면 학생들은 의외로 매우 집중력 있게 자료를 찾는다. 아마 각자 관심 있는 분야를 주제로 정해 관련 정보를 찾다 보니 자연스럽게 흥미가 느껴지는 모양이다.

자료 수집을 마치면 본격적으로 설명문을 쓰기 시작한다. 분량은 중학교 2학년의 경우 A4 기준 2, 3쪽 정도로 쓰기를 권한다.

설명문을 다 쓰고 나면 모둠별로 공유하는 시간을 가진다. 모둠원끼리 돌려 읽으며 필자가 원래 쓰려고 했던 설명 방법을 제대로 구사했는

● **설명문 쓰기 과정 / 설명문 개요 짜기**

> **수업 단원** : 대단원 4. 더 쉽게, 더 정확하게 (2) 설명하는 글쓰기
> **수업 주제** : 설명하는 글을 쓸 수 있다.

〈생각 쌓기〉 1. 설명문을 쓰는 과정을 알아보자

설명문 쓰기 과정	내용
1. 계획하기	글의 (　), 글을 쓰는 (　), 예상(　)를 떠올려 봄
2. 내용 생성하기	– 다양한 (　　)를 활용하여 주제와 관련 있는 내용의 자료를 수집함. – (　　) 와 상관없는 내용이 있는지 점검함. – 더 필요한 내용이 없는지 점검함.
3.내용 조직하기	– 수집한 (　　)를 정리하여 설명하는 글의 구조인 (　　)-(　　)-(　　)에 맞게 개요를 작성함. – 내용에 적합한 (　　)과 (　　) 활용 계획을 세움.
4. 표현하기	– 글의 목적과 주제에 맞게 씀. – 대상을 효과적으로 설명하는 방법을 사용함. – (　　)가 내용을 쉽게 이해할 수 있도록 씀.
5. 평가하기	– 대상을 이해하기 쉽게 설명하였는지 점검함. – 대상의 특성에 맞는 설명 방법을 활용하였는지 점검함. – 대상에 대한 정확한 (　　)와 (　　)을 바탕으로 썼는지 점검함.
6. 고쳐쓰기	– 잘못된 부분은 고쳐 씀. – 부족한 내용은 보충하여 씀.

〈생각의 날개 달기〉
2. 설명문 개요 짜기(자료 출처 반드시 밝히기, 설명 방법을 3가지 이상 포함해서 쓰기)

주제			
글을 쓰는 목적			
예상 독자			
구성	간략한 내용	설명 방법	출처
처음			
중간			
끝			

지, 글 전체의 흐름이 매끄러운지, 새롭게 알게 된 사실은 무엇인지 등에 대해 상호 평가한다.

학급 전체가 다시 한 번 공유할 때는 아이들이 쓴 설명문의 주제를 1번부터 끝 번호까지 모두 발표한 후에 가장 듣고 싶은 주제 순으로 순위를 매긴다. 2, 3쪽씩 되는 설명문을 한 편 한 편 듣다 보면 지루할 수 있기 때문에 가능한 한 학생들이 호기심을 느끼는 주제의 설명문을 먼저 읽는다. 전체 공유를 할 때도 모둠별 공유를 할 때와 같은 점에 유의하면서 듣는다.

설명문 쓰기 활동을 마친 학생들의 소감

― 설명문 활동이 제일 재미있었다. 내가 좋아하는 주제를 정해 그 주제를 친구들에게 전하며 나도 그 주제에 대해 알지 못했던 것을 더 알 수 있게 되었고, 친구들의 주제를 읽으면서 새로운 것을 알아가는 재미가 쏠쏠했다.

― 내 글이 완벽하지는 않지만 자료를 조사하고, 내용을 구상하고, 제목과 주제도 생각해 보며 글을 썼던 것이 굉장히 기억에 남는 수업이었다.

― 드론에 대해 쓰면서 예시, 분석 등 설명하는 방법을 다양하게 배웠고, 앞으로는 좀 더 체계적인 설명문을 쓸 수 있겠다는 자신감이 생겼다.

― 설명하는 글쓰기를 통해 교과서에서 이론적으로만 배웠던 정의, 예시, 인과, 부연 상술 등의 방법을 응용하는 방법을 배울 수 있었다.

― 브렉시트에 대해 설명문을 씀으로써 정치와 경제에 대한 견해를 넓힐 수 있었다.

— 원래 알고 있었던 것에 더 큰 깨달음을 얻어 좋았고, 내가 관심 있거나 알고 싶은 주제를 선택해서 평소보다 높은 집중력으로 활동할 수 있었다.

— 설명문을 쓸 때 사전 조사가 살짝 부족해서 내용의 완결성이 떨어졌기에 사전 조사에 좀 더 중점을 둬야겠다고 느꼈다.

— 조사 자료를 많이 모았는데 종류별로 정리해 두면 편했을 듯하다. 자료가 뒤죽박죽 섞여 있어서 글을 쓸 때 효율성이 떨어지고 자료를 일일이 배열해야 했다. 다음에는 좀 더 치밀하게 자료 정리를 해야겠다.

2학년 1학기 수업을 마치고 한 학기 수업 평가를 했다. 놀랍게도 설명문 수업이 제일 재미있었다고 평가한 아이들이 가장 많았다. 재미있는 소설을 읽을 수 있는 문학 단원이 아니라 설명문 쓰기가 제일 재미있었다니! 활동을 진행한 나도 의외였다.

수업 평가표를 읽어 보니 아이들이 왜 설명문 수업에 흥미를 느꼈는지 이해가 되었다. 아이들은 자신이 호기심을 느끼는 분야의 주제를 스스로 선택하고 그것에 대해 알지 못했던 내용을 알아가는 과정이 재미있었던 것이다. 관심사와 흥미가 동기를 유발하고 설명문 쓰기에 몰두하게 한 것이다.

설명문 쓰기 활동을 하면서 아이들은 자료를 체계적이고 효율적으로 정리하는 방법, 자료 조사의 중요성도 저절로 깨닫게 된다. 서로 협력하는 공동체 의식과 비판적 사고력이라는 국어의 핵심 역량까지 향상되었음은 물론이다.

구클에 익숙해지는 데 2주면 된다는 것을

온몸으로 체험했다.

디지털과는 최대한 담을 쌓아 온

50대 초반의 국어 교사인 내가 말이다.

드넓은
소통의 바다,
온라인 수업

01 온라인 수업, 감동이었어요!

우리 학교 선생님들이 기초 학력인 아이들도 잘 돌봐 주시고, 실시간 수업에서도 지속적인 노력을 하며 아이들을 잘 챙겨 주신다는 걸 학부모들은 다 알고 있어요. 솔직히 다른 학교에 비해 학부모들이 온라인 수업에 대한 만족도가 높아요. 온라인 상황에서도 학생들이 기획하는 문화의 날 행사, 온라인 축제도 했잖아요. 정말 감동이에요. 아이들도 문제 상황을 헤쳐 나가는 방법을 배울 수 있는 기회였어요.

– 학부모회장의 말

전화기 너머로 들려온 학부모회장의 위와 같은 말에 나도 모르게 눈시울이 붉어졌다. 2020년 코로나19에 따른 온갖 변화 속에서 허둥지둥하다가 그나마 2학기에는 온라인 수업도, 학생들이 기획하는 학생회 행사도 자리 잡을 수 있었다. 내가 학생자치부를 맡았기 때문에 학부모님의 말씀이 더욱 가슴에 와닿았다. 학생들과 함께 할 수 있는 건 정말 다 시도해 보았다.

2020년 개학이 자꾸 미뤄지는 가운데 3월 말이 돼서야 할 수 없이 e학습터 위주의 수업을 시작했다. 이런 수업을 5월 초순까지 진행할 때까지 나는 실시간으로 수업을 하는 것은 꿈도 꾸지 못했다. 더구나 학생이 주도하는 프로그램을 온라인 수업으로 정말 하게 될 줄은 상상조차 못 했다. 디지털과는 담을 쌓고 지내 온 50대 교사로서 줌, 구글 클래스룸(이하 '구클'), 니어팟, 패들렛 등 용어조차 생소한 것들을 받아들이는 게 어디 그리 쉽겠는가. 그래서 여름방학이 끝날 때쯤에는 마스크를 벗을 수 있을 거라는 막연한 기대를 내려놓지 못했다. 그랬던 내가(우리가) 온라인 수업을 잘 진행해 줘서 '감동'이라는 말까지 학부모한테 듣게 될 줄이야!

그렇다. 시작은 미미했으나 그 끝은 창대하리라는 말처럼 2학기가 되자 우리 학교 교사들은 온라인 수업에 대부분 익숙해지고 학생들도 잘 따라 주었다. 50대 중반인 우리 학교 한문 선생님은 아직 실시간 온라인 수업을 하고 있지 않은 타 지역 교사가 "온라인 수업 어렵지 않아? 나도 가능할까?"라고 물으면 "나도 할 수 있어."라고 대답하신단다. 이 대답 한마디는 모든 것을 말해 준다. 조금만 노력을 기울이면……. 아니다. 2주 정도만 헤매다 보면 익숙해진다! 헤맴과 실수를 받아들이며 아이들과 함께 배워 나갈 용기만 있다면 충분히 가능하다는 것을 해 본 사람은 다 안다.

"이거 꼭 해야 해?"라고 물었던 교사들이 지금은 적극적으로 자기만의 온라인 수업을 진행하고 있다. 한번은 줌 수업을 할 때 화면 공유를 해서 유튜브를 틀어주는데 학생들이 소리가 안 들린다고 했다. 내가 "어떻게 해야 하지?"라고 중얼거리자 한 학생이 곧바로 방법을 알려 주었다. 온라인 콘텐츠를 이용하는 것은 학생들이 더 잘 안다. 당황하지 말고 그냥 아이들에게 물어보면 된다.

5월 중반부터 더 이상 e학습터 수업을 하지 않고, 구클에 내가 찍은 수업 동영상을 올려놓았을 때 오후가 되면 학생 두세 명에게 수업 내용이 잘 전달되었는지, 목소리 크기와 속도는 적당한지, 과제의 양이 적절했는지 등을 전화로 묻곤 했다. 학생들은 "당연히 제가 아는 선생님이 수업하니까 좋아요. 훨씬 공부가 잘 돼요. e학습터 선생님보다 훨씬 잘 가르치세요."라고 대답했다. 교사 앞이니까 이런 말을 할 수도 있지만, 아이들에게는 예쁘고 말솜씨 좋은 EBS 교사가 필요 없다는 것을 뼈저리게 느꼈다. 아이들은 '우리 선생님'의 수업이 듣고 싶은 것이다. 남이 아닌 바로 우리 학교 선생님이 가르쳐 주어야 더욱 집중이 된다는 것이다. 너무나 당연한 그것을 우리 교사들은 한때 놓치고 있지 않았나 하는 생각이 든다.

온라인 실시간 수업에서 정말 좋았던 점은 과학, 수학 과목에서 질문 방이 있었는데 아이들이 그날 수업에서 잘 모르는 것은 바로 질문을 해요. 비공개, 공개 질문 다 가능해요. 그러면 선생님께서 바로 답변을 해 주세요. 등교 수업보다 더 많은 질문을 해요. 왜냐하면 교무실에 찾아가서 질문하는 불편함도 없고, 질문해야지 하고 있다가 까먹는 경우도 많은데 실시간 수업에서는 생각이 날 때 바로 질문을 남길 수 있잖아요. 다만 선생님들이 학습에 잘 참여하지 않는 친구들에게도 질문을 자주 해 주시면 다 같이 공부를 잘하게 될 것 같아요.

– 2학년 학생의 온라인 실시간 수업 소감

위 학생은 1학기 때 동영상 수업만 했을 때는 과제를 부실하게 내고 수업의 긴장감도 없고 해서 학습이 잘 되지 않았다는 말도 덧붙였다. 그런데 2학기 실시간 줌 수업에서는 선생님이 학생들의 과제를 반드시 확인하고 바로 피드백을 해 주고, 다음 시간과 연계해 수업을 하니 열심히 하게 되었다고 한다. 줌으로 실시간 수업을 하면 이처럼 피드백이 훨씬 수월할 때가 많다. 개인의 학습 성취 수준을 파악하기도 쉬워진다. 고민이 있다면 위 학생도 지적했듯이 수업에 잘 참여하지 않는 학생들에게 온라인상에서 어떻게 다가갈지 하는 것이다. 이것은 앞으로 우리의 숙제다.

등교 수업이 불가능할 때 실시간 쌍방향 수업을 해야 하는 이유는 이제 너무나 자명해 보인다. 하지 않을 때 생기는 학습의 손실이 정말 크기 때문이다. 실시간 쌍방향 수업을 하는 학교와 그렇지 않은 학교 간의 학력 격차, 생활 지도의 격차가 생기는 것은 당연한 결과다. 이 상황에서 실시간 쌍방향 수업을 안 해야 하는 이유를 찾지 말고, 해야 하는 이유를 찾아보자. 서툴더라도 조금씩 하다 보면 어느 순간 익숙해지고, 자기만의 색깔을 지닌 온라인 수업도 가능해질 것이다.

5장 | 드넓은 소통의 바다, 온라인 수업 **199**

02 디지털 문맹 교사도
2주일만 헤매면 된다

새로운 것을 접하는 것은 누구나 두렵다. 교사들의 온라인 수업에 대한 두려움은 뭘까? 교사가 시스템 자체를 모르는 것이 두려움의 원인일 것이다. 기술적인 면을 모르고 헤맬 때 학생들에게 받는 따가운 시선의 두려움, 내가 내 수업을 장악하지 못한다는 두려움 말이다. 이 두려움을 뚫고 지금은 온라인 수업에 익숙해진 우리 학교 이야기를 들려주고자 한다.

　내가 있는 학교에서는 5월 중순까지 e학습터나 EBS 온라인 클래스를 이용한 수업을 교사 각자가 알아서 진행했다. 그러다 한 가지 콘텐츠로 통일해 진행하는 것이 더 효과적일 거라는 생각에 의견을 모으기로 했다. 이에 관해서 오전에 부장이 중심이 된 기획회의를 통해 콘텐츠를 결정하고, 오후에 구글에 대한 연수를 실시한다고 했다. 순서가 뒤바뀐 것 같았다. 그래서 오전에 먼저 구글 연수를 실시한 후 이를 익히는 것이 가능한지 여부를 따져 보고, 기획회의에서 결정할 것이 아니라 오후에 전 교사가 모여 어떤 콘텐츠를 이용할지 회의하자는 의견을 냈다. 이 의견이 받아들여져서 교사들은 오전에 각자 노트북을 챙기고 구글 이용에 관한 연수에 참여했다. 연수를 시작한 지 얼마 되지 않아 여기저기서 할 만하네, 어렵지 않아, 괜찮네, 기능이 좋네, 라는 말이 오갔다. 연수 두 시간 만에 이미 마음은 구글로 기울었다.

교사들이 처음 접한 콘텐츠를 이렇게 쉽게 여긴 것은 일단 연수 강사가 설명을 쉽게 했고, 무엇보다 더 힘이 된 것은 우리 학교에 구글을 잘 다루는 또 한 명의 교사가 있었기 때문이다. 무엇이든 질문을 하면 바로 대답해 줄 수 있는 교사가 단 한 명만 있어도 많은 교사들이 큰 도움을 받는다. 그 교사가 있는 교무실의 교사들이 가장 빨리 터득했고, 먼저 터득한 교사들이 보조 교사 역할을 톡톡히 했다.

나비 효과는 2주일이면 충분했다. 구글 방에서 수업 주제를 만드는 방법, 동영상 올리는 방법, 과제를 보는 방법, 퀴즈 내는 방법 등을 2주일만 연습하면 어렵지 않게 사용하게 된다. 어쩌다 한 번 하는 게 아니라 매일 사용하기에 잊어버리지 않을 수 있고, 모를 때는 옆 교사에게 바로 물어보면 된다. 구글에 익숙해지는 데 2주, 줌 수업에 익숙해지는 데는 3일이면 된다는 것을 나는 온몸으로 체험했다. 상당한 기계치에다 디지털 세대가 아닌 50대 초반의 교사인 내가 말이다.

어느 학교는 세 부류의 온라인 수업 형태가 있다고 한다. 한 부류는 EBS 온라인 클래스(온클)에 동영상만 올리는 수업을 하는 비교적 나이 든 교사들, 또 한 부류는 줌으로 출석 체크를 하고 EBS 온라인 클래스

동영상 보기를 하게 한 후 다시 줌에서 간단히 복습하는 중간 연령대의 교사들, 마지막 부류는 줌으로 실시간 수업을 계속하면서 구글을 이용하는 비교적 젊은 교사들이다. 한 학교에 3가지 형태의 온라인 수업이 있어서 학생들이 불편한 점이 이만저만이 아니라고 한다.

2020년 급작스러운 코로나19 상황에서 이러한 수업 형태가 나타날 수밖에 없었다. "2021년 코로나 상황이 지속된다면 실시간 쌍방향 수업을 어떻게 할 것인가?"라는 물음에 교사들의 고민은 깊어질 것이다. 실시간 쌍방향 수업에 대한 압박감뿐만 아니라 '같은 학교에서 다른 교사들은 잘 해내는데 나만 뒤처지고 있는 게 아닐까?'라는 불안감도 있을 것이다.

곧 EBS 온라인 클래스의 프리미엄 서비스가 종료된다고 한다. 당장 온라인 실시간 수업에 대한 고민을 해야 하는 상황이다. 더 이상 실시간 쌍방향 수업을 미룰 수 있을까? 아이들은 이제 실시간 쌍방향 수업이 훨씬 효과적이고 실제 수업이라고 여긴다. 일방향 동영상 수업으로는 아이들을 수업으로 끌어들이기가 쉽지 않다.

2020년 하반기 기준 교육부에서 쌍방향 수업으로 인정한 플랫폼은 구글, 팀즈 두 개로 명시했다. 학교 내부적으로 그 필요성에 대한 논의는 반드시 거쳐야 한다. 관리자 주도가 아닌 교사 주도가 가장 바람직하다. 더 이상 각자 도생하는 온라인 수업은 안 된다고 생각한다.

2020년에 여러 과정을 거치면서 실시간 쌍방향 수업에 대해 우리 학교에서 얻은 결론이 있다. 개인적 소견을 조심스럽게 말해 보자면 화상 프로그램은 줌이 최고라는 것이다. 줌을 이용하면 소회의실에서 하

● 우리 학교 구글 클래스룸의 이모저모

구클의 반별 모습 | 구클의 다양한 반(대회반, 라디오 사연반 등)

날짜별 수업, 문화의 날 행사 등 | 학생 안내 사항(자치회, 수행평가, 교육, 시간표 안내 등)

온라인 축제 안내 | 각 교과 차시별 수업 안내

브루타 수업을 할 수도 있고, 화면 공유도 렉이 걸리지 않고 잘 되는 편이다. 우리 학교 선생님들은 구글이라는 콘텐츠로 통일해 수업을 운영한 것에 모두 만족스러워한다. 각 학급 시간표대로 수업을 올리고, 모든 교사가 각 학년의 모든 수업을 공유할 수 있다는 것도 큰 장점이다. 게다가 구글에서는 구글 문서, PPT 등을 이용하기가 편리하고, 교내 대회, 학급회, 학생회 안내 등 각종 안내 사항을 곧바로 전달할 수 있고, 학생들이 잊어버리면 다시 확인할 수 있는 등 이점이 매우 많다.

디지털 문맹 교사도 구글에서 자기만의 색깔로 수업을 운영하게 되기까지 그리 오랜 시간이 걸리지 않았다. 알고 보면 수업 동영상을 따로 제작해 올리는 것보다 실시간 수업을 하는 게 훨씬 더 쉽고 게다가 역동적인 수업이 되어서 좋다. 나는 더 이상 과거의 시스템으로 돌아가길 원치 않는다. 오히려 앞으로 무엇을 더 할 수 있을까를 고민한다. 예를 들면 등교 수업이 더 많아지게 되면 구글을 어떻게 연계해서 더 질 높은 수업을 운영할 것인가를 벌써 고민한다.

우리 학교에 '유튜버 고수' 강○○ 선생님이 계신다. 음악 교사로서 3년 전부터 구글로 이미 수업을 진행해 온 터라 코로나19가 터지자마자 자발적으로 '경기도 온라인 학습 교사 지원단 교사온'에 소속되어 지금까지도 열정적으로 교사들을 지원하고 있다. 그 선생님은 "수업 중에 제가 잘 모르는 상황이 생겨요. 그런 경우엔 아이들이 저보다 더 빨리 발견해서 알려 줘요."라고 말했다. 아이들은 디지털 콘텐츠를 정말 쉽게 받아들인다. 모르면 교사로서의 위신 따위 내려놓고 아이들에게 물으면 된다.

03 온라인 수업 사례

"구글 문서를 공유했는데 학생들이 왜 수정이 안 된다고 하죠?" "어디 봅시다. 아, 여기서 수정 권한을 안 주었네요." 나는 이렇게 뭔가 안 될 때마다 하나하나 질문하고 메모해 가면서 구글 수업에 익숙해졌다. "아하! 고마워요."라는 말이 교무실 여기저기에서 오갔던 2020년 5월의 풍경이 아직도 생생하다.

위기 상황에서 질문을 했을 때 곧바로 대답해 줄 수 있는 사람이 있다는 게 얼마나 큰 힘이 되는지 절실히 깨닫기도 했다. 거의 다 같은 처지였던 우리 학교 교사들은 서로 질문하고 터득해 가면서 즐겁게 온라인 수업을 준비했다. 지금부터 소개할 내가 했던 온라인 수업은 기본 중의 기본이니 이 사례를 통해 온라인 수업에 대한 두려움을 한결 덜어 낼 수 있을 것이다.

1 온·오프라인 블렌디드 러닝

학생들이 일주일씩 번갈아 가며 등교하고 전 과목에서 실시간 온라인 줌 수업을 할 때의 일이다. '독서와 연극'이라는 1학년 국어 수업을 앞두고 함께 1학년 국어를 맡은 선생님이 학교에서 연극을 하는 대신 오디오북 만들기 수업을 제안했다. 연극은 '사회적 거리 두기' 지침에 위배되기 때문이었다.

이에 따라 수업의 주제를 '소설로 오디오북 만들기'로 합의하고 나는 온라인과 오프라인 수업을 함께 계획에 넣어 총 8차시의 블렌디드 러닝(blended learning) 수업을 계획했다.

먼저 온라인 수업에서 소설 1~3차시를 진행했다.

소설 1차시에는 한 시간 내내 아이들 각자가 소설을 읽으며 내용을 파악한다. 소설 읽기를 실시간 줌 수업으로 할 경우에는 수업 이탈자를 방지하기 위해 두 가지 정도의 장치를 한다. 먼저 각자 책을 읽고 있는 자신의 모습이나 읽고 있는 책의 면을 화면에 비추게 한다. 이렇게 하면 아이들은 한눈을 팔다가도 화면 가득 비친 친구들의 책 읽는 모습에 자극을 받거나 함께 읽는다는 공동체 의식을 느끼면서 독서에 좀 더 몰입하게 된다.

또 한 가지 장치는 수업이 끝나기 전에 소설 내용을 제대로 이해했는지 확인하는 질문을 던지는 것이다. 이때 또 하나의 팁은 교사가 첫 질문을 던지면 한 학생이 대답을 하고, 대답한 학생이 다른 학생에게 질문하는 방식으로 진행하는 것이다. 그러면 학생들이 각자 머릿속으로 질문을 만들기도 하고 질문에 대한 답을 고민하기도 하면서 수업에 좀 더 몰입하게 된다.

2차시에는 학급 전체가 소설의 구성 단계를 함께 나눈 후 구성 단계에 따라 인물의 갈등 관계가 어떻게 발전하고 심화하는지 소회의실 모둠별 활동으로 진행한다. 소회의실은 사전에 구성해 둔 모둠이 있으면 학생들이 그 모둠을 찾아 들어가는 방식으로 진행하기도 하고, 사전 모둠이 없는 경우 무작위로 배정하기도 한다. 후자의 경우라면 소회의실 배정 후 몇 명은 조정이 될 수도 있다는 사실을 학생들에게 미리 밝혀 둔다. 온라인 소회의실은 닫힌 공간이기 때문에 학습 의욕이 부족한 학생들로만 모둠이 구성되면 학습을 위한 소통이 적극적으로 이루어지기 어렵기 때문이다.

모둠 인원은 오프라인 모둠이 4인이라면 온라인 모둠은 5인 정도로 구성하는 게 적당하다. 온라인 모둠 인원을 더 많이 하는 것은 학습 참여도가 낮아 규칙에 잘 따르지 않는 학생들이 있기 때문이다. 만일 모둠원 중 2명이 비디오를 꺼 놓을 경우 나머지 2명만으로는 온라인 모둠 활동을 하기가 쉽지 않다. 소회의실에서 학습지를 함께 학습할 경우는 소회의실을 열 때 미리 학생들에게 화면 공유 권한을 주는 것이 좋다.

소회의실 배정 후에는 도움을 요청하는 소회의실로 바로 입장하기도 하고, 도움을 요청하는 소회실이 없을 경우에는 교실에서 모둠을 순회하듯이 소회의실을 순서대로 둘러본다. 그리고 교실 모둠 활동과 마찬가지로 학생들이 어려워하는 부분에 대해 스스로 문제를 해결할 수 있도록 정답이 아닌 질문을 던지는 방식으로 지도한다.

3차시에는 각 모둠에서 학습한 구성 단계별 갈등의 심화 과정, 갈등의 원인, 갈등에 대한 인물의 행동 방식 등을 학급 전체가 공유한다. 보통 각 모둠에서 학습한 내용을 발표하다 보면 두 모둠 정도는 내용이 약간 다른 부분이 있다. 이런 경우는 해당되는 부분에 대해 상반된 의견을 내놓은 모둠들을 중심으로 전체 토론을 통해 의견을 조정하고 합의점을 도출한다. 이러한 과정을 다 마치고 나면 교사가 소설 속에서 갈등이 하는 역할과 갈등의 종류 등에 대해 개념 정리를 해 준다.

2주차 4~6차시는 학교에서 오프라인 수업으로 진행한다.

4차시에는 인물의 갈등 해결 방법이 올바른가에 대해 각자 발표한 후 인물에게 조언하는 내용의 편지 쓰기 활동을 한다. 편지 쓰기에는 30분 정도의 시간을 할애하고, 그 후에는 학급 전체가 친구들의 발표 내용과 의견에 피드백을 해 주는 식으로 공유의 시간을 갖는다. 이 수업은 온라인과 오프라인에서 모두 같은 방식으로 진행할 수 있다.

5차시부터는 본격적으로 오디오북에 대한 사전 준비를 진행한다. 먼저 기존에 있는 오디오북 녹음 파일을 학급 전체에 들려준다. 그리고 오디오북 소설이 책으로 읽는 소설과 어떤 차이가 나는지, 오디오북은 어떤 장치를 사용하고 있는지, 성우들은 어떻게 연기를 하는지 등을 함께 이야기하고, 오디오북을 만들 때의 유의점을 공유한다.

6차시에는 1학년 국어 수업 시간 중에 읽은 많은 소설 중에서 학급 전체가 함께 오디오북을 만들 소설을 선정한다. 그 후 모둠을 구성하고, 모둠별로 소설 분량을 정해 역할 분담을 한다.

이후 7~9차시 온라인 수업은 다음과 같이 진행한다.

7차시 온라인 수업 흐름

① 오디오북 만들기 학습지 활동 내용 안내(5분)

② 소회의실 활동(35분)

- 모둠별로 녹음할 분량에 대한 역할 분담 - 모둠 전체 토의(5분)

- 각자 맡은 분량에 대한 오디오북 녹음 계획(효과음, 성량, 어조, 배경 음악 선정 등)을 학습지에 작성하기 - 개인 활동(10분)

- 각자의 개인 녹음 계획을 모둠 내에서 공유·수정하기 - 모둠 전체 토의(10분)

- 각자 맡은 분량 작업 - 개인 활동(10분)

③ 소회의실 해산 후 진행 상황이나 문제점 등 오늘의 활동 공유 - 학급 전체(5분)

8차시 온라인 수업 흐름

① 오늘의 활동에 대해 각 소회의실에 배분·안내하기(5분)

② 소회의실 활동(35분)

- 1차 녹음 내용을 모둠 내에서 발표 후 피드백 받기, 모둠 전체 오디오북의 통일성을 위한 토의 - 모둠 전체 토의(20분)

- 각자 2차 녹음 작업 - 개인 활동(15분)

③ 소회의실 해산 후 진행 상황, 문제점 등 오늘 활동한 내용 공유 - 학급 전체(5분).

   * 이때 수업이 끝난 후 각자 작업한 파일을 모둠 내 편집자에게 넘기고, 편집자는 다음 수업 전까지 편집을 완료해서 학급 전체 편집자에게 제출한다.

9차시 온라인 수업 흐름

① 모둠별 녹음 내용 발표 및 전체 공유, 피드백 진행

2020년 1학년 학생들은 채만식의 단편소설 〈이상한 선생님〉을 오디오북으로 만들었다. 시기상 어쩔 수 없이 진행한 블렌디드 러닝 수업이었고, 기기나 방역 문제로 학교에서 녹음하기도 쉽지 않았지만, 오히려 온라인 수업이 결과적으로는 학습하기 더 좋은 여건이 되었다.

온라인 수업이 있었기에 아이들은 소회의실 내에서 신속하게 자신이 맡은 오디오북 부분을 녹음할 수 있었다. 각자 녹음한 파일에는 해방을 맞이한 거리의 아우성이나 교실 문을 박차는 소리, 뛰어가는 소리 등 다양한 효과음이 들어 있었는데, 이런 효과음도 온라인으로 친구들에게 들려주고 즉시 피드백을 받아 수정할 수 있었다.

2차 작업을 한 후 모둠별로 완성한 파일은 역시 신속하게 다시 학급 전체의 소설 오디오북이 되었다. 만약 이때 오프라인으로만 진행했다면 수업은 훨씬 지체되고, 자신이 만든 오디오북 부분에 대해 즉각적인 피드백을 받지도, 바로 수정하지도 못했을 것이다. 혹은 교실에서 작업을 했다면 매우 어수선하고 소란스러운 분위기에서 활동이 이루어졌을 것이다. 결국 코로나19로 어쩔 수 없이 앞당겨진 온·오프라인 블렌디드 러닝은 교육과정상 성취 기준에 도달하는 데 가장 최적의 학습 형태로 수업 방법을 설계하고 진행하도록 해 주었다.

❷ 온라인이 더 편한 토의·토론 수업

국어 시간에 많이 하는 활동 중 하나가 토의 또는 토론이며, 학생들이 토의·토론하는 현장은 그대로 수행평가에 반영하는 경우가 많다.

교실에서 수행하던 토론 수업을 실시간 줌으로 하는 것은 매우 간단하다. 심지어 교실수업보다 매우 효율적이다. 이렇게 진행한 수업은 실시간 관찰로 이루어지기 때문에 당연히 수행평가에도 반영할 수 있다.

수업 방식은 먼저 온라인상에서 토론 수업과 관련된 교과서 단원을 학습한다. 교과서 단원 학습은 학습지나 강의를 통해서 진행한다. 그런 다음 실제 토론으로 들어간다. 토론 실습 첫날은 학급별로 토론 주제를 정하는 것에서 시작한다. 2020학년도 3학년 학생들은 다음과 같이 매우 다양한 주제를 학급별로 선정했다.

- 가짜 뉴스를 만든 사람을 강력하게 처벌해야 한다.

- 동물 실험을 금지해야 한다.

- 청소년이 아르바이트를 하는 것은 바람직하다.

- 수술실 내 CCTV를 허용해야 한다.

- 만 18세 미만 청소년에게도 교육감 선거권을 허용해야 한다.

- 게임 중독은 질병으로 분류해야 한다.

- 실제 사건을 바탕으로 한 영화 제작은 금지해야 한다.

- 행정 수도를 이전하는 것은 바람직히다.

토론 주제는 교실 수업과 마찬가지로 전체 토의를 통해 선정한다. 학급별로 다양한 토론 주제가 나오면 그중에서 가장 토론하고 싶은 4가지 주제를 정하고 주제별로 찬성과 반대로 나누어 총 8팀을 구성한다. 첫 시간에 토론 주제를 선정하고, 두 번째 시간에는 4인 모둠을 구성하고 모둠별로 토론할 주제를 정한다.

2020학년도 토론 수업의 경우 수행평가로 이어지는 민감한 수업이라 학생들이 학교에 왔을 때 교실 수업에서 미리 모둠을 구성했다. 1학기 국어 성적을 기준으로 교사가 1차 모둠을 짜고, 각 학급의 회장과 부회장이 모둠원을 조정한 다음 학급 전체의 합의를 얻는 과정을 거쳤다.

온라인 토론 수업의 가장 큰 장점은 모둠별로 소회의실에서 토론 계획서를 작성하고 자료 조사를 할 수 있다는 점이다. 온라인상에서 다양한 정보를 즉각적으로 검색하고, 선택하고, 조합하고, 그 속에서 자신들만의 창의적인 생각을 만들어 낸다. 이것을 교실 수업으로 진행하면 스마트폰이나 노트북을 준비해 와서 자료 조사를 하고 부족한 자료는 하교 후 조사해서 출력해 와야 하는 번거로움이 있다. 아이들 간의 의견 공유도 온라인 소회의실에서 진행하면 즉각적으로 활발하게 이루어진다. 이런 점에서 두 시간을 할애하는 계획서 작성 및 자료 조사는 온라인 수업이 오프라인보다 훨씬 더 풍부한 결과물을 얻을 수 있다.

자료 조사가 끝나면 바로 토론을 시작한다. 토론 방식은 오프라인에서 하는 것과 마찬가지로 진행한다. 토론자 외의 학생들도 교실에서와 마찬가지로 참관록을 작성하며 토론에 참관하고, 토론이 끝난 후 토론자들에게 질문을 할 수 있다. 온라인 토론 장면에서 진행자는 당연히 학생이고, 토론 진행 중 수시로 이루어지는 작전 회의는 별도의 소회의실에서 진행하면 된다. 이 수업은 3학년 말에는 반별로 토론 주제를 정해 대표 토론을 진행하는 방식으로도 진행했다. 학년 말 프로그램의 반별 토론 형식도 국어 수업 시간에 한 것과 흡사하게 진행했는데, 각 학급별 주제를 보면 훨씬 더 재미있고 창의적이다.

- 나는 MIT를 졸업하고 NASA에 취업했는데 아버지가 연 매출 10억인 붕어빵 회사를 물려받으라고 한다면?
- 알이 먼저인가, 닭이 먼저인가?
- 민트초코는 음식인가, 아닌가?

우리 학교에는 '알쓸신잡'이라는 반별 토론 대회도 있다. 현실적인 삶의 가치관 선택 문제라든가 철학 문제, 일상의 잡다한 관심사에 대해 토론하는 시간이다. 이 시간에는 국어 수업의 토론 모형을 모르는 선생님이 들어가도 충분히 진행할 수 있었다. 이는 사전에 교사에게 자세한 매뉴얼을 안내하기도 했지만, 3학년 학생들이 이미 토론의 전반적인 과정을 배우고 난 다음이라 스스로 토론을 진행할 수 있기 때문이다.

1학년은 패널 토의로 토의 수업을 진행했는데 이 역시 온라인상에서 했다. 토의 주제는 고민 끝에 "감염병의 시대, 우리는 어떻게 살 것인가?"라는 다소 거창해 보이는 주제로 정했다. 계속되는 코로나19 상황 속에서 아이들도 나도 조금씩 지쳐 가고 있었고, 무엇보다 앞으로 또 다가올 수 있는 제2, 제3의 코로나를 막으려면 청소년 시절 생각의 패러다임의 전환이 필요하다는 생각 때문이었다.

수업 진행은 먼저 교과서에 나오는 패널 토의의 사례를 읽고 활동지를 통해 정리하며 대략적인 패널 토의 형식에 대해 이해하는 것부터 시작했다. 활동지를 작성한 후에는 토의와 토론의 차이, 토의의 다양한 종류 등 이론적인 학습의 토대를 다졌다. 온라인 수업으로 진행할 것이기 때문에 모둠은 5명씩 6개로 나누고, 《우리는 감염병의 시대를 살고 있습니다》(김정민, 2020)라는 책을 참고해 서로 의견을 나누며 소주제를 정했다. 모둠별 소주제 선택은 모둠 내에서 1차 토의를 한 후 모둠장 간의 조정을 거쳐서 정했다. 모둠별 소주제는 다음과 같이 정해졌다.

논제 : 감염병의 시대, 우리는 어떻게 살 것인가?

소주제

1모둠 : 코로나 이전의 감염병의 사례와 다양한 대처 방법

2모둠 : 인류의 생활 방식이 지구 생태계에 미친 영향 1(화석 연료 사용, 군비 경쟁 문제)

3모둠 : 인류의 생활 방식이 지구 생태계에 미친 영향 2(육식의 문제)

4모둠 : 디지털 불평등과 감염병의 관계, 그 해결 방안

5모둠 : 감염병 대처 방안인 격리, 역학조사, 백신 등의 개념, 문제점, 발전 방안

6모둠 : 인간과 자연의 공생이라는 패러다임 전환의 필요성

소주제를 정한 뒤 아이들은 모둠별로 소회의실에서 역할 분담을 하고 자료 조사를 시작했다. 자료 조사에 앞서 모둠별로 논제와 관련된 사회적 배경을 공유하고 자신들의 소주제가 토의의 큰 논제와 어떤 관련이 있는지 이해하는 과정을 거쳤다. 만약 육식 문제를 감염병과 어떻게 연결해야 할지 모르겠다는 모둠이 있으면 다음과 같은 질문과 연결

하여 생각해 보게 했다. "사람들이 육식을 많이 하면 어떤 문제가 생길까?" "그것이 감염병과는 어떤 관련이 있을까?" "관련이 있다면 육식 과다 섭취라는 현 상황에서 우리는 어떤 태도를 지녀야 할까?"

항상 그렇지만 소회의실 활동의 명운을 결정하는 것은 아이들의 열정적인 활동도 있지만 절반은 교사의 몫이다. 도움을 요청하는 소회의실은 물론, 그렇지 않은 곳도 교실 안의 모둠을 순회하듯이 교사는 순차적으로 계속 방문해야 한다. 잘 진행하고 있는 모둠에게는 칭찬과 격려를 해 주고, 벽에 부딪혀 난감해하는 모둠에게는 어느 부분이 어려운지 묻고 그에 대한 조언을 해 준다.

온라인 진행이라면 모두가 화면과 마이크를 켰는지 확인하는 것도 매우 중요하다. 만일 화면을 끄고 참여하지 않는 모둠원이 있다면 바로 채팅창을 통해 선생님에게 알리라고 모둠장에게 미리 말해 둔다. 자료 조사 수업에서는 무임 승차를 막기 위해 수업이 끝나기 5분 전까지 모두 1가지 이상의 자료를 출처 포함해서 모둠장에게 보내라고 강제성을 띤 지시도 한다. 그리고 순회 방문 과정에서 모둠별로 과제 수행의 속도를 살펴보고 모둠을 해산할 시간도 가늠한다. 때로는 메인으로 와서 줌수업을 하다가 본의 아니게 접속이 끊긴 학생을 다시 소회의실로 배치하는 일도 해야 하고, 브로드캐스팅을 통해 모든 모둠에 활동 시 주의 사항이나 중요한 공지 사항도 띄워야 한다. 게다가 1학년 아이들은 소회의실에서 선생님을 연신 소환한다. 그래서 아이들이 소회의실에 들어가 있는 동안 교사는 동에서 번쩍, 서에서 번쩍하느라 한눈팔 틈이 없다. 이렇게 온라인 소회의실 수업은 분주하고 역동적으로 이루어진다.

자료 조사 후 최종 자료를 정리하고 PPT를 만든 후 발표 패널을 정하기까지는 총 두 시간 정도를 배정한다. 이 과정에서 아이들은 모둠별로 이미 익숙해진 화면 공유를 하고, 오프라인 수업보다 더 자유롭게 자료의 '원석'들에 접근하여 채굴, 가공하여 친구들 앞에 내놓을 준비를 한다. 그리고 PPT를 제작하는 데 모자란 시간은 모둠별로 카톡방을 만든 후 협의하여 완성하도록 한다. 원래 패널 토의는 모둠당 각 1명의 대표 패널을 뽑아 진행할 계획이었으나 발표 욕심이 많은 모둠에서는 대표 패널을 3명이나 뽑았다고 하고, PPT를 만드는 역할도 1명이 한다는 모둠부터 전체가 함께 한다는 모둠까지 제각각이다. 뭐 어떤가. 내용을 깊이 담아낼 수 있다면 형식의 자유로움은 항상 정답이다.

모둠별 자료가 준비되면 패널 토의 준비는 다 된 것이다. 발표는 2, 3분 분량으로 준비하게 한다. 원고만 발표해도 되지만 내용이 다소 어렵고 청중의 집중도도 떨어질 듯하면 PPT까지 준비하기를 권한다. 물론 PPT 외의 다양한 보조 자료도 괜찮다. 대부분의 아이들은 발표 보조 자료로 다양한 매체를 활용하고 싶어 한다. 그래서 이 수업은 자연스럽게 2학기 수업의 '매체를 활용하여 발표하기' 수업과 연결된다.

패널 토의 진행은 교사가 해도 되지만 학생이 맡아서 할 수도 있다. 그런데 약간 어려운 주제의 토의라면 사회자가 각 토의자의 발표 내용을 정리하면서 이끌어야 하기 때문에 교사가 진행하는 것이 더 좋다. 먼저 각 대표 패널이 2, 3분씩 자료 조사한 내용을 발표한 후 패널 간의 질의응답을 진행한다. 질의응답은 시간을 정해서 하고, 이 과정이 끝나면 청중의 질문에 패널들이 답변하는 식으로 청중과의 질의응답을 진행한다. 마지막에는 청중과 패널들이 함께 "감염병의 시대, 우리는 어떻게 살 것인가?"라는 큰 논제에 대해 함께 토의한다.

전체 패널 토의 시간은 약 두 시간 정도 소요된다. 첫 번째 시간은 주로 패널들의 발표와 패널 간의 토의 정도로 끝나는 경우가 많다. 2분 정도 분량의 자료를 발표하라고 하지만 대부분은 그 이상을 발표한다. 애쓰게 찾아온 자료로 열성을 다해 발표하고 있는데 중간에 끊기도 어렵다. 첫 시간에 논제와 관련된 많은 배경 지식을 알게 된 아이들은 패널 간의 질의응답을 통해 더 많은 지식을 알게 된다. 청중들은 이 모든 내용의 발표를 들으며 활동지에 기록하고 질문거리를 적어 놓는다. 이러한 토의 과정은 1학년 학생들에게 다소 버거워 보일 듯도 하지만, 자신들 스스로 조사한 내용이어서인지 어려운 주제인데도 꽤 집중도가 높다. 삶의 문제와 직결된 문제인 만큼 논제에 대한 관심도도 높다.

마지막 과정에서 이루어지는 "우리는 어떻게 살 것인가?"라는 해결 방안에 대한 토의는 학급 전체가 함께 한다. 이 과정에서 아이들은 인간이 이미 너무나 많은 자연의 영역을 침해하고 있다는 것을 깨닫고, 현재 가진 것에 만족하며 자연과 공생해야 한다는 것을 깨닫는다.

어떤 학생은 다소 어려운 표현을 써서 '인식의 패러다임 전환이 필요하다'는 말을 하기도 했다. 감염병에 걸린 사람들에게 의심과 차별의 눈길 대신 따뜻한 위로와 함께 인격적으로 다가가야 한다는 가슴 뭉클한 이야기도 나왔다. 역학조사에서 발생할 수 있는 사생활 침해 문제에 대해 진지한 성찰을 보여 주기도 했다. 감염자가 완치된 후 조사 기관에서 완치자의 자료를 완전히 폐기한다 하더라도 주변 사람들의 기억 속에는 여전히 그 사람의 사생활 정보가 남아 있다. 이런 문제로 감염병 완치자가 일상생활에 복귀하는 데 힘든 점이 있을 수 있으니 이에 대한 대책이 더 필요하다는 의견이었다. 요즘 아이들이 사생활 침해와 개인 정보에 대해 매우 민감하다는 것을 확인할 수 있었던 기회이기도 했다.

육식 생활 때문에 온실가스가 많아지고 지구 생태계를 교란시키니 교육청 측에서 학교 식단 육식 줄이기 방안에 대해 연구를 추진해야 한다고 주장하는 아이도 있었다. 이 의견은 비록 친구들의 공감을 사지는 못했지만 그 또래 수준에서 생각할 수 있는 아주 현실적인 방안이다. 이렇게 패널 토의를 거친 아이들은 학교 급식 식단을 감염병과 연결시켜 생각할 줄도 알게 된다.

1학기말 수업 평가에서 많은 학생들이 다른 국어 활동도 좋았지만 패널 토의도 아주 재미있었다고 했다. 그 이유는 자신들이 직접 자료를 찾고, 그 과정에서 새롭고 놀라운 사실을 많이 알게 되었기 때문이라는 것이다. 모둠원들과 협력해서 주제에 대해 다양한 이야기를 나누는 과정이 참 좋았다는 의견도 많았다. 모둠 대표 패널로 나오지 않았더라도 모든 아이들은 모둠 내에서 자료를 찾고 분석하는 과정에서 이미 많은 토의 과정을 거쳤고, 서로의 생각을 알아가는 과정을 거친 것이다. 새로운 것을 알게 되는 기쁨은 배움의 가장 큰 이유 중 하나다. 그리고 함께 배우며 서로 연결하고 접촉할 수 있는 수업 환경은 현재의 격리 상황에서 아이들이 아주 목말라하는 것이다.

온라인 패널 토의만의 장점은 웹 환경에서 다양한 자료를 즉각적으로 검색하고, 그 자료를 소회의실에서 화면 공유를 하며 바로바로 의견을 나눌 수 있다는 점이다. 이미 줌수업에 익숙해진 아이들은 내가 미처 생각하기도 전에 화면 공유 기능을 요구한다. 소회의실에 들어가 보면 자신들끼리 화면을 공유하여 수준 높은 자료 공유를 진행하고 있다. 발표할 때도 교사에게 이메일로 자료를 보낸 후 교사가 일일이 클릭하여 파일을 열어 주지 않아도 자신들이 직접 화면을 공유하여 발표한다. 이처럼 토의와 토론 수업도 이제 온라인 수업에서 오프라인 수업만큼 자유롭고 풍부하게 진행할 수 있게 된 것이다.

온라인 패널 토의 4모둠 PPT 자료

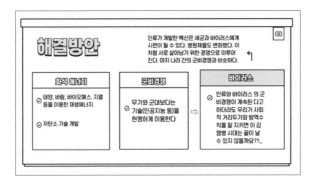

> **수업 단원** : 5. 예측하며 읽기와 토의 2) 토의하기 – 깨끗한 학교 어떻게 만들까?
> **수업 주제** : 토의를 통해 합리적으로 문제를 해결할 수 있다.

〈생각의 날개 달기〉 문제 해결을 위한 패널 토의

〔활동 1〕 우리 모둠의 토의 논제를 정해 보자.
* 전체 주제 :

모둠별 소주제	
1모둠	
2모둠	
3모둠	
4모둠	
5모둠	
6모둠	

〔활동 2〕 패널 토의 계획서 작성하기

토의 개요서(자료 조사 후 내용 수정 가능)		
1. 토의 소주제	* 우리 모둠 소주제 : * 우리 모둠원 :	
2.주제 파악	* 사회적 배경 :	
3. 구체적 근거 자료	관련 자료 1(담당자 이름 :)	근거

	관련 자료 2(담당자 이름 :)	근거
	관련 자료 3(담당자 이름 :)	근거
3. 구체적 근거 자료	관련 자료 4(담당자 이름 :)	근거
	관련 자료 5(담당자 이름 :)	근거
	관련 자료 6(담당자 이름 :)	근거
발표 자료 통합 정리		

〔활동 3〕 패널 토의 계획서 작성하기

토의 논제	
사회자	오늘은 ( )을 논제로 토의해 보도록 하겠습니다. 토의자는 ( )을 순서로 준비해 온 의견을 이야기해 주십시오.
토의자 1	저는
토의자 2	저는
토의자 3	저는
토의자 4	저는
토의자 5	저는
토의자 6	저는
사회자	토의자들의 의견 잘 들었습니다. 그러면 이제 토의자끼리 서로의 의견을 교환하겠습니다.
토의자 ( )	
답변	
토의자 ( )	
답변	
토의자 ( )	
답변	
토의자 ( )	
답변	
토의자 ( )	
답변	
토의자 ( )	
답변	

사회자	토의자들의 의견 잘 들었습니다. 이번에는 지금까지의 의견을 바탕으로 청중의 질문과 의견을 들어 보겠습니다.
청중 ( )	
답변	
청중 ( )	
답변	
청중 ( )	
답변	
청중 ( )	
답변	
청중 ( )	
답변	
사회자	다른 의견이 없으시면 오늘의 주제에 대해 결론(실천 방안, 해결 방안)을 함께 이야기해 보겠습니다.
사회자	이것으로 오늘 토의를 모두 마치겠습니다.

3 구글 설문지를 활용한 보고서 쓰기

3학년 국어에 보고서 쓰기 단원이 있다. 이 단원 수업에서는 먼저 학생이 실제로 쓴 보고서를 교과서에서 읽는다. 보고서를 쓸 때 근거를 마련하는 방법 중 하나로 설문 조사가 있다. 설문 조사 결과를 보고서에 어떻게 활용하는지에 따라 보고서의 내용과 형식이 달라진다.

나는 온라인 수업에 맞게 아이들에게 실제로 설문 조사를 해 보게 하고 이를 바탕으로 보고서 쓰기를 진행하기로 했다. 솔직히 미리 계획한 건 아니고 설문 조사에 대해 설명하다 보니 갑자기 생각이 난 것이다. 결론적으로는 2차시 수업 끝에 학생들에게 이 수업에 대한 의견을 물으니 한결같이 설문 조사가 매우 재미있고 도움이 되었다고 답했다. 뜻하지 않은 성과였기에 이후 온라인에 맞는 수업 방식에 대해 더욱 고민하게 된 계기가 되었다.

수업 진행은 다음과 같이 했다.

1차시 수업 흐름

① 구글 설문지 만드는 방법 소개하기 _ 줌으로 화면 공유(5분)

② 줌 소회의실 열기 : 한 모둠당 4~5명으로 구성

③ 줌 소회의실에서 토의하기(15분) : 설문 조사 하고 싶은 주제를 정하고 설문 문항 5개 이상 만들기(소회의실 화면 공유). 설문 조사 주제는 학생들의 삶과 밀접한 것으로 정한다.

  • 교사는 소회의실에 들어가 학생들이 무엇을 힘들어하는지 살피고, 질문에 바

로 답변해 준다. 설문 문항은 객관식으로 하되 '기타'를 넣게 한다. 마지막 질문은 서술형도 가능하다는 등 구체적으로 알려 준다.

④ 줌 소회의실 활동 이후 각 모둠의 설문 주제와 문항을 화면에 띄워 발표하며 반 전체가 공유한다.(15분)

⑤ 모둠 발표가 끝날 때마다 교사와 학생들이 피드백을 한다.(10분)

2차시 수업 흐름

① 1차시에 발표한 설문 주제와 문항에 대한 피드백 내용을 반영한다.(5분)

② 모둠별 대표 학생이 자신의 구글 설문지 주소를 해당 차시의 구클 수업 댓글에 링크를 걸어 준다.(5분)

③ 6개 모둠에서 링크를 타고 들어가 모든 학생이 바로 설문 조사에 응한다.(10분)

④ 설문 조사가 끝나면 각 모둠 대표가 조사 결과를 발표한다.(20분)

• 이때 조사 결과를 보고서에 어떻게 활용할지, 결과는 예상대로 나왔는지 등에 대해 의견을 나눈다. 이를 통해 설문 문항을 좀 더 정교하게 만들 수 있다.

⑤ 수업 소감에 대해 묻는다.(마무리)

온라인 설문 활동 경험에 대한 학생들의 소감을 읽으면서 더없이 뿌듯하고 자부심이 느껴졌다. '컴맹에 가까운 내가 이런 것도 가능하구나!' 하며 요즘 아이들 표현으로 '가슴에 웅장함이 차올랐다'.

내가 수업한 반 학생들 중에 학생자치회 3학년 차장이 속한 모둠에서는 '우리 학교 원격 수업에 대한 만족도 조사'를 설문 주제로 정했다. 이 수업을 할 때가 9월 말이었는데 2학기 들어 실시간 쌍방향 수업을

● 학생들이 만든 설문

신조어/줄임말 사용 실태 설문지
3학년 1반 2조 – 노○○, 안○○, 장○○, 전○○, 한○○
* 필수항목

국어 시간에 우리 학교 학생들의 신조어/줄임말 사용 실태를 파악하기 위한 신조어/줄임말 사용 실태 설문지입니다. 설문지를 잘 작성해서 제출해 주시길 바랍니다!

1. 평소 올바른 한글을 사용하고 있나요? *
○ 1. 표기법에 신경 쓰지만 습관적으로 신조어/줄임말을 사용한다.
○ 2. 신조어/줄임말을 더 선호하고 자주 사용한다.
○ 3. 항상 올바른 표현을 쓴다.
○ 4. 기타

2. 하루에 신조어/줄임말을 어느 만큼 사용하시나요? *
○ 1. 하루에 5번 미만
○ 2. 하루에 20번 미만
○ 3. 하루에 50번 미만
○ 4. 하루에 70번 미만
○ 5. 하루에 90번 미만
○ 6. 셀 수 없음
○ 7. 사용 안 함
○ 8. 기타

3. 신조어/줄임말을 사용하는 이유가 무엇인가요? *
○ 1. 유행에 뒤처질까 봐
○ 2. 재미있어서
○ 3. 긴 문장을 말하는 것이 귀찮아서
○ 4. 친구들이 사용하니까
○ 5. 친구들과의 순조로운 대화
○ 6. 습관적으로
○ 7. 기타

4. 신조어/줄임말을 처음 접한 곳은 어디인가요? *
○ 1. SNS 등 인터넷
○ 2. 친구
○ 3. TV 프로그램
○ 4. 기타
○ 기타:

5. 신조어/줄임말 사용을 어떻게 생각하나요? *
○ 1. 경각심을 갖고 고쳐 나가야 한다.
○ 2. 어느 정도 문화로 인정해야 한다.
○ 3. 큰 문제다.
○ 4. 관심 없다.
○ 5. 기타

원격 수업에 관한 ○○중학교 학생들의 의견
3학년1반1조(박○○, 이○, 전○○, 탁○○, 황○○)
* 필수항목

1. 우리 중학교 원격 수업 만족도 *
○ 매우 불만족
○ 불만족
○ 보통
○ 만족
○ 매우 만족
○ 기타:

2. 원격 수업의 장점 *
○ 영상을 올려 주시면 반복 재생이 가능하다
○ 등교 수업 시보다 아침에 시간이 상대적으로 더 많다.
○ 수업이 좀 일찍 끝날 시 원래 쉬는 시간보다 더 길게 가질 수 있고 더 편하게 쉴 수 있다.
○ 수업 시간의 분위기가 교실에 있을 때보다 더 편한 느낌이 든다.(불편한 교복이 아닌 편한 사복 or 편한 집)
○ 좀 더 내 입맛에 맞고 만족스러운 점심 식사를 할 수 있다.
○ 기타:

3. 원격 수업의 단점 *
○ 영상이 끊길 수 있다.
○ 등교 수업 때보다 선생님과의 소통이 상대적으로 부족하고 어렵다.
○ 거의 반나절을 컴퓨터나 휴대폰을 보느라 어지럽다.
○ 인터넷 연결이 불안정한 몇몇 아이들은 원활하게 수업을 듣기가 어렵다.
○ 분위기가 너무 편하다 보니 수업에 완전히 집중하기가 좀 어렵다.
○ 기타:

4. 더 원활한 원격 수업을 위해 학생들이 노력해야 할 점 *
○ 올바른 자세와 태도로 수업에 임하기
○ 수업 시간에 늦지 않게 들어와서 결석자 체크 혹은 출석 체크하는 시간을 줄이기
○ 수업에 들어가고 나갈 때 인사하기 (서로)(더 나은 분위기 위해)
○ 카메라를 애초에 제대로 켜기(선생님이 따로 켜라고 하기 번거로움)+필요에 의해서만 음소거 해제하기(잡음이 들어옴)
○ 기타:

5. 더 원활한 원격 수업을 위해 선생님께서 노력해야 할 점 *
○ 수업 시작, 종료 시간 꼭 지키기(예비종 칠 때 시작X)
○ 실시간 수업이 끝나고 내야 할 과제가 있다면 그 과제 할 시간을 좀 남겨서 수업 마치기
○ 영상 끊김에 대해 미리 대처법 마련해 놓기
○ 수업 시간에 수업에 관련되지 않은 얘기 하지 않기
○ 기타:

226

● 구글 설문 통계 그래프

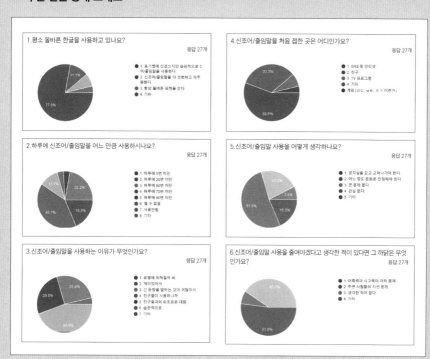

● 구글 설문 수업에 대한 학생들 소감

국어 느낀 점

이번 설문조사를 통해 학생들의 원격 수업에 대한 만족도를 알게 되었을 뿐만 아니라 더 낫고 상호가 만족하는 원격 수업을 위한 서로가 노력해야하는 일에 대해서도 알게 되었다. 이 설문조사를 잘 활용하여 실제 학교 건의사항 혹은 회의 때 회의 주제로 다뤄보고 싶다는 생각도 들었다. 그리고 보고서를 작성할 때에 이 자료들을 전달이 잘 되게끔 만들어야겠다 고도 생각했다.

시작한 지 약 한 달이 되어 가는 시점이었다. 즉 '우리 학교 원격 수업에 대한 만족도 조사'는 결코 조사를 위한 조사가 아니라 학생들의 삶과 밀접한 관련이 있는 조사였다. 학생자치회 3학년 차장은 실제로 그 설문 결과를 학생회의에 가서 전달했다. 그리고 전교학생회에서는 전교생을 상대로 이런 식의 설문 조사를 실시해 학교 문제를 해결해 나가면 어떨까 고민하게 되었다고 한다.

그 고민은 고민으로만 그치지 않았다. 10월쯤 동복 착용 방법에 대해 학생들의 불만이 커지자 학생회 소속 3학년 학생들이 주축이 되어 교복 착용에 관한 전교생의 의견을 묻는 구글 설문을 실시한 것이다. 이러한 학생들의 움직임이 학생인권 부장님한테도 전해졌고, 결국은 절충안을 마련하게 된 계기가 되었다.

물론 이 과정이 속전속결로 이루어진 것은 아니었다. 절차상의 문제가 좀 있었다. 전교생에게 설문 조사를 하려면 사전에 학생회 대의원회의를 거쳐야 한다. 설문 문항이 학생들에게 유리한 조항만으로 이루어져선 안 되며, 편하고 단정한 교복 착용 방법에 대한 고민과 대안의 내용도 들어가야 했다. 전교학생회장은 이와 같은 번거로움을 감수하고 설문 문항을 수차례 고치고 나서야 설문 조사를 실시할 수 있었다.

학생인권 부장님은 이러한 과정이 있었기에 학생들이 편한 것을 누리는 만큼 그 누림을 지키기 위한 노력도 같이 하게 됐고, 그 후 규칙에 어긋난 교복 차림을 한 학생이 거의 없었다고 후일담을 전했다. 수업에서 배운 것을 실제로 수행해 좋은 결과를 얻은 사례여서 오래도록 기억에 남을 것이다.

4 패들렛을 이용한 개인, 모둠 활동

❶ 문학 수업

2021년 3학년 3월 학기 초에 온라인으로 수업을 해야 했다. 무엇을 어떻게 할까 고민하다가 패들렛을 이용한 자기 소개 활동을 했다. 학생은 각자가 비주얼씽킹으로 자신을 익명으로 소개하면 반 아이들이 답글로 누구인지 맞히게 했다. 이 활동을 한 후 어떤 친구에 대해 새롭게 알게 된 점을 말해 보라고 했다. 아이들은 친구의 실명을 거론하고 새롭게 알게 된 점을 말하면서 학기 초 잘 모르는 친구들과 온라인에서 소통하는 시간을 먼저 가졌다. 비주얼씽킹으로 소개하기 방법을 잘 모르던 아이들도 먼저 작성한 친구들의 그림이나 문구를 보며 금방 그 방법을 알아냈다.

　온라인에서는 이처럼 친구를 통해 배우는 것이 훨씬 빠른 경우도 많

비주얼씽킹으로 자기 소개 하기

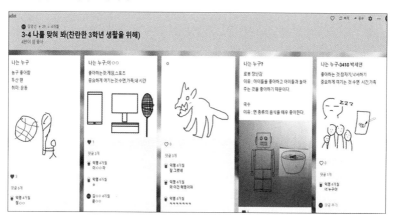

다. 패들렛과 같이 동시 작업이 가능하고 그 과정을 다 볼 수 있기 때문에 모르는 것을 애써 물어보거나 가르쳐 주지 않아도 저절로 배움 나눔이 이루어진다. 짧은 시간에 전체 공유가 가능하고 시각적인 요소도 함께 작용하기에 오프라인에서보다 이해가 훨씬 쉬운 경우도 많다.

❷ 패들렛에서 안은문장 만들어 공유하기

"홑문장, 겹문장, 이어진문장, 안은문장, 부사절을 안은문장⋯⋯ 아이고 머리 아파!"

학생들은 문법이라고 하면 막연히 어렵다고 생각한다. '문장의 짜임'이라는 문법 단원이 있는데, 나는 코로나19 상황인 점을 고려해 교육과정 재구성을 할 때 이 단원 수업을 맨 앞으로 끌어왔다. 문법 수업을 온라인에서 먼저 하고 등교하면 반복 수업을 해 주기 위해서였다. 개념 공부는 반복을 하다 보면 쉽게 여겨지기 마련인데, 집에서는 반복 학습을 하기가 어려울 거라는 학생 입장을 고려한 조치였고, 코로나19 상황에서 학습을 포기하지 않도록 이끌기 위한 나름의 판단에서였다. 학기를 마쳤을 때 다행히 아이들은 문법을 먼저 끝내니 반복 학습할 시간이 있어서 시험 공부를 할 때도 수월했다고 말했다.

실시간 줌으로 하는 문법 수업에서는 학생들과 대화해 가며 기억하기 쉽고 재미있는 문장을 예문으로 들었다. 예를 들어 해당 수업 시간이 아침 1교시라면 "아침에 무얼 먹었니?"라고 묻는다. 그러면 "못 먹었어요. 겨우 일어났어요."라고 하는 아이들이 태반이다. 등교 수업 때보다 오히려 아침밥을 못 챙겨 먹는 아이들이 많다. 점심도 라면으로 먹는 등

식사가 부실해지고 육체 활동도 현저히 줄어들었다. 나는 쉬는 시간에 뭐라도 꼭 챙겨 먹으라고 따뜻한 말 한마디를 건넨다.

만일 이때 "저는 김치찌개를 먹었어요."라고 대답하는 아이가 있다면 나는 그 문장으로 주어, 목적어, 서술어의 개념을 설명한다. 더 나아가 "저는 김치찌개를 빨리 먹었어요."에서 부사어를, "저는 맛있는 김치찌개를 먹었어요."에서 관형어에 대해 설명한다. '이어진문장'을 배울 때는 "저는 김치찌개를 먹어서 배가 불러요."라는 대답을 이끌어 내고, 그렇게 아이들의 입에서 나온 문장을 예로 들어 가며 수업을 진행한다. 그러면 자칫 지루해질 수 있는 문법 수업이 훨씬 재미있고 활기하게 진행된다.

'문장의 짜임'에 나오는 기본 개념을 모두 익히고 문제도 푼 뒤에는 패들렛을 이용해 아이들이 어려워하는 안은문장 만들기를 했다.

패들렛을 이용해 안은문장 만들기 1~2차시 수업 흐름

① 구클에 패들렛 공유하기

② 패들렛 링크를 타고 들어가 자기 반에 해당하는 곳에 안은문장을 만들어서 어떤 종류의 안은문장인지 밝히기

  • 이때 같은 반 친구를 칭찬하거나 친구의 특징을 나타내는 문장으로 안은문장을 만들어 보라고 한다. 이렇게 하면 자주 만날 수 없는 친구들을 한 번이라도 더 떠올릴 수 있고, 문장을 읽으면서 가슴 한켠이 따뜻해진다.

③ 친구들이 만든 안은문장을 보고 교사와 학생들이 피드백하기

이때 패들렛의 맨 위쪽에는 교사가 시범으로 만든 문장을 올려 놓는다. 아이들은 모두 같은 시간대에 패들렛에서 친구를 칭찬하는 문장을 만든다. 교사는 아이들이 문장을 만드는 동안 틀린 부분에 대해 피드백을 한다. 인용절이나 서술절로만 만들지 말고 다른 형태의 안은문장도 만들어 보라고 요구한다. 아이들은 인용절로 만드는 게 제일 쉬운 모양이다. 명사절, 부사절, 관형절로도 만들고 어떻게 만드는지 중간 중간 설명하기도 한다. 패들렛을 이용하면 다른 반 친구들이 만든 안은문장을 볼 수도 있다. 이렇게 활발하고 광범위한 공유는 온라인 수업이기 때문에 가능한 일이다.

공유 측면에서는 온라인 수업의 장점이 매우 크다. 아이들은 어려워하다가도 친구가 쓴 것을 참고하며 자신도 멋진 안은문장을 만들려고 노력하게 된다. 이렇게 배움을 포기하지 않는 학생들의 모습을 보면서 나는 여지없이 교육심리학자 비고츠키의 '근접발달 영역과 적절한 비계 설정'을 떠올렸다. 비고츠키는 인지 발달에서 사회적 상호작용의 중요성을 강조한다. 온라인 상황에서 교사와 학생들 간에, 학생들 상호 간에 사회적 상호작용을 어떻게 만들어 내는지가 효과적인 학습의 가장 중요한 관건이라는 걸 나는 이번 수업을 통해 깨달았다.

패들렛에 올라온 안은문장을 하나하나 빠짐없이 읽어 주면서 우선 친구의 장점이나 특징을 잘 찾아 쓴 학생의 안목을 칭찬해 주었다. 덧붙여 교사가 알고 있는 칭찬거리까지 덧붙이니 따뜻한 문법 정리 수업으로 마무리되었다. 마지막으로 진짜 안은문장이 맞는지 여부를 가리는 것도 놓치지 않았다. 솔직히 그 문장이 서술절인지, 부사절인지 몰라도

● '패들렛을 이용한 안은문장 만들기' 수업 안내 - 구글 클래스룸

 ○○○ 님이 새 과제 게시: 2교시 3. 문장과 글쓰기 1) 문장의 짜임, 안은문장으로 친구 창찬하기 + 2) ...   ⋮

2020. 9. 14.에 게시됨

<미리 준비할 것>
1. 줌으로 실시간 수업을 실시합니다.
　○○○ 이(가) 예약된 Zoom 회의에 귀하를 초대합니다.
　주제: 김영선의 개인 회의실
　Zoom 회의 참가

　회의 ID:
　암호:

2. 수업에 들어올 때 모두 비디오를 켜고 자신의 얼굴이 잘 나오도록 합니다 - 그러지 않을 경우 '참교육'실시합니다.

3. 3단원 문장의 짜임 2) 쓰기 윤리와 보고서 쓰기(교과서 본문 공부하니까 교과서 미리 준비) + 활동지 3 준비

4. 과제 제출 : 활동지 3을 사진 찍어 제출합니다.

23 제출함　　**5** 할당 완료

 3학년 국어 학습 자료방(활...
https://padlet.com/sampyun...

 3. 문장의 짜임 (3-4, 3-2, 3...
https://padlet.com/sampyun...

● 패들렛을 이용해 안은문장 만들기

친구가 자신을 칭찬해 준 내용만 남는다고 해도 좋은 수업이었다고 생각한다. 차가운 랜선 위에서나마 같이 연결되어 있다는 느낌을 받는 것이 필요한 때였으니까.

패들렛을 어떻게 이용하는지 옆 선생님한테 물어보는 데 10분, 그이후 혼자 연습하는 데 15분이 걸렸고, 다음 수업 시간에 적용하기까지 그리 오랜 시간이 걸리지 않았다. 사실 기술적인 문제보다 패들렛을 어느 단원 수업에 어떻게 이용할지 계획하는 것이 더 까다로운 일이었다. 이는 평소 수업을 준비하는 것과 별반 다르지 않다.

내가 가르친 3학년 학생들이 2021년 1월에 졸업을 했다. 그런데 아직 나의 패들렛에는 그 아이들이 쓴 안은문장들이 남아 있다. 나는 그것을 그대로 복사해 이 책에 옮겨 놓을 수 있었다. '온라인 수업은 남는 것이 있구나!' 지금도 그 사랑스러운 칭찬의 문장들을 보며 제자들을 떠올리게 된다.

❸ 읽기 활동, 모둠별로 질문 만들어 공유하기 : 모둠 활동

낯선 글을 잘 읽어 내는 것은 읽기 영역에서 매우 중요한 역량이다.

읽기 단원에서 독해력을 기르기 위해 교과서 밖의 자료 중 비교적 최근의 우리 삶이 담긴 주장하는 글을 찾아 제시했다. 읽기를 잘하는 방법 중에 '왜'라고 질문하고 스스로 답변을 해 보는 것이 있다. 이러한 활동은 등교 수업에서 당연히 모둠 활동을 했을 것이기에 온라인 수업에서도 모둠 활동을 하였다. 줌에서 소회의실을 열어 모둠을 구성해 주면 아이들은 모둠 토의를 한 후 패들렛에 본문을 잘 이해하기 위한 질문을 만들

"왜?"라고 묻고 답하고 평가하기

고 스스로 이해한 내용을 답변하는 활동을 했다. 아이들은 같은 글을 읽고도 이해가 잘 되지 않는 부분에 대해 묻고, 관점이 다른 질문, 통찰력이 있는 질문까지 만들어 냈다. 아이들은 질문과 답변을 하는 과정에서 정독을 하기 때문에 대부분의 내용을 바로 이해했다. 또 잘 모르는 낱말이나 개념을 곧바로 인터넷에서 검색해 보며 배경 지식을 넓혀 나갔다.

패들렛의 질문들 중에서 모둠별로 내용이 겹치지 않은 질문들을 발표하며 아이들은 글의 핵심적인 내용을 자연스럽게 이해하게 되고, 질문의 수준을 어떻게 높일 수 있는지도 체득하게 된다. 패들렛으로 개인 활동, 댓글을 주고받는 소통 활동, 모둠 활동 등 얼마든지 참여와 소통이 가능하다. 무엇보다 전체 공유가 순식간에 가능하고, 교사는 아이들이 무엇을 놓치고 헤매는지 단번에 파악하고 즉각적인 피드백을 할 수 있다.

만약 즉각적인 피드백을 하지 못했더라도 활동 자료가 그대로 남아 있기 때문에 다음 시간에 이를 공유하며 피드백을 마저 해 줄 수 있다. 줌 채팅 활동은 사라지지만 패들렛에 다 같이 공유했던 자료는 고스란히 남아 학습을 도울 수 있다.

5 구글 문서를 이용한 글쓰기

중학교 3학년, 성적 처리까지 다 끝내고 나면 12월이 온전히 남는다. 수업 시간에 무엇을 할지 고민이 된다. 등교 수업이었다면 아이들은 자유 시간을 달라, 영화를 보여 달라며 온갖 놀 궁리만 하는 때다. 그러나 2020년에는 그런 말을 할 수가 없었다. 교사 입장에서는 그런 부탁을 애써 뿌리치지 않아도 되니 좋은 면도 있었다.

2020년 12월 3학년 온라인 수업에서는 영화 〈동주〉에 나오는 시들을 PPT로 보여 주고 맘에 드는 시를 필사하고 발표하는 수업도 하고, 유튜브에서 배우 강하늘이 들려주는 시 낭송도 함께 들었다. 그리고 〈동주〉를 세 시간에 나눠 보면서 매시간 그 느낌을 구글 문서로 공유했다. 일주일 넘게 윤동주와 함께했고, 나머지 시간은 고등학생이 되기 전에 꼭 알아야 할 개념 공부를 했다.

12월에 실시한 모든 수업에서는 출석 체크를 하는 동안 신청곡을 받아서 어떤 노래든 들었다. 약 3분 동안의 시간이 감성을 자극했다. 요즘 아이들은 노래를 감상하는 범위가 정말 넓다. 내 세대가 들었던 이문

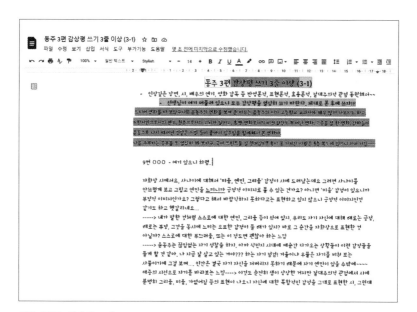

영화 〈동주〉 감상평 쓰기(구글 문서를 이용한 글쓰기 수업 사례).

세, 김광석 노래부터 최신 랩, 외국 가수의 노래까지. 덕분에 아이들의
문화를 엿볼 수 있는 좋은 시간이었고, 그 노래를 신청한 아이에게 왜
좋아하는지, 언제부터 좋아했는지 등 사적인 관심사까지 공유하면서
즐거운 시간이 되었다.

우리 학교는 12월 말에 온라인 축제를 하기로 했다. 그 프로그램 중
에는 유튜브로 실시하는 '보이는 라디오'가 있어서 사전에 사연 모집을
했다. 그런데 3학년 중에는 라디오 사연을 낸 학생이 한 명도 없다는 것
이다. 축제 담당자였던 나는 급한 마음에 국어 시간을 이용해 글쓰기를
시켰다. 그중에 괜찮은 글을 뽑아서 라디오 사연으로 내면 어떨까 하는
생각이었다. 그래서 내가 제일 손쉽게 이용하는 구글 문서로 한 학급 전

체가 동시에 글을 쓰는 작업을 했다.

만일 아이들에게 "일 년을 정리하는 글을 써 봐. 곧 졸업이니까 3학년을 정리하는 글도 좋아."라고 대충 말하면 모두가 비슷비슷한 글을 쓴다. 창의적인 글을 쓰게 하기 위해서는 구체적으로 지시해야 한다. 예를 들면 나는 다음과 같은 제시어를 주고 이 가운데 한두 개를 선택해서 쓰라고 했다. 2020년 힘든 시기에 고마웠던 사람, 당연한 것들(이적의 노래 제목에서 착안), 삶은 지속된다(방탄소년단의 노래 〈Life goes on〉에서 착안), 생명, 좋았던 것 3가지, 힘들었던 것 3가지, 관계, 긍정의 힘, 나만의 습관, 새로운 방법, 지속되는 고민.

제시어를 주자 아이들은 구글 문서로 들어와 거침없이 글을 쓰기 시작했다. 구글 문서에서 글을 쓰는 장면은 당연히 줌 화면 공유를 통해 나타난다. 모두에게 공유가 되어 친구가 어떤 사연을 쓰는지 실시간으로 알 수 있다. 그때 쓴 글들이 지금도 구글 문서에 고스란히 남아 있다.

글쓰기를 마친 후 아이들에게 누구의 글이 가장 가슴에 남는지 물어보았다. 가장 많이 지목된 학생을 불러내 아이들이 감동적이었다고 지목한 내용에 대해 발표하게 하고, 이번에는 그 학생이 가장 맘에 드는 글을 쓴 학생을 지목한다. 이렇게 연이어 지목하는 방법으로 학급 전체 학생이 발표하게 했다.

이 활동을 통해 나도 아이들도 나이와 성별, 개인적인 상황을 떠나 코로나 시대를 함께하는 인간으로서 동병상련을 나눴다. 단순히 글쓰기를 했을 뿐인데 참 놀라운 위안이 되었고 벅차오르는 감동도 느꼈다.

2020년을 돌아보며 편지 쓰기(수정 권한을 준 구글 문서).

코로나로 많은 변수가 생겨서 당황스러웠던 한 해를 잘 이끌어 주시고 언제나 열심히 가르쳐 주신 선생님들께 감사하다. 이번 한 해는 상황을 대처하는 사람들의 열정 등 다양한 면모를 보여 준 연도인 것 같다. 처음에는 온라인 수업이라는 게 정말 가능할까 걱정도 되고 코로나라는 전염병에 두려움이 앞서서 심적으로 모두가 많이 힘들어했다. 그러나 그러한 상황 속에서 꿋꿋이 서로 응원하고 공감하며 이겨 내는 모습이 아름다워 보였다.

요즈음 뜻 깊게 보는 영상을 소개하고자 한다. 설민석 선생님의 강의 영상이다. 설민석 선생님은 우리의 삶을 성찰하고 어떻게 살아 나가는 게 좋은지 다시 한 번 삶의 방향을 잡아 주는 것 같다. 〈책을 읽어 드립니다〉라는 방송 프로그램으로는 책에 대한 관심을 이끌어 주고 친구들 모두 이를 보고 느낀 바가 있었으면 좋겠다. 설민석 선생님이 코로나를 이야기하며 한 말이 있다. "위기를 기회로! 이번 코로나를 겪으며 우리는 많이 성장하고 발전해 있을 것이다. 과거 페스트 전염병으로 유럽 인구 3분의 1이 죽었지만 그 이후로 유럽은 성장하는 계기, 도화점이 되었다." 이렇듯 설민석 선생님의 말은 사람들에게 용기를 주고 삶을 되돌아보게 한다. 코로나를 위기로만 보지 말고 기회로도 보고 앞으로의 고등학교 생활을 잘 헤쳐 나가야겠다. 나 또한 사람들에게 긍정적인 영향을 미치는 사람이 되고 싶다.

– 2020년 12월에 쓴 3학년 학생의 글

많은 사람들이 힘든 한 해였지만 사실 나에게는 그리 힘겹지 않은 시간이었던 것 같다. 어디 나가지 않고 학교 수업만 제대로 들으면 되니 힘들다고 투정 부릴 이유가 없기도 했다. 조금 아쉬웠던 건 친구들을 직접 만나 함께 보낸 시간이 너무 적었다는 것? 시간이 좀 더 있었다면 조금은 시끄럽고 활기찬 우리 반이 될 수 있었을 텐데 하는 생각이 들기도 했고, 중학교에서의 마지막 시간을 서로 만나지 못하고 마무리해 가고 있다는 것이 속상하기도 하다. 볼 날이 얼마 남지 않기는 했지만 아직 졸업식이 있으니까! 졸업식 날만큼은 서로 만나서 사진도 많이 찍고 졸업 축하 인사도 전하고 싶다.

개인적으로 하나 알게 된 사실이 있는데 나는 내가 이렇게 집순이인 줄 몰랐다. 항상 밖에 나가 돌아다니는 걸 좋아한다고 생각했는데 집에서 주구장창 노는 것도 나쁘지 않았다. 오히려 나갈 생각을 하면 귀찮고 화가 나기까지 했다. 물론 집에만 있으면 하는 일도 몇 가지 없고 마음이 오락가락하기도 하지만 베란다에 가서 10초만 멍 때리면 추워서 정신이 바짝 들어서 재밌다. 또 온라인 수업을 들으면 집에서 점심을 직접 차려 먹게 되는데 시간이 지나니까 약간 요령이 생겨서 이것저것 잘 챙겨 먹고 치우고 하다 보니 설거지 선수가 됐다. 이젠 설거지 따위 5분 컷이다.

– 2020년 12월에 쓴 3학년 학생의 글

아이들은 위와 같이 자기만의 개성으로 자신의 생각을 순식간에 글로 표현했다. 일 년의 삶을 돌아보며 글을 쓴 두 시간은 정말 소중한 시간이었다. 글 쓰는 것만으로도 잠시 치유가 되지 않는가? 아이들 나름대로 그 힘든 상황을 버티고 잘 지내려고 노력했다는 것이 느껴져서 코끝이 찡했다. 구글 문서 공유를 할 때 항상 먼저 시작하는 아이들이 있다. 쓰기를 두려워하지 않는 아이, 생각이 풍부한 아이들이다. 3줄 이상 쓰기가 어려운 아이들도 그 친구들이 쓴 글을 참고해 조금 더 구체적으로 자신을 표현하려고 애쓴다는 것을 온라인 상황에서도 충분히 느낄 수 있었다. 이러한 배움은 온라인에서 훨씬 강한 힘을 발휘한다.

패들렛이나 구글 문서는 채팅, 유튜브 댓글 달기가 일상화된 아이들에게 매우 적합한 매체라는 생각이 든다. 단, 유튜브와는 달리 정돈된 글쓰기와 주제에 맞는 글쓰기를 한다는 점이 다를 뿐이다.

이 수업을 하고 있는데 옆자리의 과학 선생님이 웃으며 말을 건넸다. "요즘 아이들이 국어 시간에 쓴 글을 읽고 있는데 너무 재미있어요. 아이들 모습이 보여요. 그런데 아이들이 글을 정말 잘 쓰더라고요." 나는 깜짝 놀라며 "내가 글쓰기 수업 하는 걸 어떻게 알았어요?"라고 물었다. 그랬더니 "구클에서 모든 수업을 볼 수 있잖아요. 중 3 애들이 어떻게 썼나 궁금해서 좀 봤어요." 그분도 중 3을 담당하는데 아이들에 대해 정말 관심이 많고 열정적인 선생님이다. 그분이 교감 선생님한테도 아이들이 쓴 글 이야기를 했더니 교감 선생님도 아이들의 글을 읽으셨다고 한다. 아이들이 있는 장소에 가지 않아도 아이들의 생각을 읽을 수 있는 것이다.

사실 나도 사회 시간에 학생들한테 소개한 자료에 대해 묻기도 하고, 역사 시간에 어떻게 토론하는지 묻기도 한다. 한 학급을 넘어 학교 전체, 교사 전체, 교감 선생님까지 공유의 폭이 확대되었다. 이렇게 수업을 공유하다 보면 서로 자연스럽게 의견을 나누며 더욱 발전하는 수업을 만들어 갈 수 있다.

6 구글 슬라이드를 이용한 공유 활동

위 동그라미는 무엇일까? 이것은 구글 슬라이드로 문서 작업을 할 때 동시에 작업에 참여 중인 사람들을 아이콘으로 표시한 것이다. 동그라미를 클릭하면 참여자의 이름을 알 수 있다. 구글 슬라이드 설정을 '수정'으로 해 주면 수업에 참여하는 모든 아이들이 들어와 동시에 슬라이드에 내용을 작성할 수 있다. 학급 인원이 30명이든 몇 명이든 모든 인원이 동시에 글을 쓸 수 있고, 남들이 쓰는 과정을 볼 수도 있다.

학생들 각자에게 슬라이드 한 면을 할당해서 각 면에 이름을 적어주면 어느 슬라이드에서 누가 글을 쓰고 있는지, 어느 수준으로 작업 중인지, 그리고 누가 불참했는지도 금세 알 수 있다. 간혹 남의 슬라이드에 가서 글을 변형하며 장난을 치는 아이들도 있는데, 그런 상황까지 훤히 드러나서 곤란한 일이 벌어지기도 한다.

❶ 3학년 1학기 말 구글 슬라이드 수업 사례

2021년 1학기 말은 코로나19 때문에 전면 온라인 수업으로 진행했다. 지필 고사 후 주어진 네 시간을 자서전 문서화하기 두 시간, 여름방학에 읽을 책 소개하기 한 시간, 국어 수업 되돌아보기 한 시간을 계획해 진행했다. 나는 채 2분도 안 걸려 구글 슬라이드에 책 소개 코너를 만들어 학생들 각자에게 한 면씩 배부했다. 아이들은 자신에게 주어진 빈칸을 충실히 채워 나갔다. 물론 그전에 학생들의 관심 분야를 예상해 다양한 책을 인터넷 서점에서 검색해 보고, '책으로 따뜻한 세상 만드는 교사들' 누리집에 들어가 분야별 추천 도서도 같이 살펴보았다. 그런 다음 구글 슬라이드로 책 소개하는 방법을 줌에서 화면 공유를 통해 알려 주었다.

학생들은 20분간 각자 구글 슬라이드에 이전에 감명 깊게 읽은 책, 앞으로 읽고 싶은 책, 여름방학에 읽을 책 한두 권을 소개하는 활동을 했다. 그 후 15분간 소개한 책을 발표하도록 했다. 이 짧은 시간에 구글 슬라이드를 활용한 활동으로 한 학기 동안 가르친 아이들의 진로, 취미, 관심 분야, 독서 수준 등을 한눈에 파악할 수 있었다. 소개한 책들 중에

● 구글 슬라이드를 이용해 '책 소개하기'

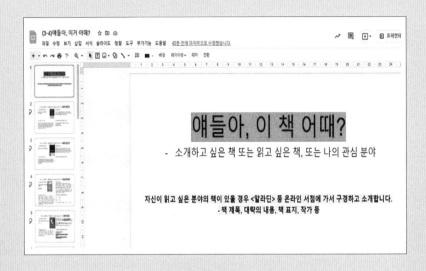

《더 푸드 랩》,《공정하다는 착각》,《사피엔스》,《파리대왕》,《우리는 감염병의 시대를 살고 있습니다》 등은 여름방학 동안 독서에 대한 자극을 줄 수 있는 좋은 책들이었다.

국어 수업에서 서평 쓰기 활동으로 읽는 책은 학기당 1, 2권밖에 안되며, 각자의 흥미와 취향을 고려할 수도 없다. 이런 점이 늘 아쉬웠는데, 그나마 구글 슬라이드를 활용한 책 소개 활동에서는 각자 관심 분야의 책을 찾아보고 흥미로운 책을 친구들에게 추천받으며 책의 세계로 좀 더 깊이 들어가는 모습을 보여 주었다. 이 활동에 대한 아이들의 반응도 매우 좋았다. 여름방학 동안 학교 도서관에서 대출해 읽으라는 당부를 했는데 얼마나 빌려갔을까 궁금하다.

2021년 1학기 국어 수업 돌아보기 활동도 구글 슬라이드로 실시했다. 주요한 활동에 대한 피드백, 자신의 참여도, 교사에게 바라는 점까지 넣어서 1학기를 돌아보는 활동이 매우 의미 있었다. 한 학기 마무리를 통해 다음 학기를 준비하는 시간은 꼭 필요하다. 교사가 중요하게 여겼던 활동이 아이들에게도 의미 있는 배움이었는지, 교사가 놓친 부분은 없었는지 파악할 수 있기 때문이다. 내가 가르친 학생들은 자서전 쓰기, 찬반 토론, 서평 쓰기, 시 감상 활동 등에서 중요한 핵심을 놓치지 않고 배웠다는 것을 알 수 있었다. 고맙고 사랑스러운 아이들이다.

또한 이 활동을 통해 아이들은 자신을 돌아보는 한편 친구들이 쓴 내용을 통해 자신이 배움을 멀리하지 않았는지 살피게 된다. 그동안 비공개로 했던 수업 평가를 2021년도부터는 구글 슬라이드로 함께 공유했는데 정말 의미 있는 시간이었다. 아이들이 쓴 것을 일일이 언급하며

학생 개개인에게 즉각적으로 칭찬도 하고 당부도 할 수 있었다. 용기가
필요한 수업 평가 형태였다. 수업은 내용에 걸맞는 최선의 형식을 선택
하는 것이 중요하다는 것을 온라인 수업 때마다 더욱 강하게 느낀다. 구
글 슬라이드는 개별화를 바탕으로 한눈에 전체 공유를 볼 수 있고 상호
작용이 가능하다는 점에서 온라인 수업에 매우 적합하다는 것을 실제
해 보면서 알게 되었다.

실제 구글 슬라이드를 활용한 수업 사례를 보자. 아래 자료 윗부분
의 사람 아이콘을 보면 누가 이 시간에 글을 쓰고 있는지 바로 보이고,
한 슬라이드에 동시에 글을 작성하는 사람이 누구인지도 알 수 있다.
이에 대한 다음 학생의 의견을 보더라도 상호작용이 활발하고 매우 유
익한 수업이 되었다는 것을 알 수 있다.

구글 슬라이드를 이용해 '국어 수업 돌아보기'

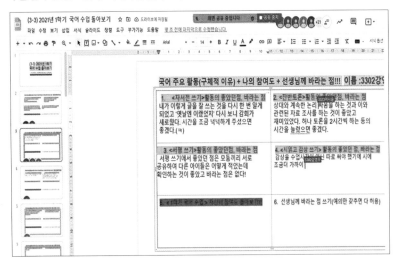

온라인에서 구글 슬라이드를 활용한 수업은 화질도 좋고, 필기도 편하고 시각적인 자극을 주기 때문에 매우 효과적이에요. 특히 모든 아이들이 동시에 하기 때문에 어떻게 해야 할지 감을 못 잡을 때 친구들 것을 보면 어떻게 하는지 금방 알 수 있어요. 또 협동작업도 가능해서 대학생이 되어도 구글 슬라이드를 잘 활용할 수 있을 것 같아요.

– 3학년(2021) 학생의 글

❷ 1학년 자유학기 주제 탐구 수업(청소년 저널리즘) 사례

2021년 1학기에 주 1회 자유학기 주제 탐구 수업으로 나는 1학년을 대상으로 '청소년 저널리즘'에 대해 수업했다. 물론 내가 가장 선호하는 구글 슬라이드를 활용해 진행했다.

구글 슬라이드를 활용하면 피드백의 효과를 최대로 거둘 수 있다. 빈칸을 앞에 두고 가만있는 아이가 금방 눈에 띄기 때문이다. 왜 가만 있느냐고 물으면 기능적인 면을 모르겠다, 무엇을 해야 할지 모르겠다 등등의 대답을 한다. 그러나 이런 아이들도 1학기 말쯤 되면 구글 문서, 구글 슬라이드를 자유자재로 사용하며 화면 공유나 발표하기도 활발히 하게 된다. 구글 슬라이드를 활용하면 학생들 각자의 수준이나 특성도 정말 빨리 파악하게 된다. 독해력, 표현력, 사고력 정도를 금방 알 수 있기 때문에 그 수준에 맞춰 개별적인 피드백을 해 줄 수 있다.

물론 개별화된 수업만 가능한 게 아니다. 아이들이 쓰는 동안 나는 재빨리 아이들이 쓴 내용을 수준별로 분류한다. 한정된 시간이기에 낮은 수준의 내용부터 발표를 시키고, 점점 더 수준 높은 내용을 발표하게

● 구글 슬라이드를 이용한 주제 탐구 수업 사례

주제 탐구 수업 메인 페이지

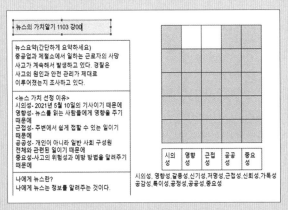

주제 탐구 수업 개별 활동

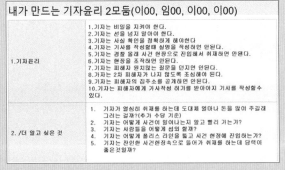

주제 탐구 수업 모둠 활동

하면 수업의 도약이 절로 이루어진다. 아이들이 쓴 것 자체가 훌륭한 교재가 된다. 수업에서 반드시 빼놓지 말아야 할 것은 공유의 과정을 통해 아이들이 새로운 관점을 만나게 하는 것이다. 교사로서 나는 어떻게 하면 공유를 더욱 잘해서 아이들의 성장을 도모할 수 있을까 늘 고민한다. 온라인 수업을 하면서 수업 디자인이 실시간으로 끊임없이 수정된다는 것을 더 강하게 느낀다. 그래서 같은 내용을 가르치더라도 아이들에 따라 매번 다르기에 교사가 예민하게 포착해서 아이들의 배움을 더 깊고 넓게 만들어 가는 것이 중요하다고 본다.

248쪽에 있는 구글 슬라이드를 활용한 주제 탐구 수업 사례를 보자. 개별 활동과 모둠 활동이 모두 가능하다는 것을 확인할 수 있다.

04 온라인 수업은
등교 수업과 많이 다를까?

온라인 수업과 등교 수업은 정말 많이 다를까? 처음에는 정말 다르다는 생각이 강했다. 그러나 시간이 흐르면서 크게 다르지 않다는 것을 깨닫게 되었다. 수업에서 교사가 학생들과 좋은 관계를 유지하며 소통을 잘하는 것, 배움 중심의 상호작용을 하게 만드는 수업 디자인, 빠르고 적절한 피드백이라는 중요 지점이 완벽하게 같기 때문이다.

먼저 관계의 중요성에 대해 생각하면 떠오르는 선생님이 있다. 앞서 언급했던 50대 중반의 우리 학교 한문 선생님은 학생들에 대한 사랑을 꿀 떨어지는 눈빛과 목소리로 표현하신다. 코로나19라는 낯선 상황의 온라인 수업에서도 아이들은 한문 선생님의 사랑이 느껴지는가 보다. 겨울 방학 때도 아이들이 한문 선생님을 보고 싶어 한다는 말을 전해 들었다. 등교 수업만 할 때도 학생들의 사랑을 그토록 받으시더니 온라인 수업으로 바꾸고 나서도 변함이 없는 것이다. 선생님의 진정성이 학생들에게 온전히 전해졌기에 가능한 일일 것이다.

교사와 학생들 간에 좋은 관계를 맺고 소통이 잘 이루어지면 온라인이든 등교 수업이든 수업의 질은 저절로 높아진다. 아이들은 한문 선생님이 조근조근 들려주는 삶의 지혜가 담긴 이야기가 즐거웠던 것이고, 학생들 한 명 한 명을 소중히 여기고 존중하는 선생님의 태도를 아이들은 귀신같이 알았던 것이다.

학생들의 말을 경청하고 존중했을 때 관계는 좋아진다. 특히 온라인에서는 비언어적 표현까지 살피며 대화할 수 없기 때문에 학생들을 대하는 목소리의 톤도 중요하고, 공감의 마음이 전해지는 적절한 언어를 선택하는 데도 신경 써야 한다. 어쩌면 친밀한 관계의 중요성은 오히려 온라인에서 더욱 빛을 발한다고 본다. 학생들에게 '나를 잘 이해해 주시는 우리 학교 선생님'이라는 신뢰감과, 믿고 따를 수 있는 선생님이라는 정서적 안정감을 최대한 빨리 줄수록 수업은 순조롭게 진행된다.

'배움 중심의 상호작용을 하게 만드는 수업 디자인'이라는 면에서도 온라인 수업이든 등교 수업이든 그 중요성은 같다. 오히려 하루 종일 컴퓨터 앞에서 수업받느라 집중력이 떨어지는 상황에서 활동이 가미된 배움 중심의 수업은 학생들의 주의를 끌 수 있다는 점에서 그 중요성이 크다고 할 수 있다. 기본적인 내용을 배우고 그 배움을 실제로 적용할 수 있는 수업 디자인을 만드는 게 중요하다.

예를 들어 설문 조사 방법을 배웠다면 실제로 설문 조사 문항을 만들고 응답까지 해 보게 한다. 문장의 짜임을 공부했다면 실제로 문장을 만들어 보고 친구들과 대화하며 문장에 대한 의견을 나누는 '상호작용이 있는 수업'을 이끌어야 한다. 만약 상호작용 없이 지식 전달 위주의 수업만 계속하면 온라인 상황에서 아이들은 더 자주 한눈을 팔게 된다. 집에서는 얼마나 유혹적인 요소가 바로 옆에 있는가? 더구나 제지하는 사람이 옆에 아무도 없는 아이들도 많다.

온라인에서 학생들 간에 원활하게 상호작용을 하려면 어떻게 해야 할까? 이 방법만이 등교 수업에서와 다를 뿐이다. 일방향의 동영상 강의 수업에서는 실시간 상호작용이 불가능하다. 실시간 줌 수업의 소회의실에서 2인 1조, 4인 1조, 7인 1조 등 필요에 따라 인원을 조정해 가며 상호작용을 하게 만들 수 있다. 또 구글 문서나 구글 PPT로도 다 같이 한 문서에 모여 글을 쓰면서 상호작용할 수 있다. 물론 패들렛으로도 가능하다. 최근에는 니어팟이라는 콘텐츠로 더욱 정교한 실시간 상호작용 수업을 할 수도 있게 되었다.

설령 니어팟이나 패들렛을 모르면 어떤가? 다양하고 화려한 기술을 이용하지 않고 구글 문서 공유, 줌 채팅창으로도 얼마든지 활발한 상호작용을 할 수 있다. 교사 각자가 가장 손쉽게 이용할 수 있는 매체를 한두 개 정해서 이용하면 된다. 한 방향이 아닌 상호작용이 가능한 것이면 무엇이든 된다고 본다.

마지막으로 빠르고 적절한 피드백도 그 중요성이 같다. 1학기에 동영상만 올려 놓고 시청 후 과제를 제출하라는 식으로 수업을 진행할 때 과제를 하는 데 불성실한 학생들이 많았다. 알고 보니 다음과 같은 이유였다. "동영상을 대충 보았어요. 그리고 선생님이 과연 내가 낸 과제를 보기나 하실까 의문이 들었어요." 이는 학생에게 실제로 들은 말이다.

일방적으로 진행되는 동영상 수업은 학생들에게 미치는 영향이 상당히 미미했다는 것을 알 수 있다.

2020학년도 1학기 때는 구글을 이용해 수업을 올리고, 과제 제출을 한 것에 대해서만 학생들에게 개인 피드백을 했다. 그것도 학생과 상호작용하며 즉각적으로 한 것이 아니라 학생이 과제를 제출한 시점과 시차를 두고 교사가 일방적으로 피드백을 했다.

더욱 큰 문제는 과제는 제출했지만 애써 해 준 교사의 피드백을 확인하지도 않고 지나가는 학생들도 많았다는 것이다. 돌이켜 생각해 보면 그렇게 될 수밖에 없었다. 나도 깜빡 잊어버리는 경우가 허다한데, 학생들은 과제를 제출한 것만으로도 할 일을 다 한 셈이었다. 나중에 시간을 또 내서 선생님의 피드백을 확인하는 학생이 반에서 몇 명이나 됐을까? 날마다 6, 7교시 수업을 받고 날마다 과제를 해야 하는 상황에서 말이다. 학생이 잘못 알고 있는 개념을 즉각적으로 바로잡아 주고, 잘한 것에 대해 칭찬도 해 주고, 반 친구들과 공유도 하면서 배움을 불러일으켜야 하는데, 당시에는 이런 부분이 전혀 해결되지 않았다.

교사들이 등교 수업에서 실시하는 동급 수준의 피드백으로 배움을 진작시키는 것은 실시간 쌍방향 수업이 아니고서는 할 수가 없다. 여기서 잠깐 쌍방향 수업과 실시간 수업을 구별해 보자. 쌍방향 수업은 소통하는 수업이다. e학습터, EBS 온라인 클래스, 구글 클래스룸 등의 수업은 학생들의 과제에 대해 소통을 하니 쌍방향 수업에 해당한다. 실시간 수업은 줌이나 구글 미트 같은 화상 프로그램을 이용해 아이들과 함께 실제로 수업을 하는 것이다.

그렇다면 실시간 쌍방향 수업은 실제로 수업을 하면서 학생들과 소통하고, 학생 상호 간에도 소통하는 수업이다. 실시간 쌍방향 수업을 해야 위에서 말한 3가지, 즉 관계 맺기, 배움 중심의 상호작용이 있는 수업 디자인, 빠르고 적절한 피드백이 가능하다. 학생들은 실시간 수업을 하기 전보다 후가 학습에 대한 긴장도나 과제 충실도가 훨씬 높아지고 '진짜 수업이구나!' 하는 느낌을 받았다고 한다.

다음은 온라인 수업에 대한 어느 학부모의 소견이다.

우리는 이 지점에서 어떤 변화를 시도하고 노력해야 할까? 다 같이 머리를 맞대고 깊이 고민해야 할 때다.

초반에 쌍방향이 안 될 때는 11시면 아이들이 밖에 나돌아 다녔어요. 실시간 수업을 한 이후로는 그런 일이 없어졌지요. 저도 직장을 다니니까 새로 바꾸는 게 쉽지 않더라고요. 선생님들도 바로 바꾸는 게 쉽지 않다는 걸 알아요. 큰아이가 ○○고를 다니는데 코로나 이전 몇 년 전부터 구글 클래스룸과 줌을 이용해 수업을 해서 이번 코로나 상황에 쉽게 적응을 했어요. 그 학교 아이들은 줌에서 토론하는 것이 자연스러워요. 우리 학교는 처음 온라인 수업이었는데 학부모들이 80에서 90퍼센트 정도 만족할걸요. 제가 조사는 안 해 봤지만 큰 불만이 없었어요.

– 2020년 학부모 회장의 말

05 온라인 수업에도
생각지 못한 장점이 많아요

온라인 실시간 줌 수업을 하려면 사실 어렵고 번거로운 점도 많다.

온라인 수업 초기에 하드웨어 측면에서 어려운 점은 온라인 수업 접근성 문제였다. 어떤 학생은 세 명의 형제자매가 모두 온라인 수업을 위해 컴퓨터를 써야 하는데 컴퓨터는 한 대뿐이라 난감해했다. 어떤 학생은 화상 캠이 없어서 실시간으로 비디오를 켜 놓을 수가 없었고, 어떤 학생은 집에 컴퓨터가 없어서 스마트폰으로 수업에 접속해야 하는 등 다양한 문제가 대두되었다. 우리 학교에서는 기기 대여가 필요한 학생을 사전 조사 해서 교육청의 협조를 받거나 학교 내에 보관해 둔 기기를 대여하는 방식으로 문제를 해결했다.

접근성과 함께 온라인 수업의 또 다른 난항은 학생들의 수업 참여를 실시간으로 확인하기가 어렵다는 것이다. 아이들이 수업에 어떤 태도로 참여하고 있는지는 수업의 질을 결정하는 아주 중요한 요소다. 교실에서는 교사가 학생들과 눈을 마주치며 수업 태도를 확인할 수 있지만, 온라인상에서는 그러기가 어렵다. 이런 문제를 해결하기 위해서는 조금 무리해서라도 학교 전체의 온라인 수업 규칙을 정해서 모든 학년, 모든 교과 선생님이 함께 지켜 나가는 것이 좋다. 우리 학교는 1학기 말 온라인 줌 수업 시범 기간에 전 교직원 회의를 거쳐 다음과 같은 온라인 수업 규칙을 정했다. 그 규칙을 가정통신문으로 보내 학생들과 학부모들의 동의를 받았다.

온라인 수업 규칙

- 출석은 반드시 줌 수업에 참여한 상태로 실시간 공개 댓글로 쓴다.
- 온라인 수업에서도 교실 수업과 마찬가지로 수업의 예절을 지킨다.
- 비공개 채팅, 수업 중 녹화, 캡처는 모두 금지한다.
- 수업 중 얼굴을 가리거나, 수업 도중에 이유 없이 줌 회의실에서 나가지 않는다.
- 기기나 접속상의 문제로 온라인 수업 참여가 불가능할 시 반드시 사전에 담임이나 교과 교사에게 알려 수업을 보충한다.

온라인 수업의 또 다른 어려운 점은 학생들 간의 협력과 관계 맺기가 비교적 어렵다는 점이다. 아이들이 교실에서 서로 대화하고 부딪히면서 공부하는 것보다 관계 맺기에 더 좋은 것이 어디 있겠는가? 다행히 수업 장면 속의 협력과 관계 맺기라는 측면에서는 온라인 수업에서도 해결책을 찾을 수 있는 방법이 의외로 많다. 대표적인 것이 소회의실 활동이다. 소회의실에서 아이들은 교실 속 모둠처럼 함께 이야기하고 협력한다. 모르는 것을 서로 물어보고 서로의 활동 결과에 피드백을 해준다. 함께 학습지를 풀 수도 있고, 심지어 각자의 학습지를 화면 공유를 통해 보여 줄 수도 있다. 소회의실 활동은 교실의 모둠 활동 속 관계 맺기를 대치하는 방법이다.

그러나 온라인 수업의 단점은 여기까지다. 그리고 지금까지 말한 단점들을 모두 뛰어넘을 만큼 온라인 수업의 장점은 매우 많다.

먼저 아이들의 생각과 정보를 짧은 시간 안에 엄청나게 많이 공유할 수 있다. 시 감상을 예로 들어 보자. 한 편의 시에 대해 교실에서는 3, 4명이 발표하고 공유하는 것에 그친다면, 실시간 온라인 줌 수업에서 공개 댓글을 이용하면 30명의 아이들이 동시에 자신의 감상을 이야기할 수 있다. 또한 동시에 친구들의 감상을 읽을 수 있고, 이를 통해 자신의 생각을 더 깊고 넓게 확장할 수 있으며, 동시에 서로에게 피드백까지 해줄 수 있다. 온라인의 특성상 훨씬 많은 정보와 생각이 짧은 시간 내에 공유되므로 아이들은 한 편의 시에 대해 제한된 시간 안에 훨씬 많은 생각과 감상을 접할 수 있다.

또한 즉각적이고 다양한 수업 자료와 정보를 탐색하는 수업에 많은 도움이 된다. 교실 수업에서는 스마트폰을 준비해 오거나 컴퓨터실이나 도서관을 이용해 자료를 찾아야 했다. 반면에 실시간 줌 수업에서는 앉은 자리에서 곧바로 인터넷에 접속해 정보를 탐색할 수 있고 소회의실에서 정보를 공유할 수 있다. 디지털 세대인 아이들의 정보 탐색 능력은 온라인상에서 훨씬 빛을 발한다. 이렇게 찾은 자료를 이용해 온라인상에서 곧바로 실시간 토의, 토론을 진행할 수도 있다.

광고 만들기나 카드 뉴스 만들기 등 다양한 온라인상의 툴이 필요한 수업도 오프라인보다 온라인 수업에서 훨씬 용이하다. 교실 수업에서는 번거롭게 기기를 준비해 오고, 하나의 기기로 여럿이 나눠 쓰느라 시간을 허비하는 일도 많았다. 온라인에서는 자신이 만들 광고나 카드 뉴스의 내용을 실시간으로 창작하고, 그것을 실시간 작업해 바로 한 편의 광고나 카드 뉴스를 제작할 수 있다.

마지막으로 온라인 수업의 최대 장점은 개별화 수업이 가능하다는 것이다. 교실 수업에서는 표준화된 교육과정을 표준화된 시간에 완료해야 하므로 수업 시간에 과제를 너무 빨리 또는 너무 늦게 해결하는 학생들을 교사가 일일이 피드백하고 지도해 주기가 힘들다. 반면에 온라인 수업에서는 먼저 마친 학생에게 비공개 댓글로 그다음 과제를 제시해 주고, 뒤처지는 학생은 개별적으로 지도해 줄 수 있다. 또한 똑같은 주제를 제시하고 각자의 수준에 맞게 학습하도록 이끌어 줄 수도 있다.

06 코로나가 사라지면
온라인 수업도 끝?

코로나19 상황이 끝나도 지금까지 사용한 실시간 쌍방향 콘텐츠를 가끔 사용할 기회는 없을까 생각해 보게 된다. 줌과 구클은 그냥 내버려 두기가 정말 아까운 콘텐츠다. 온전히 등교 수업만 하게 되더라도 나는 줌을 가끔 사용할 것이다. 담임을 맡는다면 긴급 시에 줌으로 아이들을 만날 수 있고, 학생회 담당을 한다면 줌으로 회의도 하게 될 것 같다.

구클은 수업 시간에 매일 사용할 것 같다. 구클의 문서나 PPT에서 경험한 공유의 무궁무진한 힘을 이미 알아 버렸고, 더욱이 그곳의 자료를 곧바로 소환해 수업에서 활용할 수 있다는 장점이 너무 크기 때문이다. 구클만 열면 학생들이 쓴 글이나 과제를 그대로 보여 주면서 되돌리기, 연결하기 등을 더욱 깊이 있게 할 수 있다. 그리고 과제를 구클에 올리게 해서 다음 수업에서 바로 피드백을 할 수 있다. 얼마나 매력적인 수업 콘텐츠인가? 아이들도 자신의 글이나 과제가 바로 공유된다는 걸 의

식해 더욱 나은 결과물을 만들어 올리려고 노력할 것이다.

몇 년 전부터 '거꾸로 수업'을 하는 교사들이 하나둘 생겨나고 있다. 거꾸로 수업이란 수업 내용을 온라인에서 선행학습한 후 교실에서는 심화 학습을 하거나 토론 등을 진행하는 수업이다. 이 수업의 장점은 교사가 일방적으로 수업을 진행하는 게 아니라, 다양한 층위의 학생들 수준에 맞춰 교사가 지원 역할을 해 주는 '학습자 중심의 수업'이 된다는 것이다.

나는 거꾸로 수업의 형태를 지향하는 것은 아니다. 다만 시간 제약이 있는 교실 수업에서 부족했던 점을 보충하거나 아이들이 과제로 쓴 글을 공유하기 위한 수단으로 구글을 이용하고 싶다. 교실 수업에서는 시간적인 제약으로 매번 몇몇 아이들의 글만 공유해야 하는 아쉬움이 있었다. 구글을 이용해 학생들 간의 공유를 극대화하고 활발한 피드백으로 다 같이 성장하는 수업을 진행하고 싶다. 학생들도 이미 구글 사용법에 익숙해졌으니 이를 좀 더 효율적으로 사용할 수 있는 방법을 찾아 훨씬 질 좋은 수업을 이끌어 보려 한다.

07 다시 용기를 내며

이제 실시간 쌍방향 수업을 전 학교에서 실시하라는 교육부의 지시만을 기다릴 수 없다. 아이들은 기다려 주지 않는다. 2020년 한 학년을 그냥 보내 버린 아이들도 있을 것이다. 코로나19 상황은 앞으로도 얼마나 더 지속될지 모른다. 아이들이 소중한 배움의 시간을 또 그냥 흘려보내 버릴 수도 있다. 어쩌면 또 다른 천재지변으로 온라인 수업만 가능한 상황이 벌어질 수도 있다.

이런 시점에서 우리 교사들은 어떤 준비를 해야 할까?

막연히 상상만 했던 4차 산업혁명에 따른 변화가 너무 일찍 성큼 다가와 버린 느낌이다. 공장이 멈추니 맑은 하늘을 볼 수 있었고, 마스크를 거쳐서나마 맑은 공기를 마실 수 있었다. '전기차 시대' 운운하는 말도 수없이 들었다. 새로운 에너지로 자동차를 움직이는 세상이 생각보다 빨리 온다고 한다. 2025년부터 화석연료로 움직이는 내연기관 차는 우리나라에서도 더 이상 생산하지 않는다. 2035년쯤에는 화석연료 차 운행을 금지할 거라고 국가 차원의 정책에서 이미 정해 놓았다고 한다. 천연 재생에너지로 지속 가능한 삶을 영위하는 것은 모든 인류가 꿈꾸는 세상이다. 코로나19 상황에서 인류가 좀 더 나은 삶의 방향을 선택한 것은 정말 다행이다.

빠르게 변하는 세상에서 이렇게 더 나은 방향을 찾아가듯이 교사들도 힘들지만 도전 정신이 필요하다. 두려워하지 말고 부딪혀 보자. 안해 봤기 때문에 두렵다. 해 보면 할 만하다. 명예퇴직을 앞둔 50대 중반의 교사들도 실시간 쌍방향 수업을 거뜬히 해내고 있다.

2015 교육과정은 학생들의 역량 발달이 수업의 핵심이다. 코로나19 상황에서 아이들과 함께 우리 교사들도 역량을 키워 나갈 수 있을 것이다. 온라인에서의 협업을 통해 공유와 협력의 의사소통 역량까지도 키워 줄 수 있다. 또 자료·정보 활용 역량이 매우 중요해진 시점이 우리도 모르게 와 버렸다. 거부하고 싶어도 수업을 하려면 알아야 할 기능이 있다. 다행히 그것을 익히는 게 그리 어렵지 않다는 것을 먼저 해본 교사들은 알고 있다.

게다가 아이들은 디지털 콘텐츠를 이용한 수업을 전혀 낯설어하지 않고 잘 따라 준다. 오히려 교사보다 앞서 나가기도 한다. 애써 가르쳐 주지 않아도 아이들 스스로 화면 공유를 하고, 구글 문서를 활용해 이런저런 자료를 만든다. 이제는 아이들이 스스로 문서를 만들어 낼 수 있는 능력을 키워 줘야 한다. 자료·정보 활용 역량을 기르면 비판적·창의적 역량이 더불어 길러지고, 의사소통 등의 역량도 자연스럽게 함께 따라

온다.

　교육심리학자 비고츠키는 학습에서 사회적 상호작용이 중요하다고 한다. 우리 교사들의 디지털 관련 인지 발달은 자신이 알게 된 정보를 옆에 있는 동료 교사 한 명에게 알려 주면 충분히 가능하다. 각 학교에 줌이나 구글을 잘 이용하는 교사가 한 명은 있을 것이다. 그 한 명이 우리 학교에 없다면 옆 학교에 있다. 모셔 와서 연수를 받으면 된다. 처음에는 도움을 받아 더듬더듬 나아가지만, 오래지 않아 자신의 아이디어로 창의적인 온라인 수업을 해 나가는 교사들이 주변에 넘쳐날 것이다.

선인들의 지혜를 들여다볼 수 있는

고전을 통해

삶에 대해 배우는 한문 시간은

인생 수업이 될 것이다.

'나'를 세우는

한문 수업

01 나의 삶과 한자

1 내 이름 한자

나는 학생들에게 잘 보이고 싶어 하는 교사다. 그래서 학생들과 만나는 첫 시간은 언제나 설레고 긴장이 된다. 내가 학생들에게 친절하고 좋은 선생님이 될 마음의 준비가 되어 있는 반면 학생들은 경계심을 갖고 어떤 선생님인지 탐색부터 한다. 어느 과목이든 첫 수업의 분위기가 조용하고 긴장감이 흐르는 이유일 것이다. 반 친구들도 선생님도 아직 서먹한 관계이니 조용한 것일 수도 있다. 교사 입장에서는 학생들이 조용히 수업에 귀 기울여 주니 첫 시간이 좋은 면도 있다.

수업이 잘 진행되려면 학생들이 교사를 신뢰하도록 해야 한다. 이를 위해 교사가 학생들에게 좋은 인상과 전문성을 보여야 하는데, 무엇보다 첫 시간에 신뢰감을 주는 수업을 하는 게 중요하다고 생각한다. '저

선생님을 믿어도 될 것 같다', '수업이 재미있겠다', '내가 실수해도 친절하게 이끌어 주실 것 같다' 하는 인상을 심어 주어야 한다. 나 역시 그러려고 노력하지만 그게 생각처럼 쉽지가 않다. 시간이 좀 흐르고 학생들과 친숙해지고 난 뒤 "처음에 선생님 인상이 어땠니?" 하고 물으면 깐깐해 보였다느니 모르겠다느니 하는 대답을 하곤 한다.

여러 과목들 중에서도 한문은 어렵고 고루한 과목이라는 선입견이 있는데, 그런 선입견을 벗기기 위해서라도 한문 교사의 첫 수업은 특히 더 중요할 수 있다. 나는 한문 교사로서 신뢰감을 주기 위해 다음과 같이 첫 수업을 진행한다. 제일 먼저 나를 소개한 후 한자 공부의 유용성에 관한 글을 읽는다. 두 번째는 연간 교육과정을 간단히 안내한 뒤 수업 시간에 지킬 약속에 대해 설명한다. 마지막으로 재미있는 수업 활동 사례 몇 가지를 보여 주고 평가 계획을 이야기한다.

우선 나를 소개할 때 내 이름 김말희는 학생들의 관심을 끌기에 참 좋은 소재가 된다. 김말희를 대충 발음하면 '김마리' 또는 '김말이'로 들리기 때문에 학생들은 김말이 튀김을 연상한다. 그래서 나는 칠판에 이름을 한자로 쓰고 내 이름은 끝 말(末), 아씨 희(姬)로 막내딸이라는 뜻이라고 풀이해 준다. 한자를 알아야 단어의 뜻을 정확히 알 수 있으며 우리는 한자와 이렇게 밀접하게 연결되어 있다고 설명한 뒤, 학생들에게 자신의 이름을 한자로 쓸 수 있는지, 그 한자의 풀이를 아는지 물어본다. 아는 학생보다 모르는 학생이 더 많다. 다음 시간까지 자신의 이름을 한자로 쓰고 의미를 알아 오는 것으로 과제를 내 준다. 이렇게 각자의 이름에 대해 새삼 생각해 보게 하면서 자연스럽게 한자의 세계로 들어오게 한다.

두 번째로《한비야의 중국견문록》이라는 책을 소개한다. 그리고 이 책 중에서 중국을 여행하며 실감한 한자의 유용성, 한자 문화권의 방대함, 한자를 알아서 목숨을 건진 일에 대해 쓴 부분을 발췌해 함께 읽는다. 읽고 나서는 새로 알게 된 것과 인상 깊은 내용에 대해 대화를 나눈다. 그러다 보면 아이들은 자연스럽게 한자 공부의 필요성과 함께 한문 수업에 대한 기대감을 품게 된다.

한문 교육과정에 대한 안내를 할 때는 1년간의 수업을 그려 볼 수 있도록 다음과 같이 설명해 준다. 한자, 한자어, 한문, 한시 순서로 학습할 것이며, 한자를 배우고 나서는 각자 자신에게 필요한 창의 한자를 만들 것이다. 한자어의 짜임과 한자 성어를 배우고 나서는 자신의 생각을 담은 한자 성어를 만들 것이다. 한문을 배우고 나서는 자신의 인생관을 담은 호를 지을 것이고, 한시를 배우고 나서는 자신의 이야기를 담은 한시를 지을 것이다. 이러한 연간 교육과정을 설명한 다음 선배들이 만들었던 창의 한자, 한자 성어 등을 예시로 보여 준다. 그러면 학생들은 한문 시간에 어려운 한자를 배우고 외우기만 하는 것으로 생각하고 있다가 스스로 한자를 만들고 한자 성어도 만들 생각에 기대감을 품고 신기해하기도 한다.

교육과정 안내를 마친 뒤에는 내가 정말 중요하게 여기는 '수업 시간 약속'에 대해 이야기한다. 이 약속 내용에 나의 수업 철학이 녹아 있기 때문에 힘주어 말하곤 한다.

수업 시간에 함께 지켜야 할 약속 첫 번째는 '경청'이다. 배우는 사람의 첫 번째 자세는 상대의 이야기를 잘 듣는 것이다. 빠르게 변하는 세상에서 잘 배우는 자세는 생존을 위한 필수 조건이며, '잘 배우는 사람'은 곧 '잘 듣는 사람'이다.

두 번째 약속은 '질문'이다. 모르는 것은 부끄러운 것이 아니다. 모르면서 질문하지 않는 것이 부끄러운 것이며, 그러다 보면 자신이 무엇을 알고 무엇을 모르는지조차 알지 못하게 된다. 자신이 무지하다는 사실을 모른다는 것, 바로 그것이 가장 큰 문제가 된다. 그러니 모르면 주저 말고 질문을 하라고 강조한다.

세 번째 약속은 '친절'이다. 친구가 물어보면 친절하게 답해 주어야 한다. 왜냐하면 가장 효과적인 학습 방법은 설명하기인데, 질문해 준 친구 덕분에 설명할 기회가 생겼으니 고마운 일이라고 학생들을 설득한다. 이러한 약속들을 꾸준히 강조하면서 수업을 운영하면 편하게 묻고 답하는 분위기가 만들어진다. 그래서 아는 것을 말하는 학생보다 모르는 것을 묻는 학생의 목소리가 더 커지기도 한다.

네 번째 약속은 '표현'이다. 우리는 다른 사람의 생각을 들으며 배운다. 내 생각에 다른 사람의 생각이 더해져 더 깊은 사고와 성찰을 하게 되며, 이를 통해 새롭게 얻은 깨달음을 자신의 말로 표현할 수 있는 것, 바로 이것이 배움의 과정이다. 그렇게 남들과 함께 배우는 시간이 한문 시간이며 선생님도 여러분과 함께 배우고 싶다고 학생들에게 말한다. 그래서 한문 시간의 첫인사는 "함께 배우겠습니다."이고 끝인사는 "잘 배웠습니다."로 하기로 약속한다.

아울러 매시간 활동지를 나눠 줄 것이며, 활동지를 묶어 '오침안정법'으로 자기만의 한문책을 만들 거라고 안내한다. 1, 2학기에 각각 한 권씩 만들며, 그 표지는 학생들 각자가 꾸미도록 한다. 그리고 이 작업을 위해 활동지를 보관할 파일이 필요하며, 활동지는 13종 교과서의 핵심 내용을 추린 것으로 교과서나 다름없으니 잘 관리하라고 당부한다.

2 덕목 한자

학생들이 꼭 알았으면 하는 한자가 있다. 한자 한 자 한 자에는 아주 깊은 의미가 담겨 있는데 그중에도 정말 좋은 의미를 지닌 한자들도 많다. 예를 들면 다음과 같은 한자들이 그것이다.

善, 義, 禮, 恕, 德, 笑, 休, 勇, 信, 仁, 和, 智, 誠, 學, 勤, 孝, 愛, 聽

위 한자들은 낱 글자지만 매우 깊은 뜻을 담고 있다. 이런 한자들을 학생들이 꼭 알기를 바라는 마음으로 '덕목 한자(德目 漢字)'라는 이름으로 모아서 수업을 한다. 학생들은 자전에서 직접 덕목 한자의 음과 뜻을 찾고 그 한자를 활용한 단어도 찾는다. 활용한 단어를 찾는 것은 한자의 의미를 더 깊게 새기기 위한 것이다. 각기 찾은 단어를 충분히 공유한 후 삶과 연결 짓는 질문을 던진다.

— 학교 폭력을 예방할 때 필요한 덕목과 관련 있는 한자는 무엇이며 그 이유는 무엇인가?

— 올해 내가 열심히 실천하고 싶은 덕목과 관련 있는 한자는 무엇이며 그 이유는 무엇인가?

이런 질문에 학생들이 가장 많이 답하는 한자는 學이다. 학생들은 누구나 공부를 잘하고 싶어 한다. 그다음으로 많은 대답이 和이다. 친구들과 가족과 사이좋게 지내고 싶어서이다. 어쩌면 당연한 일인데, 아이들의 대답을 듣고 나서야 그들의 마음을 잘 모르고 있었던 나 자신을 새삼스럽게 깨닫게 된다. 학교에서 말썽꾸러기라고 하는 아이들도 공부를 잘하고 싶어 하고 사람들과 사이좋게 지내고 싶어 하는 마음은 똑같다는 것을 종종 잊은 채 학생들을 대했던 것이다.

3 창의 한자

한자의 부수와 필순, 자전에서 한자 찾기, 한자의 짜임 등을 공부하고 나면 자기만의 '창의 한자(創意 漢字)' 만들기를 한다. 옛날에는 없던 문물이 속속 생겨나고 있고 새로운 단어도 생기고 있는데 그런 것을 표현할 한자가 없기도 하고, 자신의 삶에 꼭 필요한 말인데 그것을 표현할 한자가 없기도 하다. 그래서 그런 한자를 창의성 있게 만들어 보고 창의 한자라는 이름을 붙였다.

창의 한자를 만드는 방법은 다양하다. 기존의 한자를 변형하기도 하고 두 개의 한자를 합쳐서 만들 수도 있으며 한자에 그림이나 기호를 넣

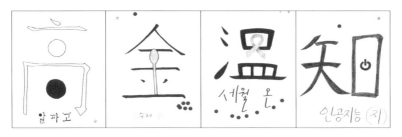

학생들이 만든 창의 한자

을 수도 있다.

　창의 한자 만들기 수업은 2주 전에 예고한 다음 진행하는 게 좋다. 미리 생각하면서 한자를 찾아보는 시간이 필요하기 때문이다. 수업을 해 보면 각 시기의 이슈와 관련된 창의 한자가 많다. 세월호가 이슈일 때는 세월호를 표현한 한자가 많고, 알파고가 이슈일 때는 알파고를 표현한 한자가 많다. 요즘은 코로나19, 온라인 수업, 마스크를 표현한 한자가 많다. 꾸준하게 등장하는 창의 한자는 치킨, 커플 등과 같이 청소년들의 생활과 밀접한 것들이었다.

　학생들은 창의 한자 만들기를 통해 한자와 삶을 연결 짓고 생활을 한자로 표현하는 활동을 하면서 한자와 친해지기를 계속한다. 마지막에는 자신이 만든 창의 한자를 발표한다. 그 한자의 의미, 만든 이유, 만든 방법, 만드는 과정에서 배운 점, 아쉬운 점 등을 발표하면서 자기 평가를 한다. 반 아이들의 큰 호응을 받는 한자가 내 입장에서는 의외인 경우도 있었고 커플, 인싸, 페메 등 또래 문화를 드러내는 글자들을 아이들은 재미있어했다. 연말에 수업 평가를 받아 보면 학생들은 창의 한자 만들기 활동을 아주 인상 깊게 기억하고 있는 것을 알 수 있다.

02 한자의 짜임과 의미를 알아가는 재미

한자 수업은 매우 충실하게 해야 한다. 한문 교과에서 고전이나 한시를 중요하게 여긴다고 해서 한자 수업을 소홀히 한다면 논설문을 쓰면서 맞춤법이 틀리는 꼴이 된다.

나는 1학기 중 약 3개월간 한자의 기본에 대해 수업한다. 한자 이야기, 한자 바르게 쓰기, 상형과 지사, 주로 쓰는 부수, 변형 부수, 자전에서 한자 찾기, 형성과 회의, 자전에서 회의자 찾기, 창의 한자 만들기, 한자 카드 결합 놀이, 덕목 한자, 문자도 그리기 등을 순서대로 수업한다. 학습 목표는 두 가지다. 한자에 대한 기본적인 내용을 확실히 이해하는 것, 그리고 한자 짜임의 원리를 알고 재미있게 공부하는 방법을 아는 것이다.

이후에는 한자어의 짜임, 한자 성어, 단문, 고전, 한시 수업을 하는데 이때도 역시 한자 하나하나를 빈틈없이 가르친다. 한자의 부수, 한자의 짜임, 쓰는 순서, 한자를 활용한 단어, 비슷한 한자, 반대 뜻의 한자 등을 함께 살펴보며 학생들의 관심을 일으키려고 노력한다. 한자를 잘 모르던 학생도 '水(물 수)+田(밭 전)=畓(논 답)'과 같은 한자의 짜임과 의미를 알게 되면 재미를 느끼기 시작한다.

그런 재미를 주기 위해 자전에서 회의자 찾기를 한다. 모든 학생이 각자 자전에서 회의자들을 찾고 그중에 친구들과 공유하고 싶은 한 글자를 칠판에 쓰고 설명한다. "엎드릴 복(伏)은 사람(人) 앞에 개(犬)가 엎드린 것을 뜻한다."고 발표하면 다른 학생들은 각자 활동지에 그 내용을 적는다. 이렇게 하면 회의자를 단 하나만 찾았더라도 반 아이들이 찾은 것까지 포함해 약 30자의 회의자를 알게 된다.

활동이 끝나면 이번 활동에 대한 소감을 적고 발표하게 한다. 많은 학생들이 한자를 풀이해 보니 참 재미있는 내용이 들어 있더라는 말을 하곤 한다. 교사가 회의자 찾기 활동의 의미를 구구절절 설명하지 않아도 학생들이 활동을 통해 깨달은 것이다.

활동지를 나누어 준 뒤에는 나는 가급적 말을 아끼려고 한다. 교사의 부연 설명과 자세한 안내와 친절한 잔소리가 학생들의 자기 주도성을 해칠 수 있기 때문이다. 배우는 속도의 차이는 있지만 학생들은 서로 묻고 답하며 충분히 잘 해낸다. 교사는 머뭇거리고 있는 학생이 보이면 모둠의 다른 학생과 연결 지어 주면 된다. 전체가 함께 머뭇거릴 때는 교사가 교실 전체의 학생에게 질문을 던지며 학생들 스스로 해답을 찾을 수 있도록 도와준다.

이렇게 나는 마치 꼭 지켜야만 할 비밀이라도 되는 것처럼 답을 직접 말하지 않는다. 나는 다 알고 있지만 말하지 않는다는 티를 내는 게 아니다. 나도 학생들과 같은 눈높이로 함께 탐구하고 배우는 자세로 함께하는 것이다.

교실에서 지식의 권력자로서 존재하지 않고 촉진자로서, 안내자로서 함께하고 싶다. "여러분이 해 보세요."가 아니라 "우리가 함께 해 봐요."라고 말하고, "다른 학생들이 궁금해하니 말해 주세요."가 아니라 "우리가 궁금하니 말해 줄 수 있나요?"라고 말한다. 모르는 척 연기를 하는 것이 아니라 눈높이를 맞춰 함께 길을 찾아가는 것이다.

학생들이 수업의 주인으로서 앞장서서 가도록 해야 한다. 앞으로 나아가던 학생이 헤맨다고 교사가 나서서 길을 가르쳐 주어선 안 된다. 헤매는 과정 자체가 배움이기 때문이다. 다만 너무 오래 헤맬 때는 질문을 던지고 학생의 답을 통해 올바른 길을 함께 찾아보려고 한다. 학생이 질문을 하면 "이 질문에 누가 답해 주세요."라고 해서 다른 학생에게 답을 듣는다. 아무도 답하는 사람이 없으면 "우리 함께 자전이나 교과서에서 찾아봐요." 하며 함께 찾는다. 이런 식의 말들이 학생들의 참여를 이끌어 내고 수업 주체성을 키워 줄 수 있다고 생각한다.

한자 카드 결합 놀이는 부수 한자를 여러 개 제시하고 그것들을 조합해 한자를 만든 후 새로 만든 한자의 음과 뜻을 자전에서 찾는 활동이다. 먼저 한자 카드를 이용해 부수 한자의 음과 뜻을 익힌 후 카드를 이리저리 조합해 가면서 새로운 한자를 만든다. 자전을 들춰 보기 전에 자신이 조합한 한자의 음과 뜻을 유추해 보기도 한다. 그렇게 만든 한자들 중 하나를 각자 칠판에 쓰고 발표한다. 그리고 친구들이 발표한 한자를 활동지에 적는다. '女+子=好'와 같은 쉬운 한자부터 '竹+馬=篤' 같은 한자까지 다양하게 등장한다. 활동이 끝나고 학생들에게 소감을 물어보면 아주 어려운 한자도 결국 쉬운 한자의 결합이더라는 말을 많이 한다.

상형자와 지사자를 배울 때는 〈원시인의 편지〉라는 영상을 보고 상형자와 지사자의 개념을 익힌다. 그리고 상형자와 지사자를 섞어 놓고 모둠별로 다시 분류하는 활동을 한다. 학생들은 이 활동을 하면서 상형자와 지사자의 개념을 계속 이야기한다. 분류한 내용을 공유하면서 잘못 분류된 한자 찾기를 한다. 그리고 왜 잘못 분류되었는지 이야기를 나눈다. 예를 들면 "力은 팔 근육 모양을 그린 것이라서 상형자인데, 힘이라는 추상적인 뜻을 표현한 것으로 생각을 해서 지사자인 줄 알았어요."라고 발표할 수 있다. 이 과정을 통해 아이들은 상형자와 지사자의 개념을 좀 더 분명히 익히게 된다.

형성자와 회의자도 마찬가지다. 형성자와 회의자를 섞어 놓고 자전에서 한자의 음과 뜻을 찾아 적은 후 한자를 이루는 부수 글자의 음과 뜻도 적는다. 그리고 형성자인지 회의자인지 분류한다. 모둠 내에서 논란이 되었던 글자는 전체 공유를 한다. "想은 서로 상(相)의 음과 심(心)의 뜻을 합친 형성자인데, 서로(相) 마음(心)을 써서 생각한다는 것으로 풀이해 회의자로 분류할 수도 있는 거 같아서 찾아보니 형성자이기도 하고 회의자이기도 했어요." 이렇게 모둠에서 논의하고 전체 공유를 하는 과정을 거치면서 학생들은 형성자와 회의자의 개념을 명확하게 알아가게 된다.

● 한자 수업 활동지

4. 상형(象形)과 지사(指事)　　3학년 ( )반 ( )번 이름 :
★ e학습터에서 영상 시청 후 작성하세요.

1) (　　) - 사물의 모양을 본떠서 만든 글자. 일반적으로 동식물이나 자연의 모습, 인체, 물건의 형태 등 주변에서 흔히 눈으로 볼 수 있는 것들이 상형에 해당되며, 한자의 기본 출발점이라고 할 수 있다. 물체의 모습을 본뜬 것으로 객관적이고 구체적이며 뜻의 범위가 매우 좁고 일물일자(一物一字)로서 글자 수가 매우 많다. 부수(部首)의 대부분은 상형문자라고 할 수 있다.

2) (　　) - 지사는 일(事)를 가리키다(指)라는 뜻에서 알 수 있듯이 상형(象形)의 한계를 극복하는 방법으로 사용되었는데, 추상적인 개념이나 생각을 점이나 선과 같은 기호나 부호 등을 써서 나타낸 글자이며, 구체적인 형태를 나타낼 수 없는 것을 표현한 것으로 그 숫자가 매우 적다.

한자	日	月	未	水	木	石	魚
음뜻							
한자	馬	鳥	竹	一	本	火	中
음뜻							
한자	山	貝	女	田	夕	上	下
음뜻							
한자	口	耳	目	二	三	人	力
음뜻							

◎ 위의 한자를 상형자와 지사자로 나누어서 한자(漢字)로 쓰세요.
★바코드를 찍어 보세요

〈상형자〉	〈지사자〉

9. 회의자 찾기　　3학년 ( )반 ( )번 이름 :
★ e학습터의 영상을 시청 후 작성하세요.

한자		
뜻 음		
뜻 음		
한자		
뜻 음		
뜻 음		
한자		
뜻 음		
뜻 음		
한자		
뜻 음		
뜻 음		
한자		
뜻 음		
뜻 음		

★ (필수) 친구들과 공유하고 싶은 회의자를 선택하여 e학습터의 게시판에 올려주세요.

10. 한자카드 결합놀이　　3학년 ( )반 ( )번 이름 :
★ e학습터의 영상을 시청 후 작성하세요.
1. 한자의 음과 뜻 쓰기

俞	莫	靑	寺	京	生	主	白	方	寸
工	鳥	貝	魚	羊	日	月	夕	土	金
石	火	水	川	雨	木	竹	米	耳	口
言	自	心	手	足	人	大	子	女	田
門	衣	犬	牛	馬	力	目	山	亡	

2. 위의 한자를 결합하여 한자를 만들어 보세요.

한자			
뜻 음			
한자			
뜻 음			
한자			
뜻 음			

03 《하피첩》, 내 삶의 두 글자

《하피첩(霞帔帖)》과 함께하는 수업은 내가 제일 좋아하는 수업이다.《하피첩》은 다산 정약용이 두 아들에게 쓴 글을 담은 서첩으로 현재 국립민속박물관이 소장하고 있다. 이 서첩이 국립민속박물관에 들어가기까지의 사연을 알게 되었을 때 너무 기뻤다. 재미있는 이야기에 감동까지 있는, 내가 수업에서 다루고 싶은 요소를 다 갖춘 콘텐츠였다.

　《하피첩》에서 수업에 가져올 문장을 찾는 게 관건이었는데 인터넷 검색을 해도 그 원문을 찾을 수가 없었다. 다산의 글을 모아《아버지의 편지》라는 책을 낸 출판사에 전화해 수업에서 사용하고 싶으니 원문이 있으면 보내 달라고 부탁했다. 다행히 곧 메일로 받아 보았고, 그중에 너무 어렵지도 쉽지도 않은 두 문장을 골랐다. 수업을 진행할 수 있게 되어서 얼마나 기뻤는지 모른다. 그런데 나중에 알고 보니 그 문장은 다른 출판사의 교과서에 이미 실려 있었다. 다른 출판사의 교과서가 가장 좋은 수업 자료구나 하고 깨달은 계기가 되었다.

《하피첩》은 한자로 노을 하(霞), 치마 피(帔), 문서 첩(帖)으로 '노을 빛 치마로 만든 책'이라는 뜻이다. 낭만적인 제목이 학생들의 흥미를 끌기에 제격이다. "하피첩이 무슨 의미일까?" 이렇게 물어보면 듣도 보도 못한 말에 눈만 동그랗게 뜨고 나를 바라보는 학생들의 표정이 정말 귀엽다. 이 수업을 할 때마다 거의 모든 반에서 그런 표정이 나온다. 이렇게 호기심을 자극하면 수업의 반은 성공한 셈이다. 그래서 나는 늘 재미있는 이야기, 흥미로운 한자, 알쏭달쏭한 질문 등으로 수업을 시작하려고 한다. 다만 재미만이 아니라 의미도 있는 좋은 콘텐츠를 가져와 좋은 질문을 던지기 위해 노력한다.

다산은 긴 세월 동안 유배 생활을 했다. 그 기간 동안 가족이 늘 걱정이었을 것이다. 어느 날 아내가 시집올 때 입었던 치마가 고향 집에서 유배지로 보내져 온다. 시집올 때는 노을처럼 붉은색이었는데 세월이 흐르면서 색이 많이 바래 있었다. 다산은 이 치마를 잘라 시집가는 딸에게 줄 〈매조도(梅鳥圖)〉를 그리고 자투리 천에는 아들들에게 주는 글을 쓰고 이를 엮어 하피첩이라 이름 지었다. 〈매조도〉는 오래전부터 고려대학교 박물관에 소장돼 있었지만,《하피첩》은 후손들에게 내려오다가 6·25 때 분실된 이래 아는 이가 없었다.

그런데 그《하피첩》이 2006년 KBS 프로그램 〈TV쇼 진품명품〉에 등장한 것이다. 2004년 수원의 건설 현장 감독으로 있던 사람이 폐휴지 줍는 할머니의 리어카에서 고문서를 발견해 그것을 〈TV쇼 진품명품〉에 의뢰한 것이었다. 그것이《하피첩》진품으로 밝혀지며 1억 원의 가치를 인정받았다. 그 후《하피첩》은 부산저축은행장의 손에 들어갔는데 은행이 파산하자 예금보험공사에 압류되었고, 예금보험공사가 경매에 내놓자 국립민속박물관이 7억여 원에 낙찰받았다.

여기까지 이야기하면 학생들은 하나같이 눈을 반짝이며 몰입한다. 7억 원 얘기에는 감탄하기도 하고 폐휴지 줍는 할머니는 어떡하느냐고 안타까워하기도 한다. "그런데《하피첩》에는 어떤 내용이 적혀 있을까?"라고 질문을 던지면 마치 생각하는 소리가 들리기라도 할 듯 고요해진다. "다산 정약용 같은 대학자는 아들에게 어떤 말씀을 남기셨을까? 금쪽같은 말씀을 남기셨을까? 아니면 대부분의 아버지들이 할 법한 평범한 말씀을 하셨을까?" 이렇게 질문하며《하피첩》내용에 대한 궁금증을 유발한다. 그리고 활동지를 나눠 주면서 "여기 있는 문장을 풀이하면 그 내용을 알 수 있어요."라고 말한다. 그러면 학생들은 즉시 책상을 옮겨 모둠을 만들고 활동지에 집중한다.

一字曰勤 又一字曰儉 此二字 勝如良田美土 一生需用不盡
(한 글자는 근이고 또 한 글자는 검이다. 이 두 글자는 뛰어나기가 좋은 밭에 아름다운 흙과 같아서 평생 쓰고 써도 다하지 않는다.)

《하피첩》에서 빌려온 위 문장은 한자와 한자어를 배우고 단문 수업을 3차시 정도 진행한 시기의 학생들에게 쉽지도 어렵지도 않다. 혼자서 풀어 내기에는 어렵지만 모둠원들과 선생님의 도움을 받으면 풀이할 수 있을 정도의 문장을 선정하는 게 좋다. 너무 쉬우면 모둠원 간 협력이 이루어지지 않고, 너무 어려우면 시작도 하기 어렵다.

모둠 활동이 시작되면 교사는 백조가 되어야 한다. 조용하게 다니면서 모든 감각을 세우고 각 모둠을 살피고 학생 하나하나를 살펴야 한다. 모둠에서 소외되는 학생은 없는지, 방향을 잃고 헤매는 모둠은 없는지 살피며 학생들의 배움에 방해되지 않게 모둠 사이를 걸어 다닌다. 평소 학습에 소극적이었던 학생이 적극적으로 참여하는 모습을 보이면 멈춰 서서 주먹 인사를 하는 등 비언어적 방법으로 격려를 해 준다. 이렇게 수업 중에 한 명 한 명과 관계를 맺고 한두 번 신뢰를 쌓으면 소극적이었던 학생도 수업으로 들어온다.

참여하지 않는 학생이 있으면 그 옆에 가만히 서 있다가 나에게 질문을 하면 친절하게 응해 준다. 참여하지 않는 듯 보여도 조용히 귀 기울이고 있는 중인지도 모르니 섣불리 말을 걸어 방해하지 말아야 한다. 엎드려 자는 학생이 있다면 우선 어디 아픈지 물어본다. 아프다고 하면 보건실에 가야 하지 않겠느냐고 묻고, 대답이 없거나 졸리다고 하면 엎드려 있게 내버려 둘지 말지 판단해야 한다. 판단은 그 모둠 아이들의 반응에 맡긴다. 그냥 두라는 눈빛을 보내면 그냥 두는 게 좋다고 생각한다.

다른 학생과의 형평성을 생각해 무리하게 깨우고 참여시키려고 하면 부작용이 생기기 쉽다. 학생들도 교사의 적절하고 융통성 있는 판단을 신뢰하는 경우가 많다. 누구만 특별히 봐 준다며 불만스러워하는 학생은 보지 못했다. 특별대우가 아니라 배려하고 존중한다는 생각으로 판단하면 된다. 아이들 각자의 상황을 고려해 세심한 판단을 내리는 것도 교사의 능력일 것이다.

다시 《하피첩》으로 돌아오자.

한자의 음과 뜻을 찾는 것은 어렵지 않기 때문에 거의 모든 학생이 조용히 집중하는 편이다. 그러다 모둠별로 대화가 활발하게 오가기 시작하는데, 이는 이제 문장 풀이 단계로 들어갔다는 신호다.

"曰을 뭐라고 풀이해야 해?"

"又는 그냥 또라고 하면 되나?"

"勝은 이기다로 풀이하면 이상한데?"

"此는 여기라는 뜻이야?"

"그런 거 아냐? 다른 뜻도 있어?"

교실 안이 온통 물음표로 가득하다. 서로 묻기만 하고 정확한 답을 말하는 사람은 없다. 생각하는 힘이 쑥쑥 자라는 게 느껴진다. 교사는 가르쳐 주고 싶지만 참아야 한다. 가만있는 게 학생의 배움을 돕는 것이다. 다만 여러 모둠이 많이 헤매고 있다면 "잠깐만!" 하고 학급 전체를 주목시킨다. "曰 자를 뭐라고 풀이하고 있지? '말하다'로 풀이했어? 수찬이네 모둠에서 풀이한 거 한번 들어볼까?"

이렇게 직접 가르쳐 주지 않고 다른 모둠을 통해 알게 한다. 너무 헤매게 내버려 두면 아이들이 집중력을 잃게 되고, 너무 빨리 개입하면 생각할 시간을 빼앗게 된다. 70퍼센트의 모둠에서 풀이가 끝나면 모둠을 해체하고 전체 공유를 한다. 다 끝내지 못한 모둠은 다른 모둠에게 배우면 된다. 나는 문장 풀이를 하나도 해 주지 않는다. 학생들의 풀이를 연결시키면서 바른 풀이가 되도록 이끌어 줄 뿐이다. 내가 풀이해 주지 않았다고 해서 학생들 사이에 바른 풀이가 안 나온 적이 없다.

다산은 두 아들에게 부지런할 근(勤)과 검소할 검(儉)이라는 두 글자를 주었다. 대학자가 아들에게 준 편지는 어려운 내용이 아니었다. 지극히 평범한 내용이었고, 모든 부모님이 자식들에게 하는 말이었다.

다산의 문장을 풀이한 다음에는 현재 우리의 삶으로 돌아온다. "부모님이 나에게 두 글자를 준다면 어떤 글자를 주실까?" "나는 미래의 자녀에게 어떤 두 글자를 줄까?" 이런 질문으로 대화를 나누다가 "우리도 두 글자를 넣어서 미래의 자녀에게 주는 편지를 써 보자."라고 말한다. 그러면 학생들은 자전이나 활동지를 뒤적이며 한자를 찾는다. 여기서 머뭇대는 학생이 있다면 이미 배운 덕목 한자에서 찾아보는 것도 좋을 거라고 힌트를 준다. 孝, 學, 笑 등 저마다 의미 있는 한자를 넣어 짧은 편지를 쓴다. 학생들이 쓴 글을 보면 흐뭇하기도 하고, 더 나아가 내가 학생들에게 배우기도 한다.

아들들아, 커서는 悌(공손할 제)할 것과 謹(삼가할 근)할 것을 잊지 마라. 자신이 아무리 잘나고 뛰어나도 공손함을 갖추지 않으면 이 뛰어남은 소용이 없어지고 사람들의 비웃음을 살 것이다. 그리고 평소 언행을 자유롭게 풀어 두지 말고 상황에 어울리도록 잘 삼가서 하라. 언행을 삼가면 믿음을 살 것이고 행동을 삼가면 호감을 얻을 것이니 이 두 가지를 잘 지키며 살아라.

04 《열하일기》, 나의 깨진 기와는?

연암 박지원의 《열하일기(熱河日記)》와 함께하는 수업은 내가 가장 아끼는 수업이다. '열하일기' 네 글자는 고등학교 때부터 들어 봤는데, 연암이 남긴 글이라고만 알았지, 어떤 내용의 책인지는 알지 못했다. 무슨 내용인지 궁금해하지도 않았던 것 같다. "다음 중 연암 박지원이 쓴 책이 아닌 것은?" 이런 객관식 문제를 풀기 위해 지은이와 책 제목만 외웠기 때문일 것이다.

나의 학창 시절에는 서술형, 논술형 문제가 거의 없었다. 객관식과 단답형 주관식 문제가 있을 뿐이었다. 내가 교사가 되어서도 한동안 그런 식의 문제로 평가했다. 평가를 그렇게 했다는 것은 수업도 객관식과 단답식 답 찾기 형태로 했다는 말과 동일하다.

혁신학교에 근무하게 된 2011년부터 수업에 대한 고민을 하기 시작했다. 그 무렵 인문학 열풍이 불면서 서점에 가면 인문학 서적이 눈

길을 끌었다. 나는 논어를 공부하고 맹자를 접했던 한문 교사로서 인문학 책들에 마음이 갔다. 그 당시 집어 들었던 책들 중 한 권이 고전 평론가 고미숙의《열하일기, 웃음과 역설의 유쾌한 시공간》이다. 그 책을 통해서야《열하일기》가 기행문이라는 걸 알았다. 고미숙은《열하일기》를 인류 최고의 기행문이라고 했다. '열하'는 중국 북부에 있는 지금의 승덕시를 일컫는 지명으로 중국 황제가 더위와 추위를 피해 연중 5개월을 지냈던 곳이다. 그곳 열하 지방을 다녀오면서 쓴 매일의 기록이《열하일기》다.

연암 박지원은 조선 최고의 문장가다. 당시 왕이었던 정조는 조선의 문체가 요상한 잡문체로 변하고 있다며 정통적인 고문(古文)으로 돌아가야 한다는 문체반정(文體反正)을 내세웠다. 그때 문체반정의 표적으로 찍힌 대표적인 작품이 바로《열하일기》다. 이는《열하일기》가 그만큼 선풍적인 인기를 끌었다는 반증이기도 하다.

'이렇게 좋은 책을 나는 왜 내용도 모른 채 제목만 외웠을까? 이런 책에 대해 학생들과 이야기 나누면 얼마나 재미있고 의미 있는 수업이 될까? 다른 나라 학자의 문장이 아니라 우리 나라 학자의 문장으로 수업을 하자!' 이렇게 생각한 나는 수업에서 학생들과 함께 풀이할 문장을 골랐다.

壯觀在瓦礫 壯觀在糞壤 不棄斷瓦 天下之文樣斯在矣 糞壤爲其糞田 則惜之如金
(장관은 기와와 자갈에 있고 장관은 똥덩이에 있다. 깨진 기와를 버리지 않

으니 천하의 문양이 여기에 있다. 똥덩이는 그 거름밭이 되니 곧 아끼기를 금과 같이 한다.)

위 문장은 《열하일기》 중 〈장관론〉의 일부로 애민정신과 명분보다 실리를 중시 여기는 연암의 실학 정신이 드러난 문장이다.

청나라의 앞선 문물에 관심이 많았던 연암은 고종 황제의 칠순 축하 사절단을 따라 여행을 떠나게 된다. 5월에 출발해 8월에 도착한 북경은 무더위가 한창이었다. 그런데 고종 황제는 더위를 피해 열하 지방의 산장으로 떠나고 없었다. 사절단은 할 수 없이 또 열하 지방까지 가야만 했고, 이때 연암과 열하가 만나 《열하일기》가 탄생하게 됐다.

여행을 다녀온 사람은 으레 무엇이 가장 볼만했느냐는 질문을 받게 마련이다. 연암은 뭐라고 답했을까? 학생들에게 질문을 던질 시간이다. "연암 박지원은 청나라에서 무엇이 가장 볼만했다고 답했을까?" 그러면 몇몇 학생이 자신없이 대답한다. "만리장성이오." "코끼리요." 이때 나는 활동지를 나눠 주며 말한다.

"이 활동지에 있는 한문을 풀이하면 답을 알 수 있어요."

나는 모둠별 과제를 정할 때 몇 가지 기준에 따른다. 첫째, 혼자 해내기는 어렵고 모둠원들과 협력하면 해결할 수 있는 수준의 과제여야 한다. 그래야 협업 능력을 기를 수 있다. 둘째, 모든 학생이 처음 접하는 내용이어야 좋다. 그래야 모두 같은 위치에서 시작할 수 있다. 만일 한 학생이 익히 알고 있는 내용이라면 그 학생이 혼자 해결해 버릴 수 있다. 셋째, 학생들의 일상생활과 관련이 있는 것에서 소재를 찾는다. 그래야 학생들이 더욱 흥미 있게 과제에 참여한다.

경력이 아무리 오래된 교사라도 수업이 늘 어려운 것은 똑같은 학생이 없기 때문일 것이다. 게다가 시대에 따라 학생들의 성향이 달라지고 교과 정책도 달라진다. 그래도 교사는 자신만의 수업 철학이 있어야 한다. 학생들이 내 수업에서 무엇을 얻어 가길 바라는가? 나는 수업에서 학생들과 어떤 이야기를 하고 싶은가? 어쩌면 핵심 역량이나 핵심 성취 기준과도 통하는 말일 수도 있다. 내가 이 수업에서 학생들에게 하고 싶은 말은 무엇인지 명확히 설정하고 수업을 하는 것은 네비게이션에 목표 지점을 설정해 길을 떠나는 것과 같다. 많이 헤매도 괜찮다. 가는 길에 보고 듣고 느끼는 것이 많을 테니 많이 헤맬수록 오히려 더 많이 배울 수 있다.

모둠별 한문 풀이가 끝나고 풀이한 내용을 전체 공유 할 때는 학생들이 편안하게 발표할 수 있도록 경청하는 분위기를 만들어야 한다. 좀 엉뚱한 내용을 발표하더라도 발표자가 의기소침해지지 않도록 배려하는 자세가 필요하다. 교사가 일관되게 그런 태도를 보여 주었을 때 학생들은 안심하고 자신 있게 자신의 생각을 표현한다.

또한 학생들의 발표와 발표를 엮어서 바른 풀이를 만들어 가도록 이끌어야 한다. 답에서 먼 곳에서 가까운 곳으로 다가가도록 학생들의 발표를 엮어 가려면 교사에게 집중력이 필요하다.

교사 : 天下之文樣斯在矣를 어떻게 풀이했어?

재희 : 천하의 문양이 여기 있다.

영미 : 하늘 아래 문양이 있을 것이다.

교사 : 수찬아, 재희와 영미의 풀이에서 다른 점은 뭘까?

수찬 : 재희는 '천하'라고 했고 영미는 '하늘 아래'라고 했어요. 그리고 여기 '있다'와 '있을 것이다'가 달라요.

교사 : 천하라고 하는 게 좋을까? 하늘 아래라고 하는 게 좋을까?

수찬 : 하늘 아래라고 풀이하는 게 더 듣기 좋아요.

교사 : 너희들 모두 그렇게 생각하니? 그러면 하늘 아래라고 풀이하도록 하자. 재희는 왜 '여기 있다'라고 풀이했는지 이유를 말해 볼까?

재희 : 斯가 '이 사'라서 여기라고 했고 在를 있다라고 했어요.

교사 : 영미가 '있을 것이다'라고 풀이한 것은 어떤 글자 때문이지?

영미 : 矣가 '~일 것이다'라는 추측을 표현하는 어조사라고 알고 있어요.

교사 : 그렇구나. 오늘은 영미, 재희, 수찬이가 발표를 해 줘서 天下之文樣斯在矣의 뜻을 풀이할 수 있었구나. 이제 세 사람의 발표를 참고해서 각자 바른 풀이를 적어 보자.

교사 : 원식아, 바른 풀이 적은 거 읽어 줄 수 있을까?

원식 : 하늘 아래 문양이 여기에 있을 것이다.

교사 : 그래, 잘했어.

이렇게 교사는 학생들이 바른 풀이를 찾아가도록 도와주는 역할을 할 뿐이다. 그래야만 학생들이 끝까지 과제에 집중하게 된다. 선생님이 언젠가 답을 밝혀 주리란 걸 알게 되면 그 답만을 기다리며 골똘히 생각하려 하지 않는다. 또 교사가 답을 말해 주지 않아야 친구의 발표를 경청하게 된다. 친구의 발표를 들으면서 자신의 생각과 비교하고, 한 친구의 발표 내용과 다른 친구의 발표 내용을 들으면서 미세한 차이점을 찾아내는 것이 듣는 힘을 기르는 방법이다.

연암 박지원이 청나라에서 본 장관은 깨진 기와로 꾸민 담장과 집집마다 쌓아 놓은 똥 기둥이었다. 깨진 기와를 버리지 않고 담장을 꾸미니 물결 무늬, 꽃 모양이 되었고, 그런 문양이 북경 거리의 담장마다 있으니 장관이었던 것이다. 길거리에 떨어진 말똥과 소똥을 모아 집 마당에 쌓아 두었다가 밭에 뿌리면 그 밭이 옥토가 되니 똥 기둥을 장관이라고 표현한 것이다.

"연암 박지원은 청나라의 화려한 문물과 수려한 자연 환경을 제쳐두고 왜 깨진 기와와 똥덩이를 장관이라고 했을까요?" 이렇게 질문하면 학생들은 대부분 연암이 실학자로서 백성들에게 도움이 될 만한 것을 눈여겨보았기 때문이라고 대답한다. 그러면 나는 다음과 같은 말로 연암의 문장 풀이를 마무리한다.

"청나라의 화려한 궁전과 자연은 우리나라 백성들에게 별 도움이 안되지만, 못쓰게 된 것을 모아 생활에 활용하고 버려도 되는 것을 모아 농사에 이용하는 것은 우리 백성들에게 매우 유익할 거라고 여겨 깨진 기와와 똥덩이를 장관이라 꼽은 게 아닐까?"

이제는 문장을 우리의 삶으로 가져올 차례다.

"너희들도 개인적으로 갖고 있는 것 중에 못나고 맘에 들지 않아 버리고 싶은 것이 있을 거야. 그런 걸 어떻게 활용하면 좋을까?"

이렇게 말하면 교실 안은 순간 조용해진다. 청나라의 기와 문양과 조선 시대 연암의 생각을 더듬어 보다가 갑자기 현재의 자신으로 돌아오려니 시차 적응이 안 되는 것일까? 이때 교사는 자신의 사례를 먼저 말해 줄 수도 있지만 별로 좋지 않은 방법이다. 누군가 한 명이 먼저 발표하게 하는 것도 좋지 않다. 학생들이 교사나 첫 번째 발표자의 예시에 얽매여 생각을 자유롭게 펼쳐 나가지 못하기 때문이다.

그래서 나는 우선 각자의 생각을 글로 써 보게 한다.

아이들이 글을 쓰는 동안 나는 말을 멈추고 기다린다. 잠시 후 오늘따라 유난히 열심히 적고 있는 승우에게 말을 건다. "승우야, 지금 적은 거 말해 줄 수 있니?" 승우는 머뭇거리다가 작은 목소리로 자신이 쓴 글을 발표한다.

"나는 평소에 소심하고 말수가 적은 편이다. 사람들 앞에서 말하는 것이 어렵다. 그래서 고민이다. 그렇지만 말수가 적은 만큼 나는 생각을 깊게 하고 신중하게 행동하는 편이다."

승우의 발표를 듣고 오늘 수업이 성공했다는 생각과 승우에게 고맙다는 생각에 코끝이 찡해졌다. 승우는 자신의 단점이라고 여기는 성격을 모든 친구들 앞에서 발표했고, 이로써 그 성격은 더 이상 못나고 버려야 할 것이 아니라 깊은 생각과 신중한 행동으로 발현할 수 있도록 잘 다듬어야 할 자신의 일부가 된 것이다.

내가 의도한 것이 바로 이런 효과였다. 소심한 성격의 승우에게 발표를 부탁한 것도 그런 의도였고, 이 수업을 통해 다른 학생들도 승우와 같은 사고의 과정을 거치길 바랐다. 그리고 승우가 성공적인 발표 경험을 통해 용기를 얻고 앞으로는 소심한 성격 때문에 주눅 드는 일이 없기를 바랐다. 이 수업에 참관한 어느 선생님은 아들러의 심리학이 생각났다고 했다. 아들러의 개인 심리학에서 격려는 내담자가 자신의 열등감을 극복하고 가치를 깨닫도록 하는 데 초점을 두는 것으로 내담자 자신이 능력과 유용성을 소유하고 있다는 것을 알아차리고 자기 삶의 문제에 용감하게 다가갈 수 있도록 도와주는 것이라고 한다.

이런 주제의 수업은 도덕 시간이나 고등학교 심리학 시간에도 할 수 있지만, 고전의 문장과 연결 짓는 것은 한문과 수업에서만 가능한 일이다. 고전과 연결했기 때문에 더 힘 있는 수업이 되었다고 생각한다. 청나라로 갔다가 조선 시대로 갔다가 현실의 자신에게 돌아오고, 조선 최고의 문장가 박지원 선생님을 만났다가 자신을 들여다보고, 못난 점을 드러내 자신의 것으로 온전히 받아들여 장점으로 승화시키게 하는 수업! 그런 힘 있는 수업을 할 수 있는 한문 교사라서 좋다.

● 《열하일기》와 함께한 수업 활동지

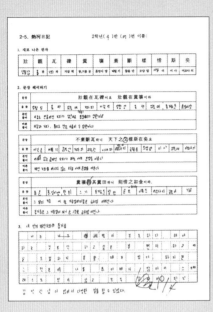

05 〈세한도〉, 진짜 친구

〈세한도(歲寒圖)〉를 만난 것은 2010년 여름 제주도로 가족 여행을 갔을 때였다. 서귀포에 있는 추사 김정희 기념관은 〈세한도〉에 그려진 건물 모양을 본떠서 지었다고 하는데, 실제 보니 소박하고 단아하게 느껴졌다. 안으로 들어가니 한 무리의 중년 여행객이 해설사의 설명을 듣고 있었다. 다른 손님들은 없어서 해설사의 설명이 멀리 있는 나에게도 들렸는데 그 소리를 따라 그분들 쪽으로 가까이 가게 되었다.

해설사의 설명을 잠깐 듣다가 내가 예의상 물었다. "죄송하지만, 저도 같이 들어도 될까요?" 해설사는 "네." 하면서 웃었고, 다른 한 분이 "이거 비싼 강의예요. 저분은 제주대 교수인데 저희가 서울에서 와서 돈 내고 모시고 다니며 해설을 듣고 있어요." 하는 것이었다. 나는 깜짝 놀라서 "아, 네! 감사합니다." 인사하고는 함께 설명을 들었는데 그것이 〈세한도〉에 대한 이야기였다. 그 이야기가 어찌나 인상적이고 감동적인지 그 자리를 뜨기 아쉬웠다. 해설사가 설명을 잘했고, 사람들이 경청하는 태도도 좋았고, 조용하고 차분한 분위기와 바로 앞에 펼쳐진 〈세한도〉의 위엄이 더해져서 그랬던 것 같다.

여행이 끝나고도 〈세한도〉 이야기의 여운이 오래도록 남았다. 나도 그런 수업을 하고 싶었다. 교실에 우리 선조의 작품을 가져와 가까이 두고 보면서 교사는 그 작품과 관련한 재미있고 감동적인 이야기를 들려주고, 학생들은 이야기에 폭 빠져 있는 수업! 입체적인 예술 작품과 함께하는 기품 있는 수업을 말이다. 일단 나도 〈세한도〉 수업을 하기로 하고 발문에서 문장을 골랐다. 나중에 다른 출판사 교과서에 〈세한도〉 문장이 실려 있는 것을 알게 되었는데 내가 고른 다음의 문장과 같았다.

孔子曰 歲寒然後 知松柏之後凋 松柏 是貫四時而不凋者 歲寒以前 一松柏也 歲寒以後 一松柏也 聖人 特稱之歲寒之後
(공자가 말하길 추워진 연후에야 소나무와 잣나무가 늦게 시드는 것을 알 수 있다. 송백 이것은 사시사철 변함없이 시들지 않는 것이다. 추워지기 이전에도 한결같이 소나무와 잣나무요, 추워진 이후에도 한결같이 소나무와 잣나무다. 성인은 특별히 추워진 이후의 그것을 칭찬했다.)

추사 김정희는 어릴 때부터 소문난 영재였다. 25세에는 중국의 학계를 이끌던 78세 대학자인 옹방강을 만났는데 그는 젊은 추사 선생의 문장에 감복하면서 조선에서 으뜸이라는 글을 써 주었다고 한다. 또한 고증학, 경학, 금석학 등에도 뛰어났으며, 실학과 금석학에 큰 업적을 쌓은 당대의 대표적인 학자이자 서화가이다. 그러나 1840년 윤상도의 옥사(獄事)에 연루되어 제주에서 8년간 유배 생활을 하게 되었다. 유배된 지 2년 후에 아내가 죽고 그를 따르던 사람들도 하나둘 소식이 끊기며 고립무원의 처지가 되었다. 그렇게 외로운 제주도에서 절대 고독과 마주하며 하루하루를 보내던 추사에게 마음을 전해 준 사람은 그의 제자인 이상적이었다.

이상적은 역관이 되어 청나라에 오가면서 구한 귀한 책을 스승에게 보냈다. 그런 귀한 책은 당시 조정의 관리에게 주었다면 그의 출셋길에 도움이 되었을지 모른다. 그러나 이상적은 자신의 안위보다 스승을 먼저 위했으니, 끝내 지조와 의리를 지킨 제자의 그 마음에 스승이 어찌 감복하지 않을 수 있을까? 그 고마움에 대한 보답으로 그린 그림이 〈세한도〉이다. 그리고 그림 한쪽에는 그림에 대한 발문을 적었다.

歲寒然後知松栢之後彫

(겨울이 되어서야 소나무와 잣나무가 시들지 않는다는 것을 안다.)

발문의 일부인 위 문장은 공자의 《논어》에 나오는 것으로 의리와 지조를 표현한 말이다. 〈세한도〉를 받아 든 이상적은 또한 무척 감동해 그것을 가지고 청나라에 가서 학자들에게 보였다. 청나라 학자들은 추사가 처한 상황을 안타까워하는 마음과 이상적의 의리에 감동하는 내용의 발을 써 주었는데 그 길이가 14.7미터에 달했다고 한다. 이상적은 그것을 스승에게 전했고, 그 후 그것은 추사 선생의 후손들에게 전해지다가 일본 경성대 교수이자 추사 선생의 유물 애호가인 후지쓰카 지카시의 손에 들어가게 된다. 1944년 서예가 손재형은 후지쓰카의 집을 매일 찾아가 100일 동안 문안하며 〈세한도〉를 넘겨 달라고 간청했고, 이에 감복한 후지쓰카는 〈세한도〉를 거져 내주었다. 그 후 석 달 뒤 후지쓰카의 집은 미군 공습으로 불타 버렸으니 문인화의 정점인 〈세한도〉는 어찌 보면 극적으로 살아남게 된 셈이다.

소나무와 잣나무 세 그루와 허름한 집 한 채로 이루어진 〈세한도〉의 그림 한쪽에는 추사가 이상적에게 보내는 마음의 글이 적혀 있다. 이 글에 대해 나는 학생들에게 질문을 던진다.

"김정희 선생은 세상으로부터 고립된 자신에게 변치 않는 의리를 보여 준 이상적에게 어떤 글로 고마움을 표현했을까? 과연 얼마나 멋지고 깊이 있게 표현했을까?"

문장에 있는 特 자와 凋 자는 중학교 기초 한자 900자에 포함되지 않는다. 하지만 그런 이유로 중학교에서 〈세한도〉 수업을 포기할 수는 없다. 학생들은 자전을 사용하기 때문에 중학교용 한자, 고등학교용 한자, 더 어려운 한자를 굳이 구분해서 사용하지 않는다. 기초 한자를 잘 알도록 수업을 해야 하지만, 한자 범위에 얽매여 좋은 문장을 수업에 가져오는 것을 포기하는 것은 안타까운 일이다. 한자 성어 만들기, 호 짓기, 한시 짓기 등의 활동을 할 때도 중학교용 900자 안에서 사용하라고 제한하지 않는다. 자신이 표현하고 싶은 한자를 찾아 자유롭게 사용하면 된다. 그래야 생각의 범위에 제한받지 않고 표현하면서 창의적 사고력을 기를 수 있다.

(전략) 사마천이 "권세나 이익 때문에 사귄 경우에는 권세나 이익이 바닥나면 그 교제가 멀어지는 법이다." 했다. 그대 역시 세속의 거센 풍조 속에서 살아가는 한 인간이다. 그런데 어찌 그대는 권세가와 재력가를 붙좇는 세속의 도도한 풍조로부터 초연히 벗어나, 권세나 재력을 잣대로 삼아 나를 대하지 않는단 말인가? 사마천의 말이 틀렸는가? 공자께서 "일 년 중에서 가장 추운 시절이 된 뒤에야 소나무와 잣나무가 그대로 푸르름을 간직하고 있음을 알게 된다." 하셨다. 소나무, 잣나무는 사철을 통해 늘 잎이 지지 않는 존재이다. 엄동이 되기 이전에도 똑같은 소나무, 잣나무요, 엄동이 된 이후에도 변함없는 소나무, 잣나무이다. 그런데 성인께서는 유달리 엄동이 된 이후에 그것을 칭찬하셨다. 지금 그대가 나를 대하는 것을 보면, 내가 곤경을 겪기 전에 더 잘 대해 주지도 않았고 곤경에 처한 후에 더 소홀히 대해 주지도 않았다. 그러나 나의 곤경 이전의 그대는 칭찬할 만한 것이 없겠지만, 나의 곤경 이후의 그대는 역시 성인으로부터 칭찬을 들을 만하지 않겠는가? 성인께서 유달리 칭찬하신 것은 단지 엄동을 겪고도 꿋꿋이 푸르름을 지키는 송백의 굳은 절조만을 위함이 아니다. 역시 엄동을 겪은 때와 같은 인간의 어떤 역경을 보시고 느끼신 바가 있어서이다. (후략)

— 〈세한도〉 발문

추사 선생은 공자의 말을 빌려, 자신이 곤경에 처하기 전이나 후나 변함이 없는 이상적의 지조를 사철 푸른 소나무와 잣나무에 빗대었다. 제자의 의리에 대한 벅찬 감동과 고마움이 절절하고 기품 있는 문장으로 표현돼 있다.

권세와 재력을 떠나 진실된 마음으로 관계를 맺고 의리를 지키는 것, 정말이지 어려운 일이다. 요즘처럼 이로운 것을 따라 움직이는 세태에서는 특히나 더 기대하기 어려운 행동이다.

과연 우리는 주변 사람과 이런 관계를 맺고 있을까? 이런 물음을 학생들에게 던져 본다. 조선 시대의 〈세한도〉를 지금의 우리 이야기에 가져오는 것이다. 사람과 사람 간의 관계 맺기는 어떻게 해야 하는가? 어떤 관계가 의미 있는가? 나는 과연 의리 있는 친구인가? 우리를 이런 사고로 이끈다는 점에서 〈세한도〉는 의미 있는 것이 아닐까? 내가 어려울 때 진심 어린 도움을 받은 적이 있는가? 누군가 어려울 때 내가 진정성 있게 도움을 준 적이 있는가?

이런 질문과 대답은 자칫 도덕 교과의 문장처럼 흘러가기 쉽다. 그렇게 되지 않으려면 반드시 학습하고 있는 한문 문장의 내용과 연결해야 한다. 그리고 배운 한자나 한자어를 포함해서 글쓰기를 하는 게 좋다. 이 수업은 가급적 학기 말에 하는 것을 권장하는데 그때쯤에는 학급 친구들과 많은 관계를 맺었을 테니 이야기할 소재가 많기 때문이다. 또한 한 해를 마무리하며 친구들과의 관계를 성찰하는 시간을 갖는 것도 의미가 있다.

06 리우(利雨)?
인생을 담은 호 짓기

호(號) 짓기는 수행평가로 진행한다. 호는 본 이름이나 자(字) 외에 편하게 부르라고 지은 이름으로 보통은 다른 사람이 지어 주는 경우가 많지만 내 수업 시간에는 학생들에게 자신의 호를 짓고 어떤 뜻인지 발표하게 한다. 호에는 자신이 사는 곳인 소처이호(所處以號), 뜻하는 바인 소지이호(所志以號), 처한 환경인 소우이호(所遇以號), 좋아하는 것인 소축이호(所蓄以號)를 담을 수 있다. 이황의 호 퇴계(退溪 : 물러날 퇴, 시내 계)는 벼슬에서 물러나 고향에 돌아와 시내를 친구 삼아 공부하겠다는 뜻을 담고 있다. 율곡(栗谷), 다산(茶山), 연암(燕巖)의 호를 보면 그들이 어떤 곳에 살았는지 알 수 있다. 이규보는 시, 술, 거문고를 좋아해 호를 삼혹호선생(三酷好先生)이라 했다가, 나중에는 백운거사(白雲居士)로 바꾸어 구름에 묻혀 사는 자신의 모습을 담아냈다. 소월, 한힌샘, 외솔과 같이 한자 없이 한글 호를 지을 수도 있다.

수업 시간에 하는 호 짓기 활동은 그리 간단하지 않다. 자신이 어떤 사람인지, 어떻게 살고 싶은지 생각하고 제대로 표현해야 하기 때문이다. 이를 위해 한문 문장을 풀이하고 그 내용과 연결 지어 자신에 대해 표현하는 글쓰기를 5, 6차시 진행하고, 글쓰기한 내용을 모아 한 장에 정리한다. 그리고 호의 의미, 내용, 예시 등을 배운 다음 자신의 호를 짓고 어울리는 그림을 그려 꾸민다. 마지막 차시에는 모든 학생이 발표를 하고, 친구들의 호 중 가장 인상 깊은 호에 대해 이야기를 나눈다. 총 8~9차시에 해당하는 수행평가다. 평가는 자신에 대한 글쓰기부터 발표하기까지만 한다. 문장 풀이는 논술형 문제로 출제하기 때문이다.

호를 짓기 전에 풀이하는 문장은 매년 조금씩 다르지만, 학생들이 흥미로워하면서 삶과 연결 지어 이야기를 끌어내기 쉬운 것으로 한다.

첫 번째 문장은 배움에 관한 것이다.

玉不琢 不成器 人不學 不知道
(옥을 쪼지 않으면 그릇을 이룰 수 없고, 사람이 배우지 않으면 도리를 알지 못한다.)

이 문장을 풀이한 다음 배움이란 무엇인지 이야기를 나눈다. 학생들은 왜 배우는지 생각해 볼 기회가 거의 없다. 학생들에게 배움이란 학과 공부일 뿐이다. 수학 문제를 풀고, 영어 단어를 외우고, 시험을 보는 것이 공부이고 곧 배움이니 왜 배우는지 생각할 필요가 없었다. 그래서 "나에게 배움이란 무엇인가?"라는 질문 앞에서 학생들은 당황한다. 배움이란 당연히 학과 공부로 여겨 왔는데, 당연했던 것이 갑자기 질문으로 다가오니 낯선 것이 돼 버린다. 이때 답을 하기 위해서는 생각의 전환을 해야 하는데 그런 과정에서 생각하는 힘이 길러지는 것이 아닐까?

앞의 한문 문장에서는 '배우지 않으면 도(道)를 알지 못한다'고 말한다. 도에는 여러 가지 의미가 있는데 공자는 아침에 도를 들으면 저녁에 죽어도 좋다고 말했다. 수업 시간에는 그런 심오한 말 대신 '사람의 도리' 정도로만 설명한다. '사람이 사람의 도리를 알지 못하면 사람답지 않다. 그렇다면 사람다운 것은 어떤 것인가?'라는 질문이 이어서 떠오른다. 그렇게 학생들은 자신이 왜 배우는지 처음으로 골똘히 생각하는 시간을 갖게 된다. 배움이란 시험 점수를 위한 공부인 줄로만 알았는데 사람답게 살기 위해 하는 것이라고 하니 뭔가 새롭다.

사실 학교는 삶을 가르치는 곳이지 점수를 매기기 위해 존재하는 곳이 아니다. 학생들은 생각의 길에 조금만 물꼬를 터 줘도 금방 깨닫고 자신의 말로 표현한다.

— 배움은 이 세상에 없던 나만의 모양을 만드는 것이라고 생각한다. 모든 사람들의 시작에는 아무것도 존재하지 않는다. 내가 무엇을 얼마나 보고 느끼고 배우는가에 따라 아무것도 없던 나를 채우고 그 누구도 만들지 못했던 나만의 모양을 만들 수 있도록 도와준다.　　　　　　　　　　－ 2학년 학생

— 배움은 새로운 것을 배울 때의 기쁨과 배움을 통해 또 새로운 것을 깨달았을 때 얻는 짜릿함으로 인생을 돌리는 바퀴 같은 것이다.　　　－ 2학년 학생

두 번째 문장은 등용문(登龍門)에 관한 것이다.

河津 一名龍門 水險不通 魚鼈之屬 莫能上. 江海大魚 薄集龍門
下數千 不得上 上則爲龍也
(하진은 일명용문이니 물이 험하여 통하지 못해 물고기 자라 등의 무리가
위로 올라가지 못한다. 강과 바다의 큰 물고기가 용문 아래 빽빽하게 모여
들었으나 올라갈 수가 없었고 올라가면 곧 용이 되었다.)

등용문이란 용문에 오른다는 뜻으로 입신 출세의 관문을 일컫는 말
이다. 중국 후한 시대의 이응과 관련 있는 이야기로 물고기와 자라가 중
국 황하 상류의 협곡인 용문을 뛰어 올라가면 용이 된다는 내용이다.

이 문장을 풀이한 후에는 성공에 대해 생각해 보게 한다. 내가 생각
하는 성공이란 무엇인가? 성공관은 인생관이고 가치관이다. 학생들은
무엇을 성공이라고 생각할까?

— 성공이란 지금 당장 내가 죽었을 때 진심을 다해 슬퍼해 줄 친구가 한 명
이라도 있는 것이다. 또 미래에 소득이 적더라도 내가 하고 싶은 일을 즐겁
게 하면서 돈을 벌 수 있는 직업을 가지는 것이다.　　　　　　　－ 2학년 학생
— 내가 계획했던 목표를 달성해서 나의 꿈을 이루고 그 꿈을 통해 내가 원
했던 삶을 살아가고 항상 계획을 가지고 내가 만족하는 삶을 살아가는 거라
고 생각한다.　　　　　　　　　　　　　　　　　　　　　　－ 2학년 학생

세 번째 문장은 군자삼락(君子三樂)에 관한 것이다.

父母俱存 兄弟無故 一樂也 仰不愧於天 俯不怍於人 二樂也 得
天下英才而教育之 三樂也
(부모가 모두 생존해 계시고 형제가 무고한 것이 첫 번째 즐거움이요, 우러
러 하늘에 부끄럽지 않고 굽어보아 사람에게 부끄럽지 않은 것이 두 번째
즐거움이요, 천하의 영재를 얻어 그를 교육하는 것이 세 번째 즐거움이다.)

위 문장은 "나는 무엇을 좋아하는 사람인가?"라는 질문과 연결하기
에 좋다. 군자가 생각하는 즐거움은 무엇인지 배웠기 때문에 학생들은
자신의 즐거움에 대해서도 좀 더 진지하게 생각하게 된다. 친구들의 발
표를 들으면서 다시 한 번 생각하는 것은 물론이다. 공자는 그 사람을
아는 방법 중 하나로 그 사람이 무엇을 편안해하는지 보라고 했다(察其
所安). 슬프고 힘든 일보다 좋아하고 즐거워하는 일이 그 사람을 드러내
는 일이라는 말이다.

— 첫째는 가족, 친구들과 뜻깊은 하루를 보내는 것이고, 둘째는 정해진 일
정을 성실히 하는 것이며, 셋째는 하고자 하는 것을 배우고 새롭게 알게 되
는 것이다.　　　　　　　　　　　　　　　　　　　　　　　　– 2학년 학생
— 첫째는 열정적인 하루를 보낸 뒤 잠을 자기 전의 순간이고, 둘째는 모든
일에 감사해할 때이며, 셋째는 사랑하는 사람들이 내 곁에 있다는 것을 느
끼고 인지할 때이다.　　　　　　　　　　　　　　　　　　　– 2학년 학생

네 번째 문장은 삼성오신(三省吾身)에 관한 것이다.

曾子曰 吾日三省吾身 爲人謀而不忠乎? 與朋友交 以不信乎?
傳不習乎?
(증자가 말하길, 나는 매일 세 가지로 나를 살핀다. 남을 위해 일을 도모할 때 진심을 다했는가? 벗과 사귈 때 믿음으로써 하지 않았는가? 전한 것을 익히지 않았는가?)

이 문장을 풀이하고 자신이 매일 성찰하는 3가지 적기를 한다. 아직 성찰하는 내용이 없는 사람은 이번 기회에 생각해서 적도록 한다. 매번 그렇지만 학생들이 적은 내용은 내 예상보다 성숙해서 놀라게 된다.

— 첫째, 오늘 남에게 상처 주는 말을 하진 않았는가? 둘째, 오늘 안에 끝내야 할 일을 모두 마쳤는가? 셋째, 오늘 한 일을 어디에서도 떳떳하게 말할 수 있는가?
　　　　　　　　　　　　　　　　　　　　　　　　　　　　－ 2학년 학생
— 첫째, 내일의 나에게 부끄럽지 않을 하루를 보냈는가? 둘째, 후회스러운 행동을 하지 않았는가? 셋째, 언제 떠올려도 미소 지을 하루를 보냈는가?
　　　　　　　　　　　　　　　　　　　　　　　　　　　　－ 2학년 학생

그 밖에도《하피첩》을 배운 뒤 자신이 중요시하는 가치를 담은 두 글자를 넣어 편지 쓰기를 하고,《열하일기》를 배우고 나서 자신의 모습 중 버리고 싶지만 장점으로 발현시킬 수 있는 것에 대해 글쓰기를 한다.

6차시에 걸쳐 이렇게 자신을 탐색하는 글쓰기를 하고 그 내용을 다시 한 번 정리하면서 수정, 보완한다. 그러고 난 후에 비로소 호가 무엇인지 배운다. 질풍노도의 사춘기에 있는 학생들이 '어떻게 살고 싶은가?', '어떻게 살아야 할까?'라는 고민을 담은 호를 지어서 친구들에게 발표하는 것은 매우 의미 있는 일이다. 내 얘기뿐만 아니라 다른 친구가 발표하는 삶의 이야기를 들으면서 생각을 키워 갈 수도 있는 것은 물론이다.

나를 아는 것으로부터 사람에 대한 이해가 시작되고, 다른 사람의 이야기를 듣고 인정하는 것으로부터 더불어 행복하게 살아가는 힘이 길러진다. 그래서 나의 교육과정에서는 거의 모든 활동에 '자신과 연결하기'가 따라붙는다. 내 수업을 들은 학생들이 자신을 알고 남을 이해하며 더불어 살아가는 힘을 기를 수 있기를 바라기 때문이다. 학생들이 한문의 멋과 향기 속에서 자신을 세우고 남을 이해하며 삶에 대해 성찰하는 시간을 갖기를 바란다.

고액을 내고 인문학 강의를 듣는 기업 CEO들이 많다고 하는데 그 이유는 사람을 알아야 돈의 흐름을 알 수 있기 때문이라고 한다. 중학생들이 어떤 학과에서 인문학 수업을 받을 수 있겠는가? 한문 교과야말로 살면서 꼭 필요한데 가르쳐 주지 않는 인문학 수업을 하기에 안성맞춤이라고 생각한다. 선인들의 지혜를 들여다볼 수 있는 고전을 통해 삶에 대해 배우는 한문 시간은 '인생 수업'이 될 것이다.

호 짓기가 끝나면 한 명씩 교탁 앞에 나와 자신이 지은 호를 발표한다. 호에 사용된 한자, 호의 의미, 지으면서 느낀 점이나 배운 점, 또는 아쉬운 점 등을 다음과 같이 말하면 된다.

"저의 호는 착할 선(善)에 언덕 애(厓)로 선애(善厓)인데 '착한 언덕'이라는 뜻입니다. 착하게 살면서 어려운 사람이 와서 편하게 기댈 수 있는 언덕 같은 사람이 되고 싶어서 선애라고 지었습니다. 호를 지으면서 저를 다시 한 번 돌아볼 수 있었고, 좋은 뜻의 한자를 찾아보면서 여러 한자도 새롭게 알게 되었습니다."

— 초설(初雪) : 처음 초, 눈 설, '첫눈'이라는 뜻이다. 눈은 내가 가장 좋아하는 것이다. 그중에 첫눈은 몹시 기다려지고, 첫눈이 오는 날은 내 가슴에 기쁨이 차오른다. 나도 첫눈처럼 남에게 기쁨이 되고 기다리게 되는 존재가 되었으면 좋겠다는 뜻으로 초설이라고 지었다. 호를 지으면서 내가 좋아하는 것, 되고 싶은 사람에 대해 생각해 볼 수 있어서 좋았다.   – 2학년 학생

— 리우(利雨) : 이로울 리, 비 우, '이로운 비'라는 뜻이다. 비는 사람뿐 아니라 동식물에게도 이롭다. 비는 자신의 공을 내세우지 않는다. 이로우면서도 겸손하다. 나도 비처럼 모든 사람들에게 이로운 존재, 마음을 맑게 해 주는 존재, 그러면서도 겸손한 존재가 되고 싶다. 내 호를 지으면서 앞으로 어떻게 노력할 수 있는지, 또 내가 어떠한 사람이 되고 싶었는지를 잘 느낄 수 있었다. 앞으로 나는 호처럼 겸손하면서도 이로운 존재가 될 것이다. 위인들의 호를 보면 그들의 삶이 담겨 있는 것을 알 수 있듯 나도 비와 같은 존재로 기억되고 싶다.   – 2학년 학생

● 나만의 호 짓기

07 수업의 마지막 프로젝트, 한시 짓기

한시 수업은 비교적 까다로워 가장 공을 많이 들이는 편이다. 그래도 수업 진행은 매번 쉽지 않다. 짧은 한시에 담긴 울림과 여운을 나의 말로 다 전달하기가 힘들기 때문이다. 말로 다 표현할 수 없는 것을 담은 것이 시인데 그것을 말로 전달하려니 어렵다.

학생들이 한시의 맛과 멋과 향기를 느끼고 한문학의 매력을 알았으면 하는 마음에 여러 수업 방법을 고민했다. 궁리 끝에 고전학자 정민 선생님의 책에 의지해 수업하기로 했다.《정민 선생님이 들려주는 한시 이야기》(보림)는 한시를 쉽고 재미있게 풀어 놓아서 청소년과 성인들에게도 한시를 처음 접하는 책으로 제격이다. 수업 후 흥미를 느낀 학생이 이 책을 찾아 읽기를 바라며 다음 네 개의 장(章)을 발췌했다.

① 말하지 않고 말하는 방법

② 보이는 것이 전부가 아니다

③ 다 보여 주지 않는다

④ 도로 네 눈을 감아라

한 시간 분량의 수업에는 이 정도가 적절하다. 복사한 내용을 학생들에게 나눠 주고 모둠에서 한 명씩 차례대로 읽게 하고 다른 학생들은 눈으로 따라 읽으며 듣도록 했다. 노자의 스승 상용이 노자에게 입을 벌려 보이며 부드러운 혀가 딱딱한 이보다 더 오래간다는 것을 가르치는 내용도 있고, 그림을 사랑한 중국 휘종 황제가 '꽃을 밟고 돌아가니 말발굽에서 향기가 난다'는 구절을 그리라고 하자 젊은 화가가 말 한 마리가 달려가고 나비 떼가 뒤쫓는 그림을 그렸다는 흥미로운 이야기도 있다.

한시에서는 직접 말하기보다 돌려 말하고 감춰서 말해 그 감흥이 오래가도록 표현한다는 것을 정민 선생님은 그림에 비유하면서 재미있게 설명했다. 내가 말하는 것보다 정민 선생님의 글을 읽게 하는 것이 훨씬 효과적이다. 학생들도 흥미를 느끼는 표정이 역력하다. 활동지에 느낀 점과 인상적인 구절을 적도록 하고 몇몇 학생에게 발표를 시켰더니 아이들이 인상적으로 느끼는 부분은 거의 비슷했다.

한시 수업 첫 시간에 한시에 대한 생각을 물어보면 어려울 것 같다는 학생이 대다수다. 그런데 이 수업이 끝나고 다시 물어보면 어려울 것 같지만 기대된다는 학생이 많아진다. 나는 고등학생들을 가르치더라도 이 책 읽기를 할 것이고 다른 한문 교사들에게도 이 책을 한시 수업에 활용하기를 권하고 싶다.

한시 수업 2차시에는 개론 수업을 하고 5언 절구 하나를 풀이한다.

한시 개론은 활동지를 주고 한시의 형식, 운율, 표현법, 압운 등의 내용을 모둠 활동에서 찾아 적은 후 전체가 공유하면서 함께 확인하는 방식으로 진행한다. 강의식 수업은 재미가 없으니 가급적 나의 설명을 줄이고 학생들이 찾고 발표하면서 확인하도록 한다.

개론을 공부한 뒤에는 능운(凌雲)의 시 〈대랑군(待郎君)〉을 풀이해 본다. 산골 여인의 애절한 사랑과 그리움을 표현한 이 시는 요즘의 사랑과 대비해서 이야기하기도 좋고 풀이하는 데도 부담이 없어서 골랐다.

3차시에는 이옥봉의 시 〈몽혼(夢魂)〉을 풀이한다. 이 시를 배우면서 한시의 형식과 표현법을 복습한다. 〈몽혼〉의 내용은 지금의 정서와 많이 다르지만, 그래도 학생들이 어느 정도 이해하는 것을 보면 뿌리 깊은 우리의 정서는 변하지 않는다는 생각이 든다.

4차시에는 모둠별 한시 짓기를 한다. 각 모둠에 사진 네 장을 주고 사진과 어울리는 이야기를 만들어 네 줄의 한글로 쓰도록 한다. 이때 이야기 흐름이 기승전결에 맞아야 함을 강조한다. 한자어의 어순에 대해서도 한 번 더 설명해 준다. 그리고 네 줄의 이야기를 한 명이 한 구절씩 한자로 변환하도록 한다. 승구와 결구에는 반드시 운자가 들어가야 하며 압운이 맞지 않으면 한시로 인정할 수 없다는 것도 강조한다. 모둠 한시 짓기를 하는 이유가 한시의 형식을 이해하지 못한 학생이 이해할 수 있는 기회를 한 번 더 주기 위해서이기 때문이다. 모둠에서 어려운 내용을 먼저 이해한 사람이 모둠원들에게 설명해 주기 마련이므로 이해하지 못한 학생이 한 번 더 배울 수 있는 기회가 된다.

한시를 먼저 완성한 모둠이 있다면 반 전체에 공유하고 잘된 점과 고칠 점을 찾아보게 한다. 그러면 '사진과 어울리도록 표현을 잘했다', '운자를 잘 맞췄다', '술목 관계의 어순이 잘못되었다'와 같은 대답이 나오는데, 이에 대한 해결책은 다른 모둠에서 제시하도록 연결 지어 준다.

5차시에는 개인별 한시 짓기를 한다. 그전에 준비물을 안내해 주며 자신이 지을 한시를 미리 구상해 오라고 한다. 준비물은 지을 한시와 관련된 사진이다. 사진을 준비하려면 어떤 시를 지을지 구상해야 한다. 즉 사진 찾기 활동이 한시 짓기 시간을 위한 예습이다. 사진을 찾은 뒤 한시에 활용할 한자를 미리 찾아봐도 좋다. 적절한 한자를 찾아가는 과정도 중요한 공부인데 그 과정을 수업 시간에 다 하기가 벅차기 때문이다.

한시 짓기도 수행평가로 진행하는데 평가 기준은 다음의 6가지다.

① 한자를 음과 뜻에 맞게 사용했는가?
② 한시 내용에 자신의 경험이나 생각을 담았는가?
③ 한자어의 어순이 바른가?
④ 운자를 잘 사용했는가?
⑤ 시의 내용이 기승전결 흐름에 맞는가?
⑥ 한시에 대한 설명을 잘 적었는가?

이 평가 기준도 미리 공지한다. 제목도 당연히 한자로 짓고, 내용에 제약은 없지만 자신의 경험이나 생각은 꼭 포함해야 하며, 시에 대한 자세한 설명도 적도록 한다. 완성된 한시는 마지막 시간에 한 명씩 나가서 발표한다. 한시의 음과 풀이를 읽고 시에 대한 설명을 하면 된다.

人不而眞惑(인불이진흑)

晩時健食餇
(만시건식동; 늦은 시간에 음식을 거하게 많이 먹는다.)
食終其充慾
(식종기충욕; 먹기가 끝나면 그것은 나의 욕구를 채운다.)
後感恒同一
(후감항동일; 그 후 느끼는 감정은 항상 같다.)
其狀眞人慾
(기상진인욕; 그 모습이 참된 인간의 욕심일지라.)

시에 대한 설명 : 학원이 끝나고 집에 오는 평균 시간은 10시 30분이다. 저녁을 먹고 약 네 시간의 머리 싸움과 엉덩이 싸움을 한 뒤라 허기가 진다. 늦은 시간 음식을 먹고 식욕이 채워지면 그 후 느껴지는 감정은 후회, 자아 모멸감, 허탈감, 내 의지에 대한 회의, 앞으로는 먹지 않겠노라 하는 다짐이다. 하지만 현실에선 어제와 같은 오늘, 오늘과 같은 내일이다. 그런 내 모습을 한시로 지어 보았다. – 2학년 학생

落(락)

刮風落葉時
(괄풍락엽시 ; 모진 바람이 불어 잎이 떨어질 때)
獨餘否認墜
(독여부인추 ; 홀로 남아 떨어지는 것을 부인하여도)
何懇諸爲土
(하간제위토 ; 어찌 노력해도 모두 흙이 되니)
落時勿懼憂
(낙시물구우 ; 떨어질 때를 두려워하고 부끄러워하지 말아야 한다.)

시에 대한 설명 : 사람은 시작과 중간은 다르지만 끝은 같다. 돈이 많든 적든, 똑똑하든 우둔하든 결국 끝은 다 같기에 좌절하고 실패해도 부끄러워하지 않고 새로 시작하는 것을 두려워하지 않아야 한다. – 2학년 학생

春自學來(춘자학래)

發美花靑春
(발미화청춘 ; 아름다운 꽃이 피는 맑은 봄은)

自我之力來
(자아지력래 ; 작은 새싹들의 힘으로 찾아온다.)

韓國之美春
(한국지미춘 ; 한국의 아름다운 봄은)

自我之學來
(자아지학래 ; 나의 배움으로부터 온다.)

시에 대한 설명 : 한국의 봄은 아직 오지 않은 것 같다. 열심히 일하는 사람들이 잘사는 세상이 봄이라고 생각하는데 아직 그렇지 않은 것 같다. 춥디추운 겨울을 지내다 보면 언젠가는 봄이 찾아오고 그 시작은 새싹들로부터 찾아온다. 한국의 봄을 찾아오게 하는 새싹은 바로 우리의 배움이다. 나의 배움, 우리의 배움은 기나긴 겨울을 끝내기에 충분한 힘을 가지고 있다. - 2학년 학생

한시를 짓는다는 것은 생각을 표현할 한자를 알고 한자어의 짜임을 알아서 순서에 맞게 배열할 줄 알고, 시의 내용을 기승전결로 구성할 줄 알고, 초성과 중성이 비슷한 한자를 찾아 압운을 맞출 줄 아는 능력이 있다는 뜻이다. 이러한 한시 짓기를 해내지 못하는 학생은 학년 전체에서 채 5명도 되지 않는다. 한글로도 쓰기 어려운 시를 한자로 지어 봤으니 한문 실력에 대한 학생들의 자존감이 높아진다. 처음 시작할 때는 한자를 많이 아는 학생, 처음 배우는 학생 등 수준 차이가 크다. 그러나 1년 동안 한자부터 한시 짓기까지 차근차근 수업을 하다 보면 거의 모든 학생이 한시를 지을 줄 아는 수준으로 성장해 있다.

처음에는 한자를 많이 아는 학생이 잘하는 것처럼 보이지만 학기 말이 되면 성실하게 참여한 학생이 더 성장해 있는 것을 볼 수 있다. 그래서 수준 차이가 나는 것을 걱정하지 않아도 된다. 학생들이 지은 시는 물론 어설픈 시도 많다. 그렇지만 반드시 완성도가 높아야 되는 것은 아니다. 한시를 지어 봤던 경험으로 한문에 대한 자신감이 생기고 한시를 즐길 줄 아는 심미적 감성이 풍부한 사람으로 성장해 나가면 되는 일 아니겠는가!

08 온라인 수업,
공들인 만큼 거둔다

'비슷하구나. 관계가 중요하구나.'

1년간 헤매면서 온라인 수업을 진행해 본 나의 소감이다. 1학기에는 영상을 찍어서 e학습터에 올렸다. PPT를 만들고 영상으로 녹화하려니 수업 덩어리의 크기를 고민해야 했다. 이전에는 활동지를 만들어서 수업을 했는데 온라인에 맞게 수업 단위를 다시 쪼개야 하는지 고민이었다. 교과서를 다시 사용해야 하나 하는 생각마저 들었다. 하지만 그러기엔 나의 교육과정이 너무 아른거렸고 교과서에 마음이 가지 않았다.

고민 끝에 사용하던 활동지 그대로 하기로 했다. 활동지를 복사해 묶어서 학생들이 교과서를 받으러 오는 날 나눠 주었다. 그 작업을 하는데 일요일 하루를 다 써야 했다. 나누어 준 활동지 단위 그대로 PPT로 영상을 찍어 올리고 피드백은 e학습터 게시판을 활용했다. PPT로 녹화하는 데 시간이 너무 오래 걸려서 아이캔 스크린을 써 보았다. 아이캔 스크린도 생각처럼 자유자재로 표현되지는 않아 나중에는 아이패드로 녹화했다.

영상을 올리기는 했지만 학생들과 자유롭게 소통할 수가 없으니 답답했다. 등교 주간에 온라인에서 배운 것을 복습 삼아 말하면 처음 듣는 듯한 표정을 짓는 학생도 제법 있었다. 물론 수업 방식이 어떻게 바뀌든 잘 따라 주는 학생들도 있었다. 대부분을 차지하는 그 중간의 학생들은 등교 수업을 했다면 잘 참여했을 것 같은 생각이 들었다. 사실 어떤 환경에서도 자기 주도 학습 역량이 높은 학생들은 문제가 아니다. 자기 주도 학습이나 자기 관리가 잘 되지는 않지만 함께하면 잘할 수 있는 학생들을 위한 수업이 많이 고민되었다. 좀 더 화려하게 영상을 찍어야 하나? 개그맨이 되어야 하나? 온갖 고민을 해 봤지만 뭐든 하루아침에 될 리 만무했다. 온라인 수업일 때는 영상을 찍어 올리고 등교 수업 때는 수행평가를 하면서 1학기가 끝나고 말았다.

2학기에는 줌 수업을 했다. 처음에는 신기했고 한숨 놓였다. 출결 점검이 걱정이었으나 큰 문제는 없었다. 줌의 여러 가지 기능이 걱정을 덜어 주었다. 나의 고민은 '온라인에서도 배움이 일어나는 수업을 어떻게 할 것인가?'였다. 협력하고 표현하는 수업을 어떻게 구현할 것인가? 모둠 활동은 어떻게 할 것인가? 학생들이 자기 생각을 잘 표현할까?

모둠 활동을 위해 소회의실을 사용했다. 소회의실에 4명씩 무작위로 배정하고 하나하나 들어가 보았다. 한두 명만 적극적인 모둠도 있었고, 간혹 네 명 모두 열심인 모둠도 있었다. 그리고 아예 화면을 끄고 있는 모둠도 많았다. 새로운 환경에 적응이 안 돼서 그러려니 하며 아이들을 독려하고 소회의실 모둠 활동을 이어 나갔다. 그러던 하루는 수업이 끝나고 한 여학생이 줌을 나가지 않고 남아 있다가 나를 불렀다. 깜짝 놀랐다. 평소 말이 없던 여학생이었기 때문이다.

"선생님!"

"어! 그래, 왜 안 나가고 있어? 선생님한테 할 말 있어?"

"소회의실 수업 안 하면 안 돼요?"

"왜?"

"힘들어요."

"뭐가?"

"애들이 말을 안 해요."

"내가 들어갔을 때는 하는 것 같던데 아니야?"

"선생님 들어오시기 전까지 아무도 말 안 해요."

"그렇구나. 선생님은 협력해서 배워 나가는 게 중요하다고 생각해서 소회의실 모둠 활동을 진행했던 건데, 힘들었구나. 미안해."

"안 친해서 그래요."

"아!"

"그냥 숙제로 내 주시면 안 돼요?"

"그래 말해 줘서 고마워. 선생님이 여러 가지 방법을 생각해 볼게."

뒤통수를 한 대 맞은 기분이었다. 이후에 그 반은 소회의실 활동을 하지 않고 학급 전체가 한 모둠이 되어 실시간으로 묻고 답하며 문장 풀이를 했다. 한 화면에 다들 모여 있으니 생각보다 묻기도 편했고 학생들끼리 대답해 주는 것도 어렵지 않았다. 그리고 화이트보드 앱(https://whiteboard.fi/)을 활용해 모든 학생이 자신의 풀이 내용을 자신의 공간에 공개적으로 적도록 했다. 나는 풀이 내용이 서로 다른 부분을 찾아 비교하면서 바른 풀이를 찾아가도록 서로 연결해 주는 시도를 했다.

관계가 문제였던 것이다. 함께 배우는 관계가 형성되지 않은 아이들을 모아 놨으니 말을 시작하는 사람이 없었다. 3학년 2학기 수업이라 서로 다 익숙한 관계일 거라고 내 맘대로 판단했던 것이다. 돌아보면서 깨달았다. 온라인과 오프라인이 똑같구나! 환경이 바뀌어도 중요한 것은 달라지지 않는구나!

결국 내 노력이 부족했던 탓이다. 온라인 첫 수업에서 수업 약속을 공지하긴 했으나 소회의실 활동을 앞두고 사전 작업이 부족했다. 등교 수업 때만큼 모둠 활동의 의미에 대해 충분히 전하지 못했다. 소회의실 활동을 촉진할 수 있는 촉진자 교육을 따로 한다든가, 소회의실 내 규칙 정하기를 한다든가 하는 활동이 필요했다.

결국 수업의 결과는 교사가 공을 들인 딱 그만큼인 것 같다. 뿌린 만큼 거두는 것이다.

생각 나누기 활동을 하기 위해 몇 가지 디지털 도구를 사용해 보면서 많은 도구를 다 배울 필요는 없다는 생각이 들었다. 수업을 잘 구현할 최적의 도구를 찾기 위해 다양한 디지털 도구를 배우는 것도 좋지만, 부담감과 압박감을 느끼면서까지 무리할 필요는 없다고 본다.

내가 주로 사용한 도구는 플로 앱, 퀴즐렛, 멘티미터, 패들렛, 화이트

보드 앱이다. 한자 쓰기는 노트북과 스마트폰에 플로 앱을 깔고 연결해 사용하다가 스마트폰의 폭이 좁고 안정감이 약해서 나중에는 줌과 바로 연동되는 아이패드를 구입해 사용했다.

단원이 끝난 후 한자를 복습하고 익히는 데는 퀴즐렛을 사용했다. 학생들이 모두 회원가입할 필요가 없고, 한자를 한 번 입력하면 여러 가지 게임으로 활용할 수가 있다는 장점이 있다. 하지만 한 문제가 틀리면 0점으로 돌아가는 것이 아쉬웠다.

'미생지신(尾生之信)'을 배우고 나서는 "미생의 행동은 어떠한가?"라는 질문을 하고 생각을 모으는 데 멘티미터를 사용했다. 모은 내용 중에는 '융통성 없다', '미련하다'라는 의견이 대다수였다. 그중에 '진짜 좋아했나 보다', '로맨틱하다' 등 소수의 의견을 적은 학생을 찾아 그 생각을

멘티미터 활용 예

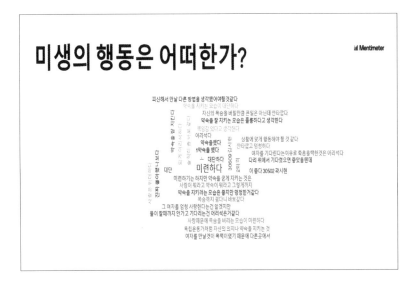

들어 보았다. 다수의 의견을 쓴 아이들이 다른 관점에서 생각해 볼 수 있도록 하기 위해서였다. 멘티미터는 이렇게 가장 많은 의견을 파악하고 소수의 의견을 들어 보는 활동으로 활용하기에 좋다.

생각 나누기 활동에 가장 좋았던 도구는 패들렛이었다. 일곱 개 반 학생들이 한 개의 담벼락을 사용하니 교실 수업 때보다 일곱 배나 많은 친구들과 생각을 나눌 수 있었다. 학생들도 신기했는지 자신의 생각을 다 적은 후에 친구들의 생각을 읽어 보는 모습이 보였다. 친구들의 생각 중 가장 인상 깊은 내용이 무엇인지 몇몇 학생의 말을 들어 본 다음 남다른 내용을 적은 학생의 생각을 들어 보고 활동을 마무리했다.

여전히 중요한 또 한 가지는 수업 콘텐츠다. 재미도 있고 의미도 있으며 학생들의 삶과 관련 있는 콘텐츠를 찾는 것이 중요하다. 어떤 콘텐츠를 가져와서 어떻게 표현할 것인가? 어떤 도구를 사용해야 가장 잘 표현해 낼 수 있을까? 이 2가지 요소가 온라인 수업 준비의 핵심이라고 본다. 온라인 수업은 학생 개개인의 속도를 파악하기가 어렵고, 기기의 문제가 발생하면 대책이 없고, 대면 수업에 비해 즉각적인 피드백을 할 수 없다는 문제점이 있다. 그렇지만 다양한 자료로 풍요롭게 표현할 수 있으며, 시공간의 제한 없이 자유롭게 참여할 수 있다는 장점도 있다.

앞으로 온전히 교실 수업만 할 수 있는 상황이 오더라도 온라인 수업의 장점과 오프라인 수업의 장점이 어우러진 블렌디드 교육과정을 짜서 실행할 생각이다. 또한 등교 수업을 할 때도 온라인 도구들은 학생들과 상시 소통할 수 있는 수단으로 유용할 것 같다. 활동지 피드백, 과

패들렛을 활용한 생각 나누기

제 피드백, 학생의 자기 주도 학습 지원 등을 시공간의 제한이 없는 온라인으로 진행할 수 있으면 훨씬 효과적인 수업이 될 것이다.

코로나19 사태로 갑자기 낯선 환경에 처해졌고 새로운 것을 배우느라 분주했지만 그만큼 얻은 것도 많다. 어차피 다가올 미래에 배워야 할 것들이었고, 그것을 너무 일찍 갑자기 만나서 조금 당황하고 헤맸을 뿐이다. 지나고 보니 동료 교사들과 낯선 환경에 대처하느라 정신없이 움직였던 순간이 그리 길지도, 어렵지도 않았고 모두가 잘해냈다는 생각이 든다. 전국의 동료 교사들과 함께했기에 가능했던 것이리라.

이 책의 한문과 수업 내용은 한문 수업의 방향을 생각해 보는 데 도움이 되는 몇 개의 단원을 추려 낸 것이다. 그리 대단한 내용은 아니지만 진심을 담은 이 글이 한문과 후배 교사들이 수업의 방향과 수업 철학을 세우는 데 도움이 되기를 바란다. 아울러 내가 하는 수업은 모두 배움의 공동체 철학에 기반한 것임을 밝히며, 함께할 수 있는 기회를 주신 국어과 신승미 선생님과 김영선 선생님께 감사와 존경의 마음을 전한다.